掌尚文化

Culture is Future

尚文化·掌天下

◆ 国家社会科学基金一般项目"基于公共安全视角的工程风险认知与治理机制研究"（批准号 14BZX026）；

◆ 天津师范大学马克思主义学院学术文库

王耀东

著

工程风险
认知与治理

Cognition and
Governance of
Engineering
Risk

经济管理出版社
ECONOMY & MANAGEMENT PUBLISHING HOUSE

图书在版编目（CIP）数据

工程风险认知与治理/王耀东著 . —北京：经济管理出版社，2022. 11

ISBN 978-7-5096-8817-5

Ⅰ . ①工…　Ⅱ . ①王…　Ⅲ . ①工程管理—风险管理　Ⅳ . ①F40

中国版本图书馆 CIP 数据核字（2022）第 215047 号

组稿编辑：王　倩
责任编辑：宋　娜
责任印制：黄章平
责任校对：陈　颖

出版发行：经济管理出版社
　　　　　（北京市海淀区北蜂窝 8 号中雅大厦 A 座 11 层　100038）
网　　址：www. E-mp. com. cn
电　　话：（010）51915602
印　　刷：唐山昊达印刷有限公司
经　　销：新华书店
开　　本：720mm×1000mm/16
印　　张：14. 25
字　　数：269 千字
版　　次：2022 年 12 月第 1 版　　2022 年 12 月第 1 次印刷
书　　号：ISBN 978-7-5096-8817-5
定　　价：98. 00 元

目　　录

导　论

第一节　研究的缘起

近年来，风险成为各门学科的研究热点。工程不但深度塑造了现代社会的物质面貌，而且也为人们提供了多种多样的产品或服务，人们的生活因此具有更多的可能性。但与此同时，工程不可避免地成为当下社会的风险源之一。探讨工程风险及其治理问题是时代赋予我们的一项重要任务，是我们亟待研究的重要课题，也是正在成长中的工程哲学自身逻辑发展的内在要求。

一、问题的提出

1. 实践依据

正如德国社会学家乌尔里希·贝克（Ulrich Beck）所言，人类社会已经步入风险社会。风险已经成为我们这个时代的显著特征，人们处于风险的丛林之中。人们所面临的这些风险，尤其是重大风险很多是由各种各样的工程引发的。

工程对人类社会的发展具有特别重要的意义，尤其是进入 21 世纪以来，工程活动类型丰富、规模宏大，提供的产品和服务前所未有，人们借此获得了更高品质的生活和更多的选择。与此同时，人们不得不面对另外一个现实，那就是工程风险事件频频爆发，有些风险由潜在的公共风险转变为现实的公共危害。食品安全事件、化工厂爆炸事件、核电站事故等各种工程风险引发的事故，对社会的正常运转以及公众的日常生活造成了严重威胁，已经引起政府和社会公众的普遍关注。人们也担心，转基因技术、纳米技术、胚胎干细胞技术、人工智能技术等走出实验室，实现工程化后成为改变世界的重要力量，可能会给人类带来更大的风险和问题。

由于风险具有正、负两重属性和不确定性，导致人们对工程风险的认知具有很大差异。同一个风险事件，对于不同的人来说，有人把它视为龙，有人却视为虫。例如，不同的人对转基因工程的认知差别非常大。有的人认为，转基因工程是技术进步的一部分，对人类来说是莫大的福音；而有些人则认为，转基因工程是魔鬼，会对人类的生存和社会发展产生毁灭性的打击。很显然，对工程风险的认知直接影响着人们做出反应的方式以及对工程风险可接受性的合理决策。

当科学、技术尤其是工程带来的风险离我们越来越近并且危害程度会越来越大时，"我们却处于两难的境地，越发不能通过科学的、合法的和政治上的方法来确定其证据、归因和补偿"。① 另外，人们总是想方设法回避责任。用乌尔里希·贝克的话说，这种"有组织的不负责任"（Organised Irresponsibility）反映了现行治理模式在风险社会中的困境。

2019 年 1 月 21 日，习近平总书记在省部级主要领导干部坚持底线思维着力防范化解重大风险专题研讨班开班仪式上发表重要讲话强调，提高防控能力，着力防范化解重大风险，保持经济持续健康发展社会大局稳定。

问题是时代的声音。社会实践已经提出了对于工程风险如何认知、预防、规避、控制和治理的时代课题。理论研究就应该做出积极回应，提高防范风险的理论思维能力，探究现实问题产生的原因并提出诊断方案，进而探寻走出困境的可能路径，为应对风险提供支持。这是本书研究的实践依据。

2. 理论依据

人们对工程的研究和认知往往是和科学技术联系在一起的，"科学技术"是一个复合名词，它包括科学、技术、工程等，常常简称为"科技"。"科学技术是第一生产力"等论断，充分肯定了科学、技术和工程的正价值，是对科学、技术、工程推动经济社会发展积极作用的辩护。

科学技术的发展又具有负效应，学术界长期以来关注"科技异化""科技双刃剑"等问题，研究科学、技术、工程发展的负价值，此类研究注重对科学、技术、工程对人类社会发展的消极作用的批判。

随着实践的发展，科学、技术、工程带来的潜在负价值即风险日益突出，它不同于正价值，也有别于负价值，而是介于两者之间，具有不确定性，需要对此进行深入研究。因此，从学科理论发展的逻辑来看，对科学、技术、工程的总体研究关注的点由它的正价值到负价值，再到潜在的负价值即它所引起的风险问题，这个过程符合理论发展的内在逻辑。工程风险是科技风险的主要表现形态，这是本书研究的理论依据。

---

① ［德］乌尔里希·贝克：《世界风险社会》，吴英姿，等译，南京大学出版社 2004 年版，第 192 页。

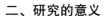

二、研究的意义

1. 理论意义

本书的研究厘清了工程风险的内涵，考察了它的历史演变、产生根源以及不同群体的认知差异，进而研究了工程风险的社会可接受性，并在此基础上探讨了工程风险治理机制等问题。本书研究不仅有助于工程哲学基本理论的丰富和发展，而且有助于治理理论的完善，有助于建立符合中国国情的特定的风险研究范式，因此具有重要的理论意义。

2. 实践意义

党的十八届三中全会通过的《中共中央关于全面深化改革若干重大问题的决定》指出，要深化安全生产管理体制改革，建立隐患排查治理体系和安全预防控制体系。党的十九届四中全会通过了《中共中央关于坚持和完善中国特色社会主义制度、推进国家治理体系和治理能力现代化若干重大问题的决定》。本书研究工程风险认知和治理，目的是让人们在风险来临之前能提前采取措施，以降低风险转变为灾难的可能性，或者降低风险转变为灾难后的破坏程度。本书的研究不仅有助于健全公共安全体制机制，而且有助于推进我国治理体系和治理能力的现代化，因此具有重要的实践意义。

第二节 国内外研究现状

本书基于公共安全的视角研究工程风险及其治理，内容涉及多个学科领域，概括起来，主要有以下几个方面：

一、工程哲学

工程是人类有组织、有计划、有目的地利用各种资源和相关要素创造和构建人工实在的实践活动。21 世纪初，工程哲学在中国和欧美发达国家同时兴起，李伯聪（2002）的《工程哲学引论》、殷瑞钰等（2007）的《工程哲学》、Bucciarelli（2003）的 *Engineering Philosophy*、Christensen 等（2007）的 *Philosophy in Engineering* 相继出版。殷瑞钰等（2007）在《工程哲学》中指出，近代以来，人们对工程活动可能产生的长期的、多方面的生态效应和各种风险估计不足，缺乏工程对社会结构的影响以及社会对工程促进和约束作用的系统研究。新的工程理念和工程观要求工程活动要遵循社会道德、社会伦理以及社会公正、公平的准则，坚持以人为本，环境友好，促进人与自然、社会的协调发展。①

这些重要著作多从总体上构建体系和框架，工程哲学的研究还需要登堂入室，拓展研究范围和领域。从公共安全的视角关注工程风险就是工程哲学需要研究的一项重要内容。

二、风险社会理论

风险社会理论提出了许多有价值的观点，是本书研究的理论资源之一。

1986 年，德国社会学家乌尔里希·贝克出版了《风险社会》一书，该书首次使用了"风险社会"的概念，并提出了风险社会理论。他认为，工业文明在为人类创造了丰厚的物质条件的同时，也给我们带来了足以使整个地球毁灭的风险，旧的工业社会体制与文化意识在这些史无前例的风险面前已经显得苍白无力。他还指出，如何规避这些风险已经成为时代课题。乌尔里希·贝克认为，社会充斥着有组织的不负责任，风险制造者为了保护自己的利益而以牺牲他人的利益为代价。乌尔里希·贝克进一步指出，现代风险是现代化进程和科技进步所导致的反身性（Reflexive）后果，他洞察到了现代性中的理性困境。

20 世纪后半叶，安东尼·吉登斯（Anthony Giddens）、尼古拉斯·卢曼（Niklas Luhmann）、斯科特·拉什（Scott Lash）等不断深化风险社会理论的研究，风险社会理论成为全球理论热点和关注焦点，该理论陆续提出了许多有价值的观点。例如，该理论认为：风险已经成为现代社会和现代性的一个基本特征，表现出不可感知性、整体性、平等性、全球性、建构性等与传统风险不同的特点；风险已经从根本上改变了工业社会运行的逻辑，使社会的中心问题从"财富分配的不平等"转变为"风险分配的不平等"；风险社会主要是由于科学技术的发展而引发的。风险社会理论为风险的广泛、深入和具体研究奠定了坚实的基础，它是本书研究的深厚思想资源之一。

但是，正如有的学者所指出的：首先，风险社会理论关于风险的论述有近乎夸张的倾向；其次，风险社会理论从来没有真正质问专家和知识的意义，尤其是没有质问他们的不确定的社会文化基础。它对技术和工业引起的风险虽然有所关注，提出了某些要解决的问题，但缺乏具体有效的措施，泛泛而论的较多。

国内对风险社会理论的研究主要是从翻译和介绍西方著作开始的。中央编译局、中国科学技术协会、南京大学出版社等组织翻译、出版了一批乌尔里希·贝克、安东尼·吉登斯等的著作，如"全球化译丛""全球化论丛""现代性研究译丛""现代风险管理译丛"，以及"当代学术棱镜译丛"等系列丛书。随着对

---

① 殷瑞钰、汪应洛、李伯聪，等：《工程哲学》，高等教育出版社 2007 年版，第 212-214 页。

西方风险社会理论著述进行翻译和介绍的文献不断增多，国内学术界逐渐开始关注和重视风险社会问题研究，但早期的研究中现象性描述或观点性介绍居多，缺乏对理论的建构。

近年来，国内对风险社会理论的研究取得了较多的研究成果。杨雪冬等（2006）从风险社会理论的角度讨论了秩序重建的问题，选取"假奶粉案""假彩票案"、医患冲突等案例，从多个层面对风险社会进行了形象描绘和分析。

刘岩（2008）从马克思主义的立场出发，批判地吸收了国外风险问题研究的相关理论，突破了西方风险社会理论的局限，拓展了风险社会理论的审视维度。他认为，风险社会困境是由人类不合理的社会发展方式导致的一种发展悖论，提出在发展与和谐的辩证关系中化解风险是摆脱风险社会困境的根本出路。

贾英健（2017）将人的生存问题放到风险社会这一语境中来研究，提出风险生存是当代人类社会发展实践中伴随着风险社会的出现而凸显出来的一个重要问题，对风险生存的本质、主体形态、现代认同、矛盾困境及其历史扬弃、风险生存与人的自由全面发展、中国现代性建构中的风险生存及其风险防控等问题进行了研究。

潘斌（2007）在其博士学位论文《社会风险论》中提出，风险治理是对现代风险社会的积极回应。他将责任概念纳入现代性道德的新维度中，突破了传统伦理的关注对象范围与时空局限，增强了对未来的忧患感与责任心，并积极构建了社会风险预警体系，以对短期风险和中长期风险分别进行监测识别和预警防范。

杨海（2017）运用马克思主义的基本理论、立场、观点和方法，对风险社会的生成机制、风险的社会放大机理等进行了研究。在此基础上，他还研究了风险社会内生性的"五个悖论"、风险社会整体转型面临的主要问题及其治理路径等，并进一步探讨了世界风险社会对当代中国风险问题的重要影响。

总体来说，国内学者的这些研究成果大多数都会介绍和评述西方风险社会理论，或者把西方风险社会理论作为某一问题的理论支撑。

三、风险认知理论

玛丽·道格拉斯（Mary Douglas）研究了公众不断增强的风险意识，认为风险是一种在当代西方社会维护文化边界的手段，对风险的理解必然是通过文化假定完成的，其中，文化理论强调文化背景、社会生活、价值标准、社会政治地位、社会形态等因素对风险认知的影响。

以保罗·斯诺维克（Paul Slovic）为主要倡导者和推动者的心理测量范式，是以认知学派为代表的信息加工理论。该理论重视探讨人们对风险事件的等级评定，重视总结人们的认知维度，但很少探讨认知的动机和风险认知的外部因素。

巴鲁克·费斯科霍夫（Baruch Fischhoff）等研究了可接受风险问题，通过对可接受风险问题的回顾，总结出三种基本方法：①正规分析，将复杂的问题分解为几个简单的问题，然后归纳其结果以形成总体的建议。②步步为营，将历史作为设定安全标准的指南。③专业判断，它依赖于最好的技术专家的智慧。他还提出了七项评价标准：全面性、逻辑合理性、实用性、公开评价、政治可接受性、与权威机构一致、有益于学习。

罗杰·卡斯帕森（Roger E. Kasperson）探讨了风险的可接受性的本质，认为大多数技术风险不是人们主动接受的，而是被强加的；他还考察了科学信息对制定风险标准可能的作用，认为社会响应最好由基于过程的思考来引导而不是形式化的分析方法。

国内学者刘金平（2011）提出了风险认知的综合理论框架，并对公众风险认知的结构等问题进行了实证研究，为风险沟通和风险控制提供了有益的心理与行为依据。

王国豫、李磊（2016）等在发表的多篇论文中也探讨了工程风险的公众可接受性问题，对大连 PX 事件的公众风险认知进行了研究。

四、治理理论

应对风险的有效方法是治理。治理是 20 世纪 90 年代在西方兴起的一种新理念。1995 年，全球治理委员会（The Commission on Global Governance）发表了题为《我们的全球伙伴关系》的研究报告，认为"治理"是各种公共的或私人的个人和机构管理其共同事务的诸多方式的总和，是使相互冲突的或不同的利益得以调和并且采取联合行动的持续过程。[①]

治理理论的主要创始人之一詹姆斯·罗西瑙（James Rosenau，1992）在其代表著作《没有政府的治理》和《21 世纪的治理》等文章中指出，治理是一系列活动领域里的管理机制。[②]

格里·斯托克（Gerry Stoker，1998）对治理的各种观点进行了梳理，提出应从治理的主体、治理的目的、主体彼此之间的权利、主体间的自组织网络、治理的手段和方法五个方面来理解和认识这一理论。[③]

国内学者结合我国国情对治理展开了研究并取得了诸多成果。俞可平

---

① 全球治理委员会：《我们的全球伙伴关系》，牛津大学出版社 1995 年版，第 23 页。

② ［美］詹姆斯·罗西瑙：《没有政府的治理》，张胜军等译，江西人民出版社 2001 年版，第 5 页。

③ ［英］格里·斯托克：《作为理论的治理：五个论点》，华夏风编译，载俞可平：《治理与善治》，社会科学文献出版社 2000 年版，第 31-49 页。

（2000）认为，治理是指公共权威为实现公共利益而进行的管理活动和管理过程。治理过程的基础不是控制，而是协调；治理的主体可以是政府组织，也可以是非政府组织。①

张成福等（2009）提出，风险社会的根本选择在于风险治理，要培育和建立风险治理的思想观念、体制机制、方式方法和保障条件，形成风险治理的共识与合力，最终实现风险善治。②

麻宝斌等（2013）认为，治理本质上属于复杂管理范式，其产生得益于复杂科学范式的发展。复杂科学理论和治理理论，都反映了后工业社会日益复杂的社会系统。

范如国（2017）认为，简单性范式不但无法实现工程风险的有效治理，反而会导致风险治理能力的下降。这需要我们从简单性治理范式走向复杂性治理范式。复杂性治理范式已成为全球风险治理理论的最新研究范式。③

党秀云和李丹婷（2009）认为，风险管制是现代社会风险治理的重要手段之一；风险管制应该通盘考虑科学因素、经济因素、政治因素和法律因素，其核心理念包括公共利益、公正、平等、公开和责任；有效的风险管制需要各方面的综合改革，以此推进和优化风险治理。④

国内关于治理的研究多是从政治学和公共管理学的角度展开的，对工程风险的治理具有借鉴价值。

五、技术风险、工程风险及其治理

1990年，刘易斯（H. W. Lewis）出版了《技术与风险》（*Technological Risk*）一书，1994年该书被译成中文。全书以实证案例来解释技术风险问题，对各工业领域的技术风险进行了详细说明，并将风险进行了分类。

近年来，"科学与治理"（Science and Governance）成为欧盟及其成员国科技发展战略与政策的一项重要内容，并成为学术界深入研究的前沿课题。"科学与治理"研究兴起的根本动因是科学与社会的关系正在发生一些根本性变化，这不仅对传统的科学技术观提出了广泛质疑，而且对现有的管理机构和管理机制提出了新的挑战。为此，需要发展一种相关利益方相互协调的机制，使科学走向民主化，确保科学为人们的健康和福利服务。同样，"科学与治理"议题在美国也颇

---

① 俞可平主编：《治理与善治》，社会科学文献出版社2000年版，第5-6页。
② 张成福、陈占锋、谢一帆：《风险社会与风险治理》，《教学与研究》2009年第5期。
③ 范如国：《"全球风险社会"治理：复杂性范式与中国参与》，《中国社会科学》2017年第2期。
④ 党秀云、李丹婷：《有效的风险管制：从失控到可控》，《中国人民大学学报》2009年第6期。

受重视。①

佐佐木毅等（2009）对科学技术与公共性问题十分关注，就技术和工业本身存在的风险问题进行了若干思考和讨论，并探讨了科学家和工程师的责任问题。

马文·拉桑德（Marvin Rausand）系统总结了风险分析、风险评估以及相关的方法，十分关注技术系统可能发生的事故，尤其是突发的重大事故。

狄波拉·勒普顿（Deborah Lupton）在探讨风险一般属性的基础上，研究了风险与治理性、风险与主体性、风险与差异性等问题，探讨了在医疗的、法律的和社会福利的商谈中从"危险"概念向"风险"概念的转变。

汉斯·尤纳斯（Hans Jonas，1985）提出的"责任伦理"是一种"预防性"或"前瞻性"责任，要求人们也要对可能出现的长远后果负责。汉斯·尤纳斯认为，在现代技术社会，人类的群体行为已经发生了质的变化。技术已不单纯是改善人类生活、促进人类进步的工具，技术造成的"厄运"已经威胁到整个人类与自然的发展。传统的伦理学已不能适应人们今天要面对的新情况，康德（Immanuel Kant）的只问动机不问后果的伦理显得苍白无力，应该以"责任"为中心的道德标准取而代之。责任的对象包括自然界与未来人类。

纳西姆·尼古拉斯·塔勒布（Nassim Nicholas Taleb）提出了"黑天鹅"理论，为人们应对不可预知的小概率重大风险事件提供了启迪。米歇尔·渥克（Michele Wucker）提出了"灰犀牛"理论，指出在众多"黑天鹅"事件的背后，是不断汇聚的"灰犀牛"式危机，对如何应对大概率风险进行了探讨。

国内学者借鉴西方的研究成果，并结合我国的具体实践，在多个方面进行了研究，已开始形成具有中国特色的研究。对于技术风险产生的原因，李正风等（2016）着眼于科学、技术、社会（Science Technology Society，STS）的视角，对当代技术发展的特点、传统技术观念的影响、技术伦理作用的缺失以及技术管理的不足之处等方面进行了分析。许志晋和毛宝铭（2006）认为，科技风险产生的根源在于科学理性与社会理性的断裂。刘婧（2007）对影响技术风险认知的因素进行了分析，认为信任、价值观、文化等对公众的技术风险认知有重要影响。②

对于技术风险的规避，朱葆伟（2000）提出，从理论和实践上解决人类集体的、合理的、负责任的活动，以及科学技术使用中的公正问题，成为今天伦理学研究的一个重要课题，呼吁寻求一种普遍的价值基础，建立一种公正、合理的游戏规则。毛明芳（2010）提出，技术风险规避既是一个包含风险反思、预防和控制等环节的工作序列，又是一种对客观层面与主观层面技术风险的全面规避。因此，规避现代技术风险需要采取"整合规避机制"，综合运用技术、制度、文化

---

① 樊春良：《科学与治理的兴起及其意义》，《科学学研究》2005 年第 2 期。

② 刘婧：《技术风险认知影响因素探析》，《科学管理研究》2007 年第 4 期。

和心理等措施。

钱亚梅（2014）提出，在风险社会要建立一种新的责任分配机制，认为政府、市场、非政府组织、专家、大众传媒、公民等都可能成为应对风险挑战的直接或间接责任主体，应在这些主体之间形成一种"有组织的负责任"的现代性机制。

还有学者研究了具体领域中的技术风险及其治理，例如：费多益（2004）、刘松涛（2016）等关注纳米技术；肖显静（2012）[①]、陆群峰（2017）[②] 等关注转基因技术；段伟文（2017）[③]、闫坤如（2017）等关注人工智能技术；张明国（2010）、易显飞（2010）等关注生命技术；黄欣荣（2012）等关注大数据技术；等等。

综上所述，国内外的学者从不同视角、多个维度对技术风险及其治理进行了诸多研究，取得了丰硕成果。已有研究存在的主要问题包括：仅着眼于技术风险忽视了工程风险，或者将技术风险和工程风险混在一起，对工程风险的指向需要进一步明确；对技术风险及其治理的研究虽然提出了一些观点，但多局限于治理方法和策略上，对治理机制的研究不足，而且是零零散散地呈现，有待于形成系统化的理论成果。

第三节　研究视角与研究方法

一、研究视角

从自然科学到人文社会科学，对工程风险问题的研究有多个不同视角。自然科学的研究大多是从技术的视角，集中于对各类具体问题（灾害）的风险分析与风险评估。经济学视角的研究关注的是经济利益，例如，如果一项工程的造价过于昂贵，成本超过收益，或者由于文化等其他原因致使公众不愿接受，或者其无法为公众提供预期的福利，这就意味着工程是失败的，为该工程投入的部分甚至全部资金或将遭受损失。

本书是基于公共安全的视角研究工程风险的认知与治理问题。公共安全是指社会公众的生命、健康，重大公私财产以及公共生活，生产的秩序不受损害或威

---

① 肖显静：《转基因技术本质特征的哲学分析》，《自然辩证法通讯》2012 年第 5 期。
② 陆群峰：《转基因技术的"深"技术特征分析》，《自然辩证法研究》2017 年第 11 期。
③ 段伟文：《人工智能时代的价值审度与伦理调适》，《中国人民大学学报》2017 年第 6 期。

胁。与技术和经济的视角主要关注效率和效益不同，公共安全的视角着眼于公共利益。

"公共"与"社会"这两个概念是有区别的。"公共"是相对于人类群体而言的，它具有解决个体无法解决的共同事务的属性。"社会"泛指由于共同物质条件而互相联系起来的人群，一方面，与自然相对；另一方面，与分散的个人相对，着重点是强调人与人之间的关系。

进一步地，公共问题是以群体为逻辑起点，公共化的出发点总是着眼于群体的安全和利益；而社会问题是以人类个体为逻辑起点，社会化着眼于个体之间的日益紧密和相互依赖的联系。①

公共风险和社会风险有所不同。社会风险有狭义的社会风险和广义的社会风险之分，广义的社会风险是指由生态、经济、政治、社会等领域中的不确定性因素对社会整体良性运行和协调发展带来的风险。狭义的社会风险是指社会领域的风险，是与生态、经济、政治等领域的风险相区别的一种风险。

公共风险是因未来结果的不确定性对群体（或社会）产生的不利影响，依靠个体无法承担的风险。它包括给自然或者生态带来的风险、给人的健康带来的风险、给社会带来的风险。

在私有特性渐渐向公共性转化的过程中，风险也随之变成了公共风险。一个风险事件如果具有较大的危害性，比如对受害人的生命或财产造成较大损失，而且涉及面也比较广，就可能成为公共风险事件。科技发展与工业生产所引起的潜在风险已成为公开性的社会公共问题。②

本书考察工程风险，主要着眼于它的公共性而非社会性，着眼于群体的公共安全事务而非人与人之间的关系。

二、研究方法

工程是科学、技术、经济、政治、文化、环境等要素的综合集成，工程风险涉及的领域多，影响的范围广，产生的问题复杂。工程风险具有多学科融合交叉的特点，是一个超越传统学科分类的研究领域，所以本书综合利用以下几种研究方法：

1. 文献分析法

工程风险问题是多种因素相互作用形成的，这个问题也是各学科研究深入化和具体化的交集。本书以工程风险为基点，通过网络、学术期刊和学术访问等方式查阅和收集了最新资料，对分散在工程哲学、风险社会理论、风险认知理论、

---

① 刘尚希：《公共化与社会化的逻辑》，《学习与探索》2008 年第 5 期。

② 杨海：《风险社会：批判与超越》，人民出版社 2017 年版，第 1 页。

治理理论、技术风险理论等学科和理论中的相关文献进行了横断式综合研究，并整合形成了关于工程风险及其治理的专门研究。

2. 案例分析法

本书以核工程、转基因工程、PX 项目、食品安全工程等为案例，确定了影响不同群体工程风险认知的各个变量，并积极寻求有效治理措施。本书始终以问题为导向，在工程风险全生命周期的各个阶段都注意结合案例分析，以提高针对性，避免空洞性。

3. 实地调研法

本书选取部分普通公众进行了工程风险认知的调查和访谈，选取部分科学技术人员、工程师进行了深度访谈，描述了不同群体对工程风险的认知差异，分析了影响工程风险认知的变量，并积极探求工程风险治理的策略。

第四节　研究思路和框架

一、研究思路

本书的研究思路如图 0-1 所示。

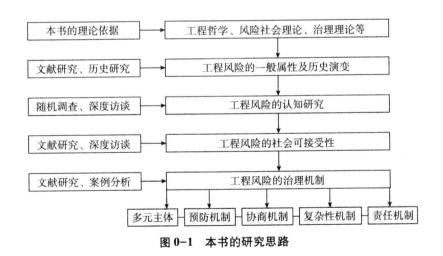

图 0-1　本书的研究思路

二、研究框架

本书在分析工程风险一般属性的基础上，研究了工程风险的公众认知以及工程风险的社会可接受性，并从多个方面和维度分别探讨了工程风险全生命周期治理的若干机制。全书内容共分八章。

第一章"工程与风险"。本章厘清了工程、风险、工程风险的内涵，从公共安全的视角简要考察了工程风险的历史变迁，阐明了工程风险的特征，探究了工程风险产生的根源，并且按照不同的标准对工程风险进行了分类。

第二章"工程风险的公众认知"。风险现象具有多个维度的属性，它既是一个潜在的物理伤害的问题，又是一个文化和社会过程的结果，是从物理方面和社会方面产生影响的组合体。对工程风险的认知直接影响着人们做出反应的方式以及对工程风险可接受性的合理决策。人们只有正确地认知风险，才能防范风险，减少由此造成的损失。本章研究了公众与专家对工程风险的认知差异，将现实主义关于风险的客观性与建构主义关于风险的主观性统一起来，并在此基础上研究了公众群体工程风险认知偏差的形成机制与纠正策略。

第三章"工程风险的社会可接受性"。本章回答了何种程度的风险是可以接受的这个问题，不仅是事实认定，而且要关乎主体的价值判断。因此，不可能用一个可以满足全部目标的数据来描述，而是取决于多种因素，如专家提供的技术标准、公众能够从引发风险的工程活动中取得的收益，以及公众是否愿意主动承担风险等。这个问题的答案是各相关主体在竞争性的社会价值观和多重目标之间不断协商和选择所得出的结果。

第四章"工程风险治理的多元主体"。工程风险的产生根源及主要特征等一系列属性决定了应对它的方法是治理。治理为应对复杂性和不确定性问题提供了重要的理论分析工具与实践措施。工程风险治理的主体是多元的，包括政府、企业、工程师、决策咨询机构、非政府组织、媒体和公众等。

第五章"工程风险治理的预防机制"。本章考察了预防原则的由来、演变以及内涵，研究了预防原则在工程风险治理中的运用，并在此基础上探讨了预防原则的理论困境和实践困境，研究了消解策略。风险评估是预防重大事故不可或缺的一个重要环节，有效的风险评估可以帮助人们识别工程的缺陷，发现各种可能的危险事件，进而采取相应的预防和补救措施，阻止事故的发生，或者将事故的损失降到最低。因此，本章还在最后部分梳理了工程风险的公共评估体系。

第六章"工程风险治理的协商机制"。首先，分析了工程风险治理中公众参与的合理性以及效率困境。其次，探讨了在我国现实条件下公众参与工程风险治理的有效实现问题。工程风险的治理需要多个主体进行沟通和协商。最后，研究了不同主体在工程风险治理中的角色，探讨了沟通和协商的主要形式。

第七章"工程风险治理的复杂性机制"。传统工程风险治理模型是线性结构，与复杂的工程风险相比，它过于简单化，需要寻求更复杂的方式来描述相互关联与反馈的动态变化。复杂性研究为工程风险治理提供了新的范式。复杂系统的耦合会引发工程风险，耦合不仅容易导致事故，而且也使事故更难以预测和控制，这又反过来使得风险更难以估计。本章探讨了正常事故理论、正反馈机制、自组织机制、适应性机制等。

第八章"工程风险治理的责任机制"。风险总是牵涉责任问题，谁应当承担这种责任并付出因此而产生的代价呢？本章通过对工程风险分配及其存在的不合理性进行分析，探讨了责任分配机制，建立了一个分析框架，阐明了不同主体的责任，并通过伦理原则或规范的确立为解决工程风险问题提供伦理根据，从理论和对策上解决乌尔里希·贝克所谓的"有组织的不负责任"的问题。

三、创新之处

（1）本书将近年来备受争议的转基因工程风险、PX 项目风险等加以抽象和概念化，探讨了公众群体工程风险认知偏差的形成与纠正，研究了工程风险的社会可接受性，构建了工程风险治理的理论模型。

（2）本书系统地提出了工程风险全生命周期的治理机制：预防机制、沟通和协商机制、复杂性机制、责任分配机制，并分别探讨了这四个机制及其在治理体系中的地位和作用。

（3）本书在研究视角和方法上进行了创新。工程风险是一个具有社会文化意义的综合问题，本书基于公共安全的视角，改变了以往仅仅从技术和经济的角度去研究的倾向，在研究过程中综合运用了哲学、社会学、公共管理学、复杂性科学等学科的研究方法和范式。

第一章 工程与风险

人们生活在形形色色的工程丛林之中。工程给人们带来了深刻的、多元化的影响，它在为人们提供丰富产品和优质服务的同时，也带来了各种令人担忧的危害和风险，成为现代社会许多风险的源头。

第一节 工程与风险的关联

工程对人们的生产和生活具有重要的意义。人类社会的工程实践活动已经表明，工程具有多重属性，它可以带来正价值，也可以带来负价值，还可能带来潜在的负价值即风险。

一、工程

（一）工程的定义

从古至今，工程活动为人类社会的存在和发展提供了物质基础。不同的时代，工程具有不同的特征和表现形态。在现代社会中，人们常常将工程分为土木工程、机械工程、化学工程、电机工程、纺织工程、矿冶工程等。当代社会，又形成了以高技术为支撑的核工程、航天工程、生物工程、微电子工程、软件工程、新材料工程等。

今天我们将一般的工程定义为：人类有组织地综合运用多门科学技术而进行的大规模改造世界的活动。工程是科学要素、技术要素、资源材料要素、经济要素、管理要素、社会要素、政治要素、文化要素、制度要素、伦理要素、心理要素、环境要素等的集成、选择和优化。

（二）工程的含义

工程是工业革命最根本的要素。工程经过设计与生产，把新颖的创意变成大规模应用的产品和经济上的回报。工程包括设计和制造活动在内的大型的生产活动，是人类造物活动中最发达和最典型的形态。[①] 工程离不开以下几个要素：

（1）科学。科学使人们认识了自然，虽然在历史上的很长时期内，工程与科学曾经相互独立发展，但是第一次产业革命以后，工程与科学的关系紧密化了，二者相互渗透、相互促进、相互作用日益加强。科学是工程的知识性的重要支撑因素。[②]

（2）技术。技术使人工自然具备了可能性，从工程本体论来看，技术是工程的基本内涵，技术知识和方法等技术的"软件"以及技术手段和设备等技术的"硬件"都是工程活动的前提和基础。任何一项工程都离不开技术，"没有无技术的工程"。

（3）经济。工程使规模化的人工物成为现实，工程还要考虑成本和质量，工程不可避免地要追求效益和效率，做到经济、实用、美观。

（4）环境。工程反映了人与自然关系的深度和性质，工程大规模地创造、复制、生产人工自然。与此同时，我们要考虑工程对环境的影响，以避免造成环境污染。

（5）社会。工程活动与自然活动的一个根本区别在于它不是单纯的因果过程，而是人类有目的的活动过程。工程直接关系到大众的利益和社会的福祉，能提供大规模应用的产品或成果，会对社会产生较大影响。因此，它不仅涉及人与自然的关系，而且涉及人与人的关系、人与社会的关系。工程活动不但需要进行技术评价、经济评价、环境评价，而且需要进行社会评价。

综上所述，工程的成功有赖于多种科学技术的综合集成和科学的管理，工程是在一定边界条件下或某些约束条件下对相关多个要素的集成和优化。所以，关于工程的研究既要关注科学、技术，也要关注经济、环境、社会等。

二、风险

风险现象无处不在。人类文明史就是人类不断努力试图在这个充满危险、动荡的世界中获得安全和稳定的历史。人们也在努力寻求用准确的词语来描述风险现象，并对其含义进行明确的界定。但是"风险"一词却难以进行统一的定义。

（一）风险的定义

不同的文化传统具有看待问题的不同方式，从而形成了不同的风险定义，中国文化和西方文化中蕴含着在某些方面一致而又各具特色的风险思想。

① 李伯聪：《工程哲学引论》，大象出版社 2002 年版，第 29 页。
② 殷瑞钰、汪应洛、李伯聪，等：《工程哲学》，高等教育出版社 2013 年第 2 版，第 13 页。

1. 中文"风险"的词源考察

中国古代汉语中的"风险"并不是一个独立的词汇，分别存在"风"和"险"两个字。从字面上看，"风"意味着飘忽不定，就是指一种不确定性；"险"就是指危险、不安全，两者合起来就是不确定的危险。古代汉语对风险的描述，多指事物的不可预料属性和灾难属性。

在现代汉语中它才成为一个合成词。《辞海》对风险的界定是：人们在生产建设和日常生活中遭遇能导致人身伤害、财产损失及其他经济损失的自然灾害、意外事故和其他不测事件的可能性。①

《现代汉语词典》的解释是：可能发生的危险。②

2. 西文"风险"的词源考察

现代意义上的风险一词，来源于西方世界。它的出现大多与前现代时期航海冒险相关联。英语中的"风险"（risk）一词是在17世纪60年代从意大利语中的"riscare"一词演化来的，它的意大利语本意是"在充满危险的礁石之间航行"。

拉丁语中的"风险"（riscus）一词，来源于希腊的航海术语"rhizikon"，意为"暗礁、礁石、尖锐坚硬的陆地"，表明它们"难以在海上回避"。根据这个意思，风险字面上的意思就变成了"遇上危险"。

法语中使用"危险"（hazard）一词来表达风险或暴露在危险之中，这个词来源于阿拉伯语的"骰子"（alzahr），随着赌博游戏由十字军传入欧洲。总之，风险的意思与潜在的损失或损害有着紧密的联系。③

风险在英语中对应的词是"risk"，《新牛津英汉双解大词典》的解释是"a situation involving exposure to danger"，即"危险处境"。

俄语中的风险一词代表发生危险的可能性或是进行有可能成功的行为。大多数有风险的事件指的是可能带来损失的危险事件，这些损失一般与某种自然现象和人类社会活动特征有关。④

3. 风险的定义

1996年，风险研究领域的著名专家斯坦·卡普兰（Stan Kaplan）在风险分析协会年度会议上阐述了自己对风险的看法："在风险分析协会刚刚创建的时候，第一项工作就是成立一个委员会定义'风险'这个词。委员会花了整整四年的

① 舒新城：《辞海》，上海辞书出版社2000年版，第4351页。

② 中国社会科学院语言研究所词典编辑室：《现代汉语词典》，商务印书馆2005年版，第409页。

③ ［美］弗雷德里克·芬斯顿、史蒂芬·瓦格纳：《风险智能：企业如何在不确定环境中生存和壮大》，德勤中国企业风险管理服务部译，上海交通大学出版社2015年版，第27—28页。

④ ［俄］V. T. 阿雷莫夫、X. P. 塔拉索娃：《风险评价与管理》，邢涛译，对外经济贸易大学出版社2011年版，第1页。

时间，最终还是决定放弃。"① 因为大家很难达成一致的意见。

从最广义的角度来看，风险是人类社会发展过程中可能发生却还未发生的危险和危机。一般认为，风险是危机的前兆，是一种潜在的危机。处理不当或者预警不及时，风险可能转化为危机。风险的本体论就是指风险作为一种属性或性质在物质世界中的形而上学地位。

研究风险是为了预防、应对、规避危机或危险，因此危机的整个阶段也应在风险研究的范围之中。危险或灾难成为应对未来风险的经验。

综上所述，本书认为，风险就是可能发生也可能不发生的危险，是客体对主体的潜在负价值。对风险的认识和理解，仅仅给出这样一个简单的定义是远远不够的，还要对它加以描述，弄清楚它的多方面内涵。

（二）风险的内涵

1. 风险是一个可能性范畴

风险的本质并不在于它正在发生，而在于它可能会发生。风险是一个可能性范畴，而不是一个事实性范畴。风险不是危害本身，而是尚未发生的和可能发生的危害，如果已经发生了，那就不再是风险了，而是危害本身了。风险发生的概率在 0 与 1 之间。

风险是一个既有趣又复杂的概念。从某种意义上说，它关心的总是与未来、可能性以及还没发生的事情有关。②

德国社会学家乌尔里希·贝克（2004）认为，风险并不指被引发的危害。它们并不等于毁坏。然而，风险确实威胁毁坏。……如果如已经做的那样朝同一条路继续前进，那么它是有可能发生的。③ 风险的概念刻画出了安全与毁坏之间的一种特有的、中间的状态。

对风险的研究又离不开对危害、危机以及灾难等现象的分析。面对风险，如果不采取恰当的措施，风险就会显性化，表现为危机和损失，甚至变成灾难，威胁社会的秩序与进步。例如，在风险的研究中，经常会提到切尔诺贝利核电站事故、博帕尔事件、"挑战者号"航天飞机事件等，通过研究这些事件，人们试图探寻风险变为危害的机理，以便有效应对未来的风险。

2. 风险具有客观、主观两重属性

一方面，风险在自然界中有其物质基础，是可能对人类造成伤害的生物或物

---

① Kaplan S., "The Words of Risk Analysis", *Risk Analysis*, 1997, No. 17. pp. 407-417.

② ［挪威］马文·拉桑德：《风险评估：理论、方法与应用》，刘一骝译，清华大学出版社 2013 年版，第 3 页。

③ ［德］乌尔里希·贝克：《世界风险社会》，吴英姿，等译，南京大学出版社 2004 年版，第 175-177 页。

理威胁，是客观存在的，是不以人的意志为转移的。因此，危险的事件是"真实的"：它们牵涉作为持续的或突然（偶然）释放的能量、事物，或信息的结果的实际环境或人类健康的变化，或者牵涉社会和价值结构中的混乱。① 风险还与人类发展的历史长期相随，从某种意义上说，人类文明的发展过程就是与各种风险共存和抗争的过程。因此风险具有客观性，可以通过科学加以解释、预测和控制。

另一方面，风险又是主观色彩鲜明的，不可避免地要受社会进程的控制。风险是社会对风险信号的社会感知和社会处理的产物。因此，人们对风险的感知、理解以及风险发生后的应对行为，都对风险的性质起着重要的作用。人类运用知识和经验作出风险决定，确定风险的可接受水平和容忍度，甚至于建构风险，因此风险又是主观的。②

风险不是存在于"那里"、独立于我们的主观世界之外的东西。某些风险被一个社会挑选出来而引人注意或者被冠以"风险"的名号，是因为人们对于特定的文化拥有共有的价值和关切。风险是对一个社会建构的解读和对一个客观存在的现实危险的回应。③ 综上所述，风险具有客观和主观两重属性。

3. 风险具有正、负两重属性

在所有经济、政治、社会生活中，风险都有正、负两个方面的影响。这也是当前理解风险概念的关键。④ 安东尼·吉登斯（2001）在阐释现当代社会风险的独特性时并不是单纯地描述风险的各种负面性，而是强调了风险的两重性。"风险"一词最初不仅指代危险或危害，还指掌握在命运女神手中的好运或厄运：风险可能是威胁，也可能是希望。

正是由于风险只是一种可能的关系状态，所以风险本身就暗含着一种机遇。风险不只是某种需要避免或最大限度地减少的负面现象，同时也是从传统和自然中脱离出来的、一个社会中充满活力的规则。风险本身意味着选择和创新的可能性。⑤

五千多年前的老子说过，"祸兮，福之所倚；福兮，祸之所伏"。风险的积极与消极的两个方面在现代工业社会的早期就已经出现了。准备冒险与现代性的

① ［美］尤金·A.罗莎：《风险的社会放大框架的逻辑结构：超理论基础与政策含义》，载［英］尼克·皮金、［美］罗杰·E.卡斯帕森、保罗·斯洛维奇编著《风险的社会放大》，谭宏凯译，中国劳动社会保障出版社 2010 年版，第 36 页。

② 张成福等：《风险社会与风险治理》，《教学与研究》2009 年第 5 期。

③ ［澳］狄波拉·勒普顿：《风险》，雷云飞译，南京大学出版社 2016 年版，第 31 页。

④ ［英］彼得·泰勒-顾柏、［德］詹斯·金：《风险的当下意义》，载［英］彼得·泰勒-顾柏、［德］詹斯·金编著《社会科学中的风险研究》，黄觉译，中国劳动社会保障出版社 2010 年版，第 5 页。

⑤ 刘岩：《风险社会理论新探》，中国社会科学出版社 2008 年版，第 47 页。

一些最基本的倾向是一致的，"打乱事物固定性、打开新的道路，并且因此操控了部分独创的未来的才能，是现代性悸动不安本质的核心"①。积极接受风险也是现代经济中创造财富的精神源泉。承担风险是人类社会的一种自然状态。有些风险不应该被规避而是要将其作为自我实现过程中的一部分。②"现代火箭之父"罗伯特·戈达德（Robert Goddard）在 20 世纪 20 年代开始液体火箭的研究，无论是在当时还是现在，将火箭送上月球的想法无疑都是一种巨大的冒险。《纽约时报》曾经对罗伯特·戈达德的疯狂之举提出了严厉的质疑。1969 年，阿波罗 11 号成功登月，《纽约时报》发表文章说："现在可以肯定，火箭既可以在大气中运行，也可以在真空中飞行。我们对之前的质疑深表歉意。"③

4. 风险是一种控制和规范未来的方式

风险概念扭转了过去、现在和未来的关系。它作为今日的体验和行为之原因的位置被将来所占据。④ 风险被认为是控制未来和规范未来的一种方式。

作为对未来的威胁和诊断，风险的着眼点在于未来，为了在未来不至于发生危害甚至灾难，当下就要采取有效措施预防。"风险概念表明人们创造了一种文明……通过有意采取的预防性行动以及相应的制度化的措施战胜种种（发展带来的）副作用。"⑤

风险是前瞻性的，期望借此来减少相当长时期内危机事件发生的可能性。风险已成为学界、商界和政府的重要概念。在很多方面，风险成了看世界的新窗口。⑥

近年来，风险的概念越来越受到重视，因为社会的未来对决策的依赖性增加了，如今，风险的概念在关于未来的思想中已经占据主导地位。⑦ 风险这一概念在现代具有独特的力量。⑧ 风险已成为我们这个时代的标志性特征和理解世界的无所不包的背景，成为我们所处时代的语境，风险意味着需要对危险或其后果有所预案或举措，因而风险成为一个致力于变化的推动力，成为我们认识、关心、

---

① Giddens A., *Modernity and Self-identity*, Cambridge：Polity Press, 1991, p. 133.

② ［澳］狄波拉·勒普顿：《风险》，雷云飞译，南京大学出版社 2016 年版，第 124 页。

③ ［美］弗雷德里克·芬斯顿、史蒂芬·瓦格纳：《风险智能：企业如何在不确定环境中生存和壮大》，德勤中国企业风险管理服务部译，上海交通大学出版社 2015 年版，第 170-171 页。

④ ［德］乌尔里希·贝克：《世界风险社会》，吴英姿，等译，南京大学出版社 2004 年版，第 177 页。

⑤ ［德］乌尔里希·贝克：《自由与资本主义》，路国林译，浙江人民出版社 2001 年版，第 119 页。

⑥ ［英］布里吉特·M. 哈特：《风险、监管与管理》，载［英］彼得·泰勒-顾柏、［德］詹斯·金编著《社会科学中的风险研究》，黄觉译，中国劳动社会保障出版社 2010 年版，第 187 页。

⑦ ［澳］狄波拉·勒普顿：《风险》，雷云飞译，南京大学出版社 2016 年版，第 10 页。

⑧ ［英］彼得·泰勒-顾柏、［德］詹斯·金：《风险的当下意义》，载［英］彼得·泰勒-顾柏、［德］詹斯·金编著《社会科学中的风险研究》，黄觉译，中国劳动社会保障出版社 2010 年版，第 2 页。

介入现实问题的新工具。不明的和无法预料的后果成为历史和社会的强有力的变量，风险成为影响当前行为的一个参数。

三、工程风险

工程是实际的改造世界的物质实践活动，工程是直接生产力，要产生实际的结果。马克思说："工业的历史和工业的已经产生的对象性的存在，是一本打开了的关于人的本质力量的书。"①

工程是工业革命最根本的要素。当人们打开工程这本书的时候，却同时看到了人们原本不曾想要的东西，即工程带来的不全是积极的方面，也会产生消极的后果。随着时间的推移，工程对社会的影响也日趋重大与多元化。工程数量的增加、规模的扩大以及复杂性的增强，带来了人性、社会与环境风险。

工程师们正在用新技术、新材料或新设计来建造工程。没有新技术，就没有进步。被制造出来的新机器，被合成的新化合物，它们对人类或环境的长期影响还没有被充分了解。不仅新技术中可能包含了我们没能很好地理解的潜在风险，甚至在曾经被认为是安全的产品、生产过程和工程中也会发现新的危险。没有风险的工程是不存在的。

风险研究领域起源于工业化社会规范科技、保护全体公民免受工业化和科技危害的实际需要。从一开始，风险研究就定位在学术、政府和工业利益的交织点。②

在过去的几十年里，风险这个词的使用量似乎一直在增加。一项针对风险一词在学术期刊文章题目中使用频率的调查发现，其在 1966~1982 年呈指数增长，特别是在 20 世纪 70 年代初期之后。③"风险"已经成为理解和解释当今世界的一个关键概念。

技术和工程逐渐成为现代社会中主要的风险源。20 世纪 70 年代的一项评估认为，死于技术风险的男女人数分别占男性总死亡率的 20%~30%，占女性总死亡率的 10%~20%，对应的总体支出和损失占国民生产总值的 10%~15%。④

20 世纪 80 年代，德国社会学家乌尔里希·贝克创立了风险社会理论，该理论在很大程度上源于对科学、技术和工程风险的反思。

对于工程风险，不同的学科和领域关注和研究的侧重点或视角各有不同。社

---

① 《马克思恩格斯全集》第 42 卷，人民出版社 1979 年版，第 127 页。

② ［英］谢尔顿·克里姆斯基、多米尼克·戈尔丁：《风险的社会理论学说》，徐元玲、孟毓焕、徐玲，等译，北京出版社 2005 年版，前言第 1 页。

③ ［澳］狄波拉·勒普顿：《风险》，雷云飞译，南京大学出版社 2016 年版，第 7 页。

④ Harriss R. C., C. Hohenemser, and R. W. Kates, "Our Hazardous Environment", *Environment*, 1978, Vol. 20, pp. 6-15, 38-41.

会科学对风险研究的涉入，使一元的技术分析范式向多元化发展。

技术分析范式中的工程风险是指工程可能失败的危险，即新技术尚未经过市场和生产过程的检验，究竟是否可行，在预期和实践之间可能会出现偏差，有失败的可能。

在工程哲学的视域中，工程风险研究主要是基于公共安全的视角。公共安全是指社会公众的生命、健康、重大公私财产以及公共生活、生产的秩序不受损害或威胁。相较于技术和经济的视角主要关注效率和效益而言，公共安全的视角着眼于公共利益。

因此，本书是基于公共安全视角的工程风险研究，主要考察工程给自然、社会和人的健康带来的风险。

第二节　工程风险的历史考察

在不同的历史阶段，社会生产力状况和社会发展水平不同，工程风险也会有不同的表现形式。遵循历史与逻辑相统一的原则，考察它的历史演变过程，有助于准确地把握它在当代的样态，并找出有效的应对之策。由于篇幅和研究内容所限，本书只考察工程风险的大致历史脉络。

一、古代

风险的历史与人类的历史一样久远。古代的人们面临着诸多风险，大多是来自自然的风险。在人类社会早期，人们主要靠渔猎和采集为生，生产力水平极其低下，自然环境神秘莫测，人在自然面前显得非常脆弱。人类自一开始就受到自然风险的折磨，一场旱灾、一次瘟疫、一波地震，都可致众人于死地。[①] 马克思、恩格斯指出："自然界起初是作为一种完全异己的、有无限威力的和不可制服的力量与人们对立的，人们同自然界的关系完全像动物同自然界的关系一样，人们就像牲畜一样慑服于自然界。"[②]

古代的人们也会面临人为风险。人为风险影响人类的程度取决于人类活动达到的程度。在古代，科学与技术的触点极少，且微不足道。解释自然现象成了哲学家的分内之事，至于其实际应用，则留给了工匠。哲学家更关心的是书本与观念，而对于事物则留意不多；哲学家在对自然界做笼统的解释时展示了令人敬仰

---

① 陈志武：《文明的逻辑：人类与风险的博弈》，中信出版社 2022 年版，第 13 页。
② 《马克思恩格斯选集》第 1 卷，人民出版社 1995 年版，第 76 页。

的聪明才智，但在细节上却极大地忽略了它们的实际运用。与此相反，工匠则对他所遵循的生产方法和工艺之外的知识知之甚少，甚至一无所知，因为那些生产方法和工艺是代代相传到他手上的，而且它们已经能使他达到所需的效果；对于那些解释他的行为的理论，则全然不知。① 因此，古代还没有像现代科学研究室或工业研究室那样的专业研究场所。古代社会主要的产业部门是农业，人类主要是依据生态循环的自然规律，利用自然来获取物质生活资料以满足最基本的生存需求。当时，人类的活动对自然的破坏性很小，处于自然环境自我净化、自我修复的能力范围，所以没有出现当今的生态风险问题。

古代工程主要是建立在专业工匠家族、师徒相传的经验上，具有技术幼稚性、专业和地域的局限性等特征。即使在纺织、食品加工、陶瓷、造纸、机械等领域，各种因果关系也显得一目了然。当时，无论是从地域上还是从程度上，工程制造的风险都十分有限，对环境的破坏仅仅是局部的，人类面临的主要风险仍然是外部性的自然风险。

二、近代

欧洲文艺复兴以后，伴随着人类理性的启蒙和科学技术的发展，形成了传统的工程领域，如建筑工程、水利工程、交通工程、电力工程、矿山工程、冶金工程、机械工程、通信工程、能源工程等，它们促进了社会经济的繁荣和人类文明的进步。人们应对来自自然界的风险的能力不断增强，饥饿、传染病、自然的大灾祸等都在不断减少。

近代的前半段时期，不断发展的科学研究并没有对工业技术产生明显的影响。工业技术的发展仍主要来自工匠的发明和试验，科学研究对技术的影响并不明显。1750 年，社会上仍然存在着行会和工匠，他们积极努力设法维护生产产品的老方法，甚至通过纵火和其他破坏活动来抵制新的生产方式。到 1880 年，他们对过往时代的依恋终于逐渐消失，以工匠作坊为主的生产方式，最终让位于企业工厂的生产方式。19 世纪，发明、技术和变革成了经济活动最根本的特点。②

近代工程的发展，促使工程从主要依靠专业工匠的个人能力和手工技艺，发展到主要依靠工程学科知识的揭示、开发和应用上。工匠们借助科学的理性和知识的力量提升了传统的工艺水平。工程一端融合了研究和开发，另一端则融入了

---

① ［英］查尔斯·辛格等主编：《技术史》第Ⅲ卷，高亮华，等译，上海科技教育出版社 2004 年版，前言。

② ［美］内森·罗森堡等：《西方现代社会的经济变迁》，曾刚译，中信出版社 2009 年版，第 148 页。

工业与商贸。工业实践活动成为人类活动的主导方式。工业生产方式，既提高了人类改造自然的能力，使人类不断摆脱对自然界的被动依赖，也增强了人类制造风险的能力。在近代，工程活动负面的环境影响开始被认识。①

吉登斯认为，在工业社会存在的头两百年里，占主导地位的可以称为"外部风险"，但随着时间的推移，工业革命的浪潮风起云涌，新技术的发明和应用日新月异，人类主体意识膨胀，人类也在招惹自然，不断制造着新的风险，"人造风险"占了主要地位。

例如，燃料燃烧时产生的二氧化硫，会以硫酸的形式沉积，不仅使土壤呈酸性，也会危害植被和鱼类。DDT与其他杀虫剂和过剩的肥料自农田冲入水域，危害着海洋生物，而这些生物最终成为人类的食物，从而影响人类的健康。

三、现代

现代工程产生于19世纪末20世纪初。随着相对论、量子力学、DNA遗传理论、混沌理论等重大科学发现的提出，以及原子能、电脑、生物领域、航天领域等重大技术发明的诞生，工程概念的应用范围日益扩大，出现了许多新兴工程领域，如生物工程、遗传工程、医药工程、信息工程、网络工程、农业工程等。在现代社会中，从科学经过发明活动而转化为技术，又从技术经过工程化和创新活动转化为生产，周期越来越短。在过去的一个世纪里，工程技术得到了快速的发展。以科技为核心的知识对经济增长的贡献率在20世纪初为5%~20%，到了20世纪末在一些发达国家已经上升到80%左右。

现代工程塑造了现代文明，改变了现代社会的面貌，深刻影响着人类社会生活的各个方面。工程已经嵌入人类的生活世界，并成为核心的要素。人类在生活和工作的所有领域都在不断地登上新的台阶，人类的生存状况发生了深刻的变化。但是，现代性的发展及其在全世界范围的扩张还有一个不可忽视的阴暗面，即人为的风险在数量上不断扩张，风险类型日益增多，危害程度也逐渐变大。工程的发展带来了许多前所未有的风险，给人类和环境造成了严重的威胁。

恩格斯早就告诫过人们警惕在改造自然的过程中带来的风险，不要过分陶醉于人类对自然界的胜利。他说："对于每一次这样的胜利，自然界都对我们进行报复。每一次胜利，起初确实取得了我们预期的结果，但是往后和再往后却发生了完全不同的、出乎预料的影响，常常把最初的结果又消除了。"②

乌尔里希·贝克认为，自20世纪中叶以来，工业社会的社会制度已经遭遇

---

① 殷瑞钰、汪应洛、李伯聪，等：《工程哲学》，高等教育出版社2007年版，第55页。
② 《马克思恩格斯选集》第4卷，人民出版社1995年版，第383页。

了由有关这个星球所有生命的决策制定导致的史无前例的破坏的可能性。① 他还谈道："工业社会的社会机制已经面临历史上前所未有的一种可能性，即一项决策可能会毁灭我们人类赖以生存的这颗行星上的所有生命，仅仅这一点就足以说明，当今时代已经与我们人类历史上所经历的各个时代都有着根本的区别。"②

频频出现的工程事故让人生畏，核电站事故、海洋的化学污染、温室气体的排放造成的温室效应、大面积使用人造肥料造成土壤的贫瘠、食品添加剂给人们的健康带来的危害等都是现代工程带来的风险的显性化。这些事故的风险程度已远远突破了人类在工业革命之前的那种简单的加工和改造、直接利用自然的阶段的风险程度。

在传统的农业社会和工业社会，人们关心的是物质财富的分配，因为那时的生产力状况还不足以满足人们的需求。但在当今时代，社会的生产力水平已经有了很大的提高，世界上很多国家的人们已经衣食无忧，人们倾向于追求更高品质的生活。在这种情况下，人们对不断增长的风险的担心超过了对物质财富的关心。乌尔里希·贝克认为，当代风险的现实基础是工业化的过度生产所带来的大规模的副产品。"在现代化进程中，生产力的指数式增长，使危险和潜在威胁的释放达到了一个我们前所未知的程度。"③

社会学家查尔斯·佩罗（Charles Perrow）认为，高风险技术正在以倍数增长，导致大灾难出现的可能性增加，而这些大灾难的潜在影响范围正在不断扩大。④ 表1-1是过去几十年全球发生的重大工程事故的简单呈现。

表1-1 一些重大工程事故

事故地点	时间	主要后果
意大利塞韦索	1976年	梅达市的一家化工厂二噁英等两吨化学物质泄漏，约2000人中毒，环境污染，受到影响的居民达到12万人，大规模人口疏散，大量动物死亡
美国三里岛	1979年	核电站事故，放射性物质外泄，造成居民恐慌，大约20万人撤出该地区
挪威北海	1980年	北海突发9级大风，亚历山大·基兰钻井平台倾覆沉没，123人死亡
加拿大纽芬兰	1982年	由于遭遇飓风，海洋徘徊者号近海石油钻井平台沉没，平台上84人全部遇难

① ［德］乌尔里希·贝克：《世界风险社会》，吴英姿，等译，南京大学出版社2004年版，第71页。
② ［德］乌尔里希·贝克：《从工业社会到风险社会》上篇，王武龙编译，《马克思主义与现实》2003年第3期。
③ ［德］乌尔里希·贝克：《风险社会》，何博闻译，译林出版社2003年版，第15页。
④ ［美］查尔斯·佩罗：《高风险技术与"正常事故"》，寒窗译，科学技术文献出版社1988年版，导言第1页。

续表

事故地点	时间	主要后果
印度博帕尔	1984 年	美国联合碳化物公司在印度的一个农药厂异氰酸甲酯剧毒气体泄漏，伤亡人数说法不一，有一个说法是，造成 3800 人死亡、2 万人中毒、20 万人流离失所，是有史以来最严重的一场工业灾难
墨西哥首都墨西哥城	1984 年	圣胡安德伊斯华德佩克工业区液化石油气仓库爆炸，大约 500 人死亡，3000 人受伤，120 万人撤离该地区
美国佛罗里达	1986 年	挑战者号航天飞机升空爆炸，7 名宇航员全部罹难
苏联切尔诺贝利	1986 年	核电站爆炸，发生核辐射，1992 年乌克兰官方公布已有 7000 多人死于本事故的核污染，是世界上最严重的核事故
瑞士巴塞尔	1986 年	桑多兹化工厂仓库发生爆炸，莱茵河被污染，对环境造成严重伤害，带来巨大的生态灾难
英国北海	1988 年	派珀·阿尔法钻井平台爆炸起火，随即平台沉没，造成 167 人死亡
美国阿拉斯加	1989 年	埃克森·瓦尔迪兹号油轮触礁，原油泄漏，造成严重的环境污染
法国图卢兹	2001 年	欧洲最大的化肥生产企业 AZF 化肥厂，由于工人混合化学药品时错误操作导致发生爆炸和火灾，30 人死亡、2000 人受伤、600 间房屋被毁
美国得克萨斯	2005 年	英国石油公司美国得克萨斯州炼油厂由于操作工误操作，发生爆炸和火灾，15 人死亡、180 人受伤
英国赫默尔亨普斯特德	2005 年	邦斯菲尔德油库由于充装过量发生泄漏，引起爆炸，43 人受伤，造成 8.94 亿英镑（相当于人民币 101 亿元）经济损失，是欧洲迄今为止遭遇的最大火灾
墨西哥湾	2010 年	英国石油公司深海地平线号钻井平台发生井喷和爆炸，11 人死亡、17 人受伤，平台沉入墨西哥湾，造成了巨大的财产损失，大量原油泄漏，大面积海域受到严重污染
日本福岛	2011 年	当地发生 9.0 级地震，引发海啸，核电站放射性物质泄漏
中国天津	2015 年	瑞海公司危险品仓库爆炸，165 人遇难，8 人失踪，798 人受伤住院治疗，多个建筑物受损

资料来源：笔者改编自［挪威］马文·拉桑德：《风险评估：理论、方法与应用》，刘一骝译，清华大学出版社 2013 年版，第 13 页。

工程技术进步可能会改变风险的呈现形式，但并不意味着风险的减少。进入 21 世纪，非线性创造力是不可预知性的主要来源。复杂的工程创新将导致不同产业部门的融合，风险的结果和原因之间的关系呈现出多重复杂的特征，相伴而来的是新的工程风险。基因工程、大数据工程、人工智能工程等带来的风险，已经开始引起人们的高度关注。

第三节　工程风险的特征

所谓特征，就是一事物区别于他事物的内在的质的规定性。工程风险既具有风险的一般性质，又具有自身的特点，当代的工程风险具有不确定性、不可计算性、延展性、相对性等多个特征。[①]

一、不确定性

风险是隐性的，是一种可能性结果。吉登斯认为，风险这个概念与可能性和不确定性概念是分不开的。当某种结果百分之百被确定时，我们不能说这个人在冒风险。风险通常是通过不确定性来界定的。[②]

随着工程的扩展，出现了新类型的不确定性。吉登斯和贝克称这种类型的不确定性为"人为的不确定性"。医药、杀虫剂、化肥、核电站等工程，降低了瘟疫、饥荒、化石资源枯竭等风险，但背后却又潜伏着其他不确定的、威胁人体健康与生存环境的风险。工程风险的不确定性通常表现在以下几个方面：

工程风险是否显性化为损失是不确定的。例如，有很多基于纳米技术的新产品不断问世，但纳米颗粒是否会对人们的健康以及地球环境造成伤害，这是不确定的。

损失发生的时间不确定。一种可疑的化学品是否能引起人类的癌症，并不能在短期内显现出来，它会在多大的剂量下以及多长的时间内发生？它的临界点在哪儿？这些都难以确定。

损失发生的地点不确定。高度发展的核能工业摧毁了我们据以思考和行动的基础和范畴，比如工厂和民族国家，甚至还包括大陆的界线。很多工程风险具有全球性。

损失发生的程度不确定。工程风险中存在捉摸不定的因素，我们基本上无法用以往的经验来消除。例如，关于转基因食品，没有人懂得后果是什么。在真实世界之外，一个机体基因的变化可能对整个环境产生多大程度的影响，还是不产生影响，目前都是不确定的。

---

① 王耀东、刘二中：《论技术向工程转化的公共风险》，《科技管理研究》2013 年第 1 期。
② ［英］安东尼·吉登斯：《失控的世界》，周红云译，江西人民出版社 2001 年版，第 22 页。

二、不可计算性

从风险的技术分析视角对那些可能危及人类或环境的风险进行预测，将预期的收益和损失转换为客观的度量，计算出各种风险在时间上和空间上的发生概率，如此一来，风险就能成为可依据概率理论计算的客观实体，风险等于概率乘以损失程度。

在工业化早期，风险与损害是可被明显感知的——它们能够被嗅到、触摸到、品尝到或者被裸眼看到。相比之下，今天的许多重大风险大部分都无法被感觉到。这些风险并不存在于日常的经验中，用现行的制度、模式去应对难以奏效。

风险以决策为先决条件，这些决策曾经靠那些将手段和目标，或者原因和结果联系起来的固定的可计算的标准提纲，而这些标准正是被"世界风险社会"归于无效的东西。低概率但高效果的未来各种形式的风险，是不可计算的。事实上，大多数引起争论的技术，比如遗传工程，是没有个人保险的。① 对于某工程可能带来的风险，专家知识有时候倾向于相互矛盾，这就导致了关于观点、计算程序与结果的讨论。

贝克认为，在技术工业发展过程中产生的威胁——以现存的制度性标准衡量——既不可计算也不可控制。正常的标准、测量的程序和危险计算的基础均被破坏；没有可比性的实体被拿来比较，而计算变得模糊。损害和结果不可计算这一问题，在缺乏为它们负责任的状况方面变得清晰且特别鲜明。在我们的社会中，科学和立法的认可及灾难的归责原则是根据因果关系原则——"谁污染谁治理"确立的。新的危险正在解除关于安全计算的常规支柱。损害失却时空限制而成为全球的和持续性的。几乎不再有可能为这样的损害去责备特定的个人。因此谁污染谁治理的原则失去了灵敏性。②

鉴于当前风险的大规模的、不确定性的本质，科学本身失灵了。关于这些风险的安全性假设不能被实证研究，在世界已经成为一个为了测试损害如何影响人口的实验室的背景中，科学调停的力量微乎其微。因此，在关于风险的评估中，科学家已经丧失了他们的权威：科学的计算越来越被政治团体与活动家所挑战。③

三、延展性

20世纪末，工程风险在前所未有的范围内成为人们日常生活的一部分。工

---

① ［德］乌尔里希·贝克：《世界风险社会》，吴英姿，等译，南京大学出版社2004年版，第4-5页。
② ［德］乌尔里希·贝克：《世界风险社会》，吴英姿，等译，南京大学出版社2004年版，第183页。
③ ［澳］狄波拉·勒普顿：《风险》，雷云飞译，南京大学出版社2016年版，第53页。

程风险具有延展性，其空间影响是全球性的，超越了地理边界和社会文化边界的限制，其时间影响是持续的，可以影响到后代。

技术和产品在全球范围内传播和分布，将风险带到了广泛的空间和持续的时间内。传统社会的风险及后果一般只局限于某个具体的地域范围，涉及有限的受害者，而正在迅猛推进的现代化和全球化进程所引发的风险已超越地域限制，超越民族和国家的疆界向全世界蔓延。例如，1986 年 4 月 26 日，苏联切尔诺贝利核电站第 4 号机组发生爆炸，酿成世界性的大灾难。大量放射性物质外泄，强辐射的碎片到处散落，不仅造成大面积污染、殃及邻国，而且威胁到未来几代人的生活与安全，有专家说切尔诺贝利核事故的后果将延续 100 年。2011 年 3 月 11 日，日本福岛核电站事故发生后，引起了包括中国在内的多个国家的公众恐慌，也导致世界上很多国家停建或缓建核电站。正如乌尔里希·贝克所指出的，即使在"二战"刚结束时，也不是每个人都挨饿，但在核污染面前是人人平等的，不管你是穷人还是富人，不管你是高官还是平民。如果地下水被污染，那么它不会因为遇到总裁的水龙头而消失。只要你生活在这个地方，你就不能摆脱它的困扰。

食品安全、环境恶化、能源枯竭等工程风险也具有全球效应。例如，工业化过程中会产生温室气体，从空间上看，可能不会对产生温室气体的某个特定地域造成损失，但温室气体的累积会导致全球的气候变暖；从时间上看，温室气体给当代人带来的影响或损失或许并不大，但它可能会对子孙后代的生存带来严重的影响。这是工程风险的延展性在空间上、时间上的一个重要表现。

四、相对性

风险具有多维性，像工程学或经济学那样对其进行单纯的科学计量是有违客观事实的。风险是一个包含主观性的相对范畴。人们站在不同的价值立场，对风险的理解会有所差异。斯科特·拉什在《经济全球化时代的风险文化与风险社会》一书中指出："不同风险文化中的不同的判断主体，甚至同一种风险文化中的不同判断主体，对同一种危险和风险进行反思后所作出的判断，无论从其判断方式还是从其判断结果上看，都往往呈现出很大的差异。"

例如，德国人很害怕辐射，从核电站到手机再到乳腺 X 光片，凡是和辐射有关的东西，他们都心存畏惧。奥地利人也一样，但法国人和美国人却不怎么在意。[①] 2011 年，日本福岛发生核事故以后，许多国家政府的反应与表态有很大差异，各国民众的担忧程度也大不相同。德国政府官员的反思与忧患相当明显，而

---

① ［德］格尔德·吉仁泽：《风险认知：如何精准决策》，王晋译，中信出版社 2019 年版，第 93 页。

我国核电方面的专家则表示不能"因噎废食"。不同的反应表现出不同国家对风险的承受能力。

德国学者奥尔特温·雷恩（Ortwin Renn）和澳大利亚学者伯内德·罗尔曼（Bernd Rohrmann）认为："有'生态取向'的人们和那些有'女权主义'倾向的人们一样，对所有风险问题的评估都带有极强的批判意识，而那些有'技术取向'的人（如工程师）则对风险的评价偏低，他们更多看到了风险的收益，并准备接受风险，'金钱至上主义者'的判断则处于这两个极端之间。"可见，不同价值取向的人对同一风险事件的看法是有差异的。

一个基本的事实是，至少在发达工业社会甚至在发展中国家也是如此，即生活并非变得更加危险了。与之前相比，一般人都变得更安全、更长寿、更闲适、更健康了，人们的生活质量也提高了。人们感觉到风险增多，是由于处于特定风险文化背景中的人们对风险察觉的敏感性提高了，风险认知水平和能力也提高了。

许多风险理论家的传统观点认为，现代生活要比以前安全得多。现代化的便利性在许多方面减少了风险。医疗技术确保许多人能活得更久。公共卫生方面的努力大大减少了疾病的威胁。发达国家的政府法规保护公众免受污染食物、缺陷产品、落后的建筑技术和危险药品的侵害。尽管如此，这些进步包含的持续不断的改变，也产生了迄今为止从未考虑过的风险。换言之，相比过去，今天的世界更加安全，也更加危险。①

第四节　工程风险的来源

工程是根据人类需求创造出来的自然界中原本并不存在的人工物，它包含自然、科学、技术、社会、政治、经济、文化等诸多要素，是一个远离平衡态的复杂有序系统。② 工程的复杂性是在自然事物的复杂性基础上加上了人文的复杂性和社会的复杂性，是三类复杂性的重叠。这个复杂系统中任何一个环节出现问题都可能引起整个系统功能的失调，从而引发事故。工程风险主要源于工程的复杂性和工程思维的简单性及其矛盾。

---

① ［美］T. L. 塞尔瑙、R. R. 乌尔墨、M. W. 西格、R. S. 利特菲尔德：《食品安全风险交流方法——以信息为中心》，刘强，等译，化学工业出版社2012年版，第130页。

② 殷瑞钰、汪应洛、李伯聪，等：《工程哲学》，高等教育出版社2007年版，第72页。

一、工程客体与主体的多重性

工程是人类有组织、有计划、有目的地利用各种资源和相关要素构建人工实在的实践活动，在工程建构过程中，既要有工程客体，又要有工程主体。

工程的客体是多重的。各种原材料、技术、资源、资本等是工程客体。工程客体中的任何一个因素出现问题，都会导致工程风险。其中，技术正在成为新风险的来源。吉登斯认为，风险主要来源于科学与技术的不受限制的推进。科学理应使世界的可预测性增强，但与此同时，科学已造成新的不确定性——其中许多具有全球性。[①]

技术越是复杂，它各部分之间以及与自然之间就会存在多重相互作用，生成风险的可能性就会越大。工程的规模越来越大，出现大规模事故的可能性也会增加。

工程具有多个主体。工程科学家主要关注于研究，工程企业家和工程管理者主要关注于组织，大部分的工程师主攻设计和开发。[②] 芭芭拉·亚当和约斯特·房龙在其论文《重新定位风险：对社会理论的挑战》中指出，风险不仅在技术应用也就是在工程化的过程中被生产出来，而且在赋予意义的过程中被生产出来。

那些与化学污染、核辐射、转基因技术等密切联系的风险和灾难在一定层面上已经超越了人类思维所能达到的范围。乌尔里希·贝克在论文《从工业社会到风险社会》中指出，这些科学技术飞速发展之负面作用对人类造成的风险和灾难游离在人类意识能力之外，甚至游离在借助于科学技术之力的人类意识之外。对这些风险，人们表现得无能为力和无可奈何。

从工程活动的不同层面看，工程活动主体的多重性不仅直接表现为企业家、工程师、工人和管理者的参与，还会受到其他社会主体的影响，体现其他主体的因素。工程实践中既可能有个人主体，还可能有集体主体。

心理学家通过实验和调查发现，认知错觉和扭曲影响人对风险的感知。还有研究表明，如何表述风险问题也常常影响人对风险的反应。经济学家西蒙也提出了"有限理性"的概念，这反映出人类认知能力的局限性。人的物化、片面化是导致当代社会风险问题凸显的深层根源。

二、工程组织的复杂性

任何一个工程都是建构过程。风险固然有其"自然根源"，但归根结底是社

---

① ［英］安东尼·吉登斯：《现代性的后果》，田禾译，译林出版社 2000 年版，第 15 页。

② ［美］欧阳莹之：《工程学：无尽的前沿》，李啸虎，等译，上海科技教育出版社 2008 年版，第 6 页。

会建构现象。不同的社会和特定社会群体以不同方式建构风险和危险，这取决于他们的社会组织形式。① 风险成为现代社会结构的内在品质。风险社会是现代性的结构变异，结构性风险正是现代社会结构变异的增量，是风险社会的特定属性。斯科特·拉什认为："极具复杂性的专业系统程序可能会将更多更大的风险及更多更大的不确定性带入这个世界风险社会。"

乌尔里希·贝克认为，风险与制度具有本体论关联，工业生产的无法预测的结果转变为全球生态困境，这不是一个环境问题，而是工业社会本身的一种意义深远的制度性危机。

尼克拉斯·卢曼（Niklas Luhmann）认为，现代社会的分工形式和不同的功能系统中的决策是风险问题产生的根源。正因为这些问题分散在不同的功能系统中，所以它们不能从根本上得到解决。

一旦科学技术的发展失去社会的有效制约，就抹除了实验室与社会的界限，整个社会将与实验室没有区别。在很多情况下，研究的自由就意味着应用的自由，意味着研究成果可任意应用于社会中。例如，在基因工程中，有些科学技术工作者未经社会的广泛讨论和政府有关部门的审核批准，就擅自将某些影响深远的研究成果应用于临床。

三、工程中的耦合与相互作用

约翰·齐曼（John Ziman）认为，人类用来与外界环境发生互动、解释并改变其对外界环境的技术控制的动态认知过程，其复杂性和精致程度是变化多样的。②

工程师们能够把一个系统做得非常安全，但是却无法保证它绝对安全。出人意料向来是一种可能性，往往会有许多技术上的、人为的以及社会的因素存在，也可能是这几个方面互相作用触发反应，酿成事故。举例说，在"挑战者号"航天飞机的决策过程中，当有一位工程师力主取消这次没有把握的发射时，一位管理者却告诉他："摘掉它的工程学帽子，给它戴上管理学帽子。"这是政治学战胜工程学的一个缩影，最后造成了"挑战者号"航天飞机的升空爆炸。

即使这是社会建构的一个灾难性案例，工程师们也无法脱离干系。一个有缺陷的 O 形密封环设计，正是导致这场大灾难的起因。虽然管理不善大大加剧了情势的恶化，但是设计上的过错还是在于工程师们。避免那些由于人类的主观错误或自然界的偶发事件而导致灾难的设计，要求工程师在设计、操作技术系统的过程中，尤其是在复杂而高风险的设计中，必须把自然物质技术和社会组织技术正

① Douglas and Wildavsky, *Risk and Culture*: *An Essay on the Selection of Technical and Environmental Dangers*, Berkeley: University of California Press, 1982, p. 8.

② ［英］约翰·齐曼：《技术创新进化论》，孙喜杰，等译，上海科技教育出版社 2002 年版，第 112 页。

确地融合在一起。①

社会学家查尔斯·佩罗（Charles Perrow）将紧密耦合和交互作用定义为导致技术威胁不断升高的两个关键因素。紧密耦合指的是系统内部和系统之间缺乏缓冲区域。如果出现了紧密耦合，一个系统就极有可能影响另一个系统。举例来说，工厂和发电厂现在紧靠城市，因此那些生活在工厂或发电厂附近社区的人们承受的伤害风险更大，比如爆炸或有毒化学物质扩散等故障。交互作用指的是导致事故的多重故障的累积影响。②

任何一个负面效应的产生，都有可能是相互作用的变量共同造成的结果。三里岛事件和切尔诺贝利事件的情形就是这样，事故的发生是由许多相互关联的因素造成的，包括管理、操作失误以及技术设计。③

在复杂交互作用中，至关重要的是后果的难以预测性。过程与过程可以复杂地交互作用，使得人们无法预测系统各部分的交互方式。没有人会想到 X 失效会影响 Y。化工厂是复杂交互的，各部分以反馈模式互相影响，而这些永远是无法预测的。与此相反，邮局当中有那么多复杂的互动，系统的各个部分之间多以线性的方式相互关联，而且各部分之间的关系很容易理解，并不经常以不可预料的方式互动，也就是说，某一部分的故障不太可能导致邮局停止运营。如果一个邮局不再运转，通常也是源自易于理解的故障。

紧密耦合和复杂交互的技术系统的例子并不仅包括化工厂，而且还包括核电站、国家输电网、太空站以及核武器系统。由于它们的紧密耦合性及复杂交互作用性，这些系统会产生预想不到的失效，而且几乎没有时间去纠正错误或阻止失效影响到整个系统。这就使得某个故障一旦出现，事故就将难以预测，灾难也将难以避免。④

四、工程思维的简单性

在人类发展的历史长河中，还原论、简单性思想由来已久。简单性被当作客观世界和真理的基本特征，复杂性仅仅是现象。人们普遍认为，现象世界的复杂性能够和应该从简单的原理和普遍的规律出发加以消解。"奥卡姆剃刀"要把那些不必要的东西像快刀斩乱麻一样统统剃掉。牛顿把简单性作为一种科学信念，

① ［美］欧阳莹之：《工程学：无尽的前沿》李啸虎，等译，上海科技教育出版社 2008 年版，第 355 页。

② ［美］T. L. 塞尔瑞、R. R. 乌尔默、M. W. 西格、R. S. 利特菲尔德：《食品安全风险交流方法——以信息为中心》，刘强，等译，化学工业出版社 2012 年版，第 130 页。

③ ［英］伊丽莎白·费雪：《风险规制与行政宪政主义》，沈岿译，法律出版社 2012 年版，第 8-9 页。

④ ［美］查尔斯·E. 哈里斯、迈克尔·S. 普理查德、迈克尔·J. 雷宾斯、雷·詹姆斯、伊莱恩·英格尔哈特：《工程伦理：概念与案例》，丛杭青、沈琪、魏丽娜，等译，浙江大学出版社 2018 年第 5 版，第 119 页。

并把它置于众法则之首。爱因斯坦更是推崇简单性思想，甚至把追求简单性作为他一生的最高目标。

这种思维甚至认为，宇宙乃至其中万物，不分物理、生物或社会层面，都可以简化为类似钟表的机械运作，各个组成零件均以精确可测的线性因果律相互作用。如果我们能完全解析个别零件及其作用，即可据以重建世界及其万物。

简单性思维使复杂现象简单化，非线性问题线性化，使人们对自然界从模糊的定性认识转变为精确的定量分析。然而这却是以牺牲复杂性为代价的，技术处理上的成功并不意味着对客观现实的真实描述。过于简单化不符合演化的结果，它把自然连接在一起的东西分割得互不相干，它对大自然所固有的混乱、矛盾和随机性因素持怀疑态度。考温说过，通往诺贝尔奖的辉煌殿堂通常是由还原论的思维取道的。也就是把世界分解得尽可能小、尽可能简单。你为一系列或多或少理想化了的问题寻找解题的方案，但却因此背离了真实世界，把问题限制到你能发现解决办法的地步。①

学科化、专业化、标准化是科学、技术、工程发展的重要产物，但这也容易使人成为"分工的奴隶"，容易"只见树木不见森林"。当简单性的思维遇到复杂性的实践，风险的产生就是必然的结果。科学家，实际上我们每一个人，总是通过事物运行方式的简单化概念进行工作的。我们将这些简化的表示称为"模型"，它们以多种方式出现：概念模型、物理模型、数值模型。在从现实世界建立的模型中，通过对我们努力理解的现象或系统的不安全、有时是不准确、偶尔是冲突的测量或观察，我们接受的是不完的指引。在模型和观察间有一个持续的相互作用，并且一个在另一个面前经历着调整。新的观察导致一个概念的修改，反过来一个新的概念，暗示需要进行新的试验或观察，以便再一次获得检验。②

这就需要人们在行动之前了解复杂系统的各种线性和非线性相互作用，否则即使人们最初的愿望是好的，也可能难以避免出现巨大的风险。

第五节 工程风险的分类

工程风险是纷繁复杂的，它们以多种形态存在。分类是对研究者试图研究的现象进行选择和处理的必要的概念性工作。通过分类为经验现象提供顺序或结

---

① 王耀东：《略论简单性思维与复杂性思维》，《沈阳师范大学学报（社会科学版）》2003 年第 2 期。

② ［美］亨利·N. 波拉克：《不确定的科学与不确定的世界》，李萍萍译，上海科技教育出版社 2005 年版，第 100-101 页。

构。通过分类，可以从外延上把握它，还可以增加对它的感性认识。另外，不同的分类标准提供了不同的视角，有助于更全面地理解和认识它，同时也为深入分析和研究提供了基础。没有分类就不可能有理论或科学研究。不同的风险其产生原因可能是不同的，采取的治理措施也就有所不同。因此，对工程风险进行分类有重要的意义。

一、按照风险作用的对象分类

按照工程风险作用的对象，可以将工程风险分为自然（生态）风险、社会风险和人的健康风险。

（1）自然风险就是工程在建构、开发或提供给人们产品或服务时，可能对自然造成的危害，生态风险则是指工程及其活动破坏了人与自然原本的平衡关系，导致自然以各种危机和灾难的形式危及人类的日常生活和未来命运。随着人类对自然的深度开发以及工程规模的扩大，单纯的自然风险正逐渐消失，进而转变为生态风险。

例如，DDT 的发明和使用，DDT 是一种人工合成出来的化合物，其全称是"二氯二苯基三氯甲烷"。它具有很好的杀虫效果，但是后来人们才发现，DDT不仅能杀死害虫，也能杀死害虫的天敌。DDT 的分子结构中含有非常稳定的苯环，所以不容易被分解成无毒物质。另外，由于 DDT 不易溶于水而极易溶于脂肪，所以一旦摄入就溶解在脂肪内，再难以排出。DDT 发明后的大规模使用带来了自然和生态风险。

（2）社会风险是指工程可能对社会的政治、经济、伦理、法律、文化和心理等方面造成的负面影响。广义的社会是指由不同关系与机制所构成的共同体，既有经济生产活动，也有政治民主活动，同时也是一个文化圈。狭义的社会则是指由村落、城镇、都市圈所构成的、以公共性事务治理为目标的社群。例如，纳米技术引起的社会风险的社会纳米技术能够提供低廉、隐蔽的监控设备，如果这些设备盛行并被滥用，那么将使人们的一举一动都暴露在他人甚至公众之下，人们没有了隐私可言，可能会使人们产生焦虑和恐慌，产生一系列社会问题。美国在 2000 年提出的"国家纳米技术创议"中，把纳米技术发展过程可能涉及的"伦理、法律和社会影响及教育培训"等方面的问题列为重点支持的研究项目。比如，随着纳米技术和分子生物技术成本日益降低，是否会使恐怖分子或其他小团体能更容易地去制造危险的细菌呢？[①]

（3）健康风险是指工程对人的身体健康带来的风险。例如，镉对人的健康

---

① 费多益：《灰色忧伤——纳米技术的社会风险》，《哲学动态》2004 年第 1 期。

产生的风险，镉原子序数48，是一种银白色有光泽的重金属。它在自然界中以化合物形式存在，对人们的生活并没有直接的影响。镉主要与锌矿、铅锌矿、铜铅锌矿等共生，如果开矿过程及尾矿管理不当，镉就会通过水源进入土壤和农田。国外有研究推算，全球每年有2.2万吨镉进入土壤。已有研究表明，镉经过数年甚至数十年在肝、肾部慢性积累后，人体就会出现显著的中毒症状。

二、按照风险产生的技术来源分类

按照风险产生的不同技术来源可将工程风险分为核风险、化学风险、基因风险、食品风险等各种不同的风险。

（1）核风险主要是指核武器和核电站等带来的风险。人类的第一座核设施是用于生产核武器，因此它距离人口密集地区非常遥远。这种地理上的分离本身就是一种最主要的安全战略。人类使用核能进行商业发电开始于1956年，这些电站需要靠近人口稠密的地区。近50年来，发达工业国家鼓励核设施开发，使人们处于核风险之中。1979年，美国发生了三英里岛核事故。1986年，苏联发生了切尔诺贝利核事故。2011年，日本发生了福岛核事故。这些事故的发生，加剧了人们对核风险的担忧和恐惧。

（2）化学风险是指人工合成的化合物大量生产和使用后产生的风险。例如，发生在印度的博帕尔事件造成了一系列化学风险。1969年，美国联合碳化物公司在印度博帕尔市建立了博帕尔农药厂，主要生产西维因、滴灭威等农药，所用的原料是异氰酸甲酯。这是一种剧毒液体，若浓度稍大，就会使人窒息。在博帕尔农药厂，这种令人毛骨悚然的剧毒化合物被冷却贮存在一个地下不锈钢储藏罐里，达45吨之多。1984年12月2日晚，大约有30吨异氰酸甲酯毒气化作浓重的烟雾，以5千米/小时的速度四处弥漫，造成了2.5万人直接致死、55万人间接致死、20多万人永久残废的惨剧。至今，当地居民的患癌率及儿童夭折率仍然因这场灾难而远高于其他印度城市。博帕尔事件造成的伤亡人数不同的文献有不同的说法，数字并不一致，但它一般被认为是历史上最严重的一次工业化学事故，由此促进了印度和其他多个国家关于环境风险防范和工业事故应急制度的改变。

（3）基因风险。1983年世界上第一例转基因植物——一种含有抗生素药类抗体的烟草在美国成功培植。10年后，转基因西红柿作为全球第一种转基因食品开始进入美国市场。迄今为止，全世界大约有50个国家和地区开展转基因作物种植实验。但转基因食品是否有毒，对人的健康是否安全，仍然是不明确的。也有人担心随着转基因技术的大量应用，是否会带来道德、伦理、法律上的问题，或者带来生态风险，给生物圈造成不可逆转的损害。

（4）食品风险。2008 年发生的三鹿奶粉事件，是一起严重的食品安全事件。自 2008 年 3 月起，三鹿奶粉屡遭消费者投诉，此后的半年，全国各地均出现了因食用三鹿奶粉而被确诊为患有肾结石的儿童。到 9 月 21 日，已经有 4 人因食用三鹿婴幼儿奶粉而死亡，正在住院的还有 12892 人。9 月 11 日上午，三鹿集团仍然称产品合格，而当日晚上不得不承认 7000 吨奶粉受到污染。随着事件的深入调查和公众质疑声的不断扩大，多个厂家的奶粉都被检测出含有三聚氰胺。这个事件造成了极其恶劣的影响，多个国家明确表示禁止中国的乳制品进口，"中国制造"信誉受到了极大损害，教训极其深刻。

三、按照风险发生的概率大小和后果分类

按照风险发生的概率大小和损失严重程度可以将工程风险分为四类（见表 1-2）。

表 1-2　风险的四种类型

• 风险发生的概率很小，损失很小	• 风险发生的概率很大，损失很小
• 风险发生的概率很小，损失严重	• 风险发生的概率很大，损失严重

资料来源：笔者根据现有资料自制。

（1）发生概率很小、损失很小的工程风险，是人们乐于接受的。工业革命以来的很多工程属于此类。

（2）发生概率很大、损失很小的工程风险，人们也是可以接受的。例如，燃烧煤炭作为动力，虽然会产生温室气体，但由于损失不大，为人们长期以来所采用。

（3）发生概率很小、损失严重的工程风险，为人们所厌恶。这类风险就是纳西姆·尼古拉斯·塔勒布所谓的"黑天鹅"事件。他在《黑天鹅：如何应对不可预知的未来》一书中把极少发生，而一旦发生就会有颠覆性影响的事件称为"黑天鹅"事件。这些事件往往都出乎人们的意料，因为人们根本没有意识到它的存在。

"黑天鹅"问题有一个恼人方面，实际上也是一个很核心的并在很大程度上被忽略的问题，即罕见事件的发生概率根本是不可计算的。无论我们有多么复杂成熟的模型，在"黑天鹅"领域内，总是有知识所无法达到的极限。[①]

"黑天鹅"事件有四个特征：发生非常罕见、影响非常巨大、事前根本无法

---

① ［美］纳西姆·尼古拉斯·塔勒布：《反脆弱：从不确定性中获益》，雨珂译，中信出版社 2014 年版，第 104 页。

预测、可以事先做好预防。

（4）发生概率很大、损失严重的工程风险，是人们不希望看到的。2013 年 1 月，米歇尔·渥克在达沃斯经济论坛年会上，首次提出了"灰犀牛"这个概念，来比喻大概率且影响巨大的风险。与"黑天鹅"事件的偶发性不同，"灰犀牛"事件是在一系列警示信号和迹象之后出现的大概率事件。

"灰犀牛"事件是指风险已经很明显，只是由于风险的到来还会有一段时间，人们想当然认为总会有办法解决，但是因为心理上的惰性久拖不决，最终导致严重后果的事件。例如，有些化工厂在爆炸之前，已经有危险的信号出现甚至多次出现，仍然没有引起人们的高度重视，最后酿成重大事故。

四、按照风险发生的概率分布情况分类

按照风险发生的概率分布情况，可以将工程风险分为离散型工程风险和连续型工程风险（见图 1-1、图 1-2）。

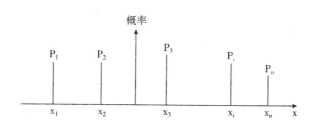

图 1-1　离散型工程风险

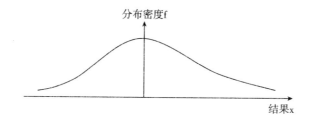

图 1-2　连续型工程风险

资料来源：笔者根据现有资料自制。

五、其他分类

按照风险作用的空间分布，可以将工程风险分为区域性风险、全球性风险；根据风险作用的时间分布可以将工程风险分为当代人的风险、后代人的风险；按

照人们对风险的忍受程度，可以将工程风险分为强加性风险、自愿性风险；按照风险发生的可能性的大小，可以将工程风险分为高概率风险和低概率风险；按照风险的危害程度可以将工程风险分为后果严重风险、后果不严重风险；等等。

需要指出的是，以上分类不可能完全准确地涵盖所有的对象，并且区分都是相对的。实际上任何一种风险都是多种因素相互作用的结果，而且不同的风险之间也可以相互转化。

第二章 工程风险的公众认知

风险现象具有多个维度的属性，它既是一个潜在的物理伤害的问题，也是一个文化和社会过程的结果，是从物理方面和社会方面产生影响的组合体。对工程风险的认知直接影响着人们做出反应的方式以及对工程风险可接受性的合理决策。人们只有正确地认知风险，才能防范风险，减少由此造成的损失。因此，加强公众工程风险认知的研究很有必要。

第一节　影响公众工程风险认知的变量

风险认知是主体对风险的主观判断。公众的工程风险认知，是基于其直觉或者经验而对工程风险进行的判断。影响公众工程风险认知的变量既有客观性因素，又有主观性因素。影响公众工程风险认知的变量既包括工程风险本身的性质，又包括公众所处的社会文化背景和公众个人的特征。

一、工程风险特征变量

马克思在《政治经济学批判》的序言中指出："不是人们的意识决定人们的存在，相反，是人们的社会存在决定人们的意识。"① 风险认知是一种社会意识，它归根结底是由社会存在决定的。现实主义者基本上都认为，风险是"客观存在"的，不管人们是否感知到它，它都依然存在，风险是世界本身的一种特性。

工程风险的多种性质如科学上的不确定性、潜在伤害程度、可控性、可逆性、时空扩散规模和事故的历史等都是影响公众风险认知的重要变量。工程风险

---

① 《马克思恩格斯文集》第 2 卷，人民出版社 2009 年版，第 591 页。

的性质和特征不同，公众对它的认知就有所不同。

1. 科学上的不确定性

在风险感知和交流的过程中，科学上的不确定性是"首要的变量"。[①] 这种不确定性源自知识缺乏，科学还没有揭示出其因果规律性。例如，转基因食品对人的健康的影响在科学上尚不确定，转基因食品的安全性主要取决于引入的外来基因所编码蛋白的功能及其与人体健康的关系，转基因技术采用人为的方式把新基因插入生物体基因组中，外源基因的插入必然对原有基因表达产生影响，其中不可预料的非期望效应以我们目前的科学水平还不能对其解释。这种科学上的不确定性极大地影响公众的认知。人类对食物的认定，几千年来主要凭借经验，安全与否是人们传统习惯上的认定。然而转基因食品仅有几十年的历史，科学上既没有证明它对人体有害，也不能揭示它对人体无害，所以不可避免会引起人们的担忧。

2. 潜在伤害程度

风险的潜在伤害程度这一变量，是指工程风险显性化变为危害后带来损失的严重性程度。对工程风险的认知与感知到的威胁和灾害的后果有关，那些能够导致死亡、重大伤害和疾病的风险事件，常常被公众高估。尤其是那些概率低、后果严重的灾害，公众的恐惧感会更为强烈，如人们对核事故的认知。

罗杰·卡斯帕森和大卫·皮卓卡在其论文《社会对灾害及主要灾害事件的响应：自然与技术风险之比较》中指出，20世纪后期关于风险判断偏差的研究显示，公众成员趋向于高估那些罕见的、意象强烈的死亡原因，而低估那些普通的死亡原因。因此，洪水、食物中毒、火灾和杀人之类的死亡风险被高估了；糖尿病、中风和肺气肿之类的死亡风险被低估了。

3. 个人控制程度

风险的个人控制程度这一变量，是指个体能否控制风险对自己的损害，这直接决定着他们的损失和收益。当感觉风险可以控制时，人们就会认为风险小一些。

4. 产生影响时间

通常公众对产生即时性危害的工程，如化学毒性，会认为风险较大；而对长期的危害，如电磁辐射，则认为风险较小。

工程风险的特征变量如表2-1所示。

---

① Palenchar M. J. and Heath R. L., "Another Part of the Risk Communication Model: Analysis of Communication Processes and Content", *Journal of Public Relations Research*, 2002, Vol. 14, No. 2, pp. 127-158.

表 2-1 工程风险特征变量

变量	认为风险较大	认为风险较小
科学上的不确定性	科学尚不确定	科学已经确定
潜在伤害程度	大	小
时空扩散规模	集中	分散
个人控制程度	由无法信赖的人控制	由风险源控制
产生影响时间	即时	延迟
危害可逆转性	不可逆转	可逆转
事故的历史	发生过著名的事故	没有发生过事故
对生活方式的改变程度	与日常生活截然不同	与日常生活相差无几
工程及风险的可理解程度	易于理解	难以理解

资料来源：笔者根据现有资料自制。

二、社会文化变量

人们逐渐认识到公众对技术和工程风险的反应在本质上是社会的和文化的。人不仅是一种生物的存在，更是一种社会的、文化的和历史的存在。从文化中获得的理念和观点是人们观察和认识风险的基础。

风险认知与风险发生的社会和文化背景有密切的关系。人们的社会地位和他们所拥有的物质资源对于他们的概念化及应对风险的方法是具有核心作用的。[1]不同的文化群体会以完全不同的方式看待所存在的风险。文化作为一种"超级变量"形塑着风险的框架要素与风险的放大或缩小过程。

文化理论强调文化背景、社会生活、价值标准、社会政治地位和社会形态等因素对风险认知的影响。文化理论起始于1966年，玛丽·道格拉斯（Mary Douglas）在其著作《纯净与危险》中讨论文化"污染"问题，提到文化污染包括在古代文化中宗教仪式的不纯洁、亵渎、禁忌食品和有风险性的活动。

乌尔里希·贝克在《世界风险社会》中指出，风险被人们文化地理解、构建，同一危险，对于不同的人来说，有人把它视为龙，有人却把它视为虫。这里最好的例子是对原子能危险的评价。对于法国而言，核电站象征着现代性的巅峰；在银行休假日里成年人带着他们的孩子来此，怀着敬畏的心情朝圣。与此同时，在边境的另一边，德国政府正在改变政策消除原子时代。

---

[1] ［澳］狄波拉·勒普顿：《风险》，雷云飞译，南京大学出版社2016年版，第94页。

有多种社会文化因素影响着公众对工程风险的认知。

1. 公平性

对风险的承担是否公平，人们不应该被要求比他的邻居或者其他熟悉的人承受更大的风险，尤其是在没有得到更多利益的情况下。利益和风险的分配应该公平公正。如果一个人面临的风险比别人大，而不能获得利益的话，他通常会很愤怒，认为风险较大。

2. 对儿童的影响

对可能会影响儿童的风险，公众会认为风险较大。这可能出于两个方面的考虑：一是儿童是易感人群；二是为子孙后代着想。

3. 道德相关性

如果可能涉及对道德和伦理的破坏，公众会认为风险较大。例如，中国学者贺建奎公布了首例基因编辑婴儿后，引起了全世界的关注，很多人表示出了担忧，因为这涉及伦理和道德问题。

4. 媒体的报道量

近年来，对于科学上的不确定性，媒体越来越关注。在唤起公众对重大风险的关注方面，媒体发挥着重要作用。例如，在英国，媒体对转基因食品的高调争论导致了公众的与转基因食品有关的风险意识的增强。至少有一些群体更加坚信转基因食品的负面影响。[①] 再如，过去中国大量的生活垃圾在露天焚烧和填埋场自燃，并没有引起公众的广泛关注，大家都对这样的垃圾处理方式习以为常；随着媒体把"二噁英"这一概念输送给公众后，公众认识到垃圾焚烧后产生的二噁英对人体有害，对政府在居民区附近设置垃圾处理厂产生了抵触情绪。

5. 信息的感情色彩

如果信息过于正面，反而会引起公众的担忧，认为风险较大。所以传递给公众的信息应该客观。例如，对于问题"核电站是不是有百利而无一害呢？"应该如实客观回答：核废料和热污染的确是两大难题。到现在为止，还没有找到永久处理高放射性核废料的办法。但核废料在储存过程中的安全性还是有保障的。核电站比一般化石燃料电厂会排放更多的废热，所以它的热污染的确比较严重。这些客观的信息有助于公众对核电站的风险形成正确的认知。

工程风险的社会文化变量如表2-2所示。

---

① Frewer L. J., Miles S., Marsh R., "The Media and Genetically Modified Foods：Evidence in Support of Social Amplification of Risk", *Risk Analysis*, 2002, Vol. 22, No. 4, pp. 701-711.

表2-2　社会文化变量

因素	认为风险较大	认为风险较小
公平性	不公平	公平
对儿童的影响	影响儿童的可能性大	影响儿童的可能性小
道德相关性	相关	不相关
媒体的报道量	多	很少提及
信息的感情色彩	过于正面	客观
组织的态度	无视	认真对待受众关心的问题

资料来源：笔者根据现有资料自制。

三、公众个体特征变量

风险认知是人们主观上对危险性的评价。在公众风险认知的个体主义理论范式中，分析的起点是认识的单元即在思考和行动的个体，个体对风险作出自己的解释与判断。风险的心理测量理论运用多种心理测量标度方式，对感知风险和感知收益等进行定量分析，取得了诸多研究成果。心理测量研究主要尊崇的是认知取向，重视探讨人们对风险事件的风险等级评定，重视总结人们的风险认知维度，而对风险认知的文化理论和存在主义理论重视不够。

影响公众风险认知的个体心理因素主要有：熟悉程度、性别差异、期望水平、信息、自愿性程度、利益、恐惧、对机构的信任、个人利害关系以及受害者特性等。

1. 熟悉程度

知识对风险认知起到了至关重要的作用，它形成了人们风险判断的基础。知识的欠缺会导致不合理的风险认知、焦虑甚至恐惧。一般情况下，人们通常会过高地估计没有相关知识和不熟悉的风险，过低地估计有相关知识和熟悉的风险。因此，只有改变知识，才可以改变风险认知。

俄勒冈大学的保罗·斯诺维克（Paul Slovic）等早在20世纪70年代就研究发现，如果人们对某种灾难的知识和经验知之甚少，那么他们就认为这种灾难极其危险。①

人们似乎更愿意接受他们所熟悉的风险，而不太愿意接受新的风险。例如，乘火车人们已经习惯了，会觉得比较安全，乘飞机人们还不习惯，所以会觉得更危险。但根据事故死亡率的统计结果，乘飞机比乘火车安全数十倍。不管专家向

---

① ［美］霍华德·昆鲁斯、迈克尔·尤西姆：《灾难的启示：建立有效的应急反应战略》，何云朝、李险峰、兰花，等译，中国人民大学出版社2011年版，第6页。

公众怎么宣传，人们基本上都是根据自己已有的经验来判断可能面临的风险。

2. 性别差异

男性和女性对同一风险事件往往有不同的认知，在多数情况下，男性觉得风险较小，而女性则会觉得风险较大。这是因为：第一，男性之所以觉察到的风险水平低，其原因在于风险是由他们制造的，也是由他们来掌控的；第二，男性更觉得风险是可以接受的，这是因为他们从冒险中获得了更多的利益。风险认知性别差异不仅反映了两性的活动和社会角色的差异，也反映了两性的权利关系的不平等及对管理机构信任程度的不同。①

3. 受害者身份

史蒂芬·布雷耶在其著作《打破恶性循环：政府如何有效规制风险》中指出，风险认知与受害者身份有很大关系，如果影响到自己本人或所关心的人的基本利益和价值，那么风险将被认为更大。相对于那些居所远离我们的人，那些我们未曾见面而只是闻名的人而言，我们会对家庭、邻里、朋友、社区以及那些和我们有直接联系的人或我们能看到的人，有更为强烈的责任感，或者我们愿为他们花费更多的时间，担负更多的义务。如果与风险相关的环境很容易使人联想到该风险会发生到自己或亲人身上，人们通常就会高估这一风险。例如，为了孩子的健康，家长面临巨大的压力，当不知道是否应该使用抗生素时，家长往往会高估风险，选择使用抗生素，这正是抗生素被滥用的主要原因。抗生素是一种具有社会属性的药物。某个人使用抗生素的行为，会影响另一个人使用抗生素的治疗效果。不必要的滥用抗生素会使人类在面对严重的流行病时变得十分脆弱。所以，从全社会来看，抗生素不应该被滥用。

4. 恐惧程度

在风险认知中情绪起着重要的作用，而恐惧是人类的基本情绪，它是扁桃体激发的一种神经性反应，当不熟悉的刺激因素出现时，扁桃体会使人表现出恐惧情绪。

恐惧是人们在面临风险时最明显的直观感受。恐惧是大脑的一种基本"情绪回路"。理性的论据并不总能消除原始大脑的恐惧。我们很难用意识思维控制恐惧，相反恐惧却很容易影响我们。②

在某些情况下，突发的威胁或很大的不确定性会使人产生恐惧心理，从而引起自发的和不可控制的反应。在害怕、担忧和恐惧等负面情绪背景下，公众极容易对信息的选择和认知产生偏差，对性质不同的信息产生辨别错误，个体的注意广度也会受到干扰。如果风险带来的后果可能是灾难性的，而不是渐进性的，人

① 刘金平：《理解·沟通·控制：公众的风险认知》，科学出版社2011年版，第120页。

② ［德］格尔德·吉仁泽：《风险认知：如何精准决策》，王晋译，中信出版社2019年版，第85页。

们的恐惧就会达到最高点。

另外，恐惧也有积极意义，它是一种警告，提醒你所做的事情是危险的，有助于对风险保持警惕。

5. 自愿性

一般来说，人们不太害怕非强迫性的风险，愿意接受他们自己加给自己的风险，或者他们所认为的"自然"风险，典型的例子有饮酒、驾车、抽烟、爬山、探险等。

人们不愿接受别人加到他们头上的风险，如住所附近化工厂放出的有毒气体。比较一下毒品和杀虫剂，社会公众对毒品的关注度显然没有杀虫剂高，人们认为两种风险的受害者是不同的：一种是自己愿意的药物滥用者，另一种是无辜的社会公众。这样，社会对这两种情况的关注程度和谴责程度就有明显差异，并因此导致不同的社会评价。[①]

6. 信任

信任被视为默认的在社会中生存的关键维度。公众在多大程度上信任制定规则者、决策者或者产业界，这是一个很关键的因素。[②]

信任是联合行动、社会合作与经济交流的基础。可信度的关键要素包括向公众提供的信息的公开性、准确性、可信赖性、公正性和完整性。同样，信任基于个人或组织是有能力的、客观的、公正的、一致的、没有任何幕后的动机，并真正关心利益相关者的脆弱性的程度。[③]

2012年2月，爱德曼公关公司发布的《2012年全球信任度调查报告》（2012 *Edelman Trust Barometer Global Report*）显示：与2011年相比，不信任度高的国家多了近一倍；在信任度方面处于中立区域的国家也越来越少。公众对相关机构的信任度越低，恐惧和惊慌程度就越高，认为风险就越大；反之，信任度越高，认为风险就越小。

工程风险的公众个体特征变量如表2-3所示。

表2-3 公众个体特征变量

变量	认为风险较大	认为风险较小
熟悉程度	不具有相关知识和经验	具有相关知识和经验
性别差异	女性	男性

① 刘金平：《理解·沟通·控制：公众的风险认知》，科学出版社2011年版，第169页。

② ［英］斯图尔特·艾伦：《媒介、风险与科学》，陈开和译，北京大学出版社2014年版，第108页。

③ ［美］T. L. 塞尔瑞、R. R. 乌尔默、M. W. 西格、R. S. 利特菲尔德：《食品安全风险交流方法——以信息为中心》，刘强，等译，化学工业出版社2012年版，第6页。

续表

变量	认为风险较大	认为风险较小
是否自愿接受	非自愿	自愿
受害者的身份	关系较近的人	关系较远的人
恐惧程度	非常恐惧	冷漠
对机构的信任度	不信任	信任
获益程度	风险与利益不成比例	风险与利益相均衡
与个人的利害关系	强	弱

资料来源：笔者根据现有资料自制。

四、变量之间相互作用

1. 公众工程风险认知是多个变量的函数

公众工程风险认知是一个多元函数：

$$y=f(e, s, p)$$

其中，y 代表公众工程风险认知；e 代表工程特征变量；s 代表社会文化特征变量；p 代表个体特征变量。

前文用分析的方法分别考察了影响公众工程风险认知的三类共几十种不同的变量，实际上，从风险信号的出现到公众风险认知的形成，往往是其中的多个变量同时发挥作用，并且经常是交织在一起相互作用的过程。

公众的风险认知是一种复杂的心理现象，影响公众风险认知的因素也多种多样：既有宏观的也有微观的；既有客观的也有主观的；既有分析判断等理性因素，也有情感、动机、直觉等非理性因素；既有内在的因素，也有外在的因素。[①] 要采用综合的方法，把影响公众风险认知的这些因素综合起来考虑，将各个变量及其侧面、属性、阶段有机地统一为整体，并重视各个变量之间的相互作用，这样才能正确地把握公众的风险认知。

2. 多个变量相互作用

工程风险具有多个维度的属性。处在某一特定社会和特定时代的公众个体会对工程风险的特征信息进行选择性注意、理解和记忆。当今时代，信息泛滥，互联网凭借其时效性、便捷性、交互性和超时空性的特点，给公众极大的视觉和感知冲击力。公众会选择性注意自己感兴趣或与自身利益相关的信息，并对这些信息加入自己的动机、立场、价值观、情感态度等进行选择性理解。然后大脑会根据自身的生理机制对这些理解的信息选择性记忆。这种选择的过程实际上就是感

---

① 刘金平：《理解·沟通·控制：公众的风险认知》，科学出版社 2011 年版，第 100 页。

知，而认知的核心过程与感知的关系非常紧密。①

对于同一个风险事件，每个个体都可能形成其独特的认知。当人们面对不确定性问题时，会"联想地"进行思考：从自身的经验中找到类似的情境，并用这些情境去拟合所面对的问题。人们的大脑是一个"联想引擎"（Associative Engine）。这个术语是由圣路易斯华盛顿大学的哲学家和认知科学家安迪·克拉克首创的。他指出，我们非常擅长联想，就认知而言，我们可以说联想几乎相当于我们所做的一切。通过联想建立关联，我们给事物强加了可理解的模式。

对不同的人、不同的情境而言，对特定的风险也会有不同的认知。这就导致不同的公众会对同一风险事件的看法"仁者见仁、智者见智"。②

第二节　公众与专家对工程风险认知的差异

公众关于工程风险的态度和理解与专家的预测和解释有明显的分歧。公众与专家在风险认知上的差异无疑是工程风险研究的重要课题。公众与专家的知识背景不同，他们在工程风险中的角色不同，涉及的利益也不同，导致在认知上必然产生差异。我们要有足够的空间来了解和讨论科学家、专家和公众用来观察风险的特殊棱镜。③

一、公众与专家风险认知结构差异

风险认知的结构就是风险认知所包括的维度、要素和途径等，它是人们评价某一事件、某一活动或者某一对象的风险程度大小的依据，因而风险认知的结构问题是风险认知中的一个重要问题。公众的风险认知结构与专家的风险认知结构有明显的差异。专家的风险认知主要来自文献记录、专业的数据资料等专业信息渠道，人际之间的信息传播等也主要来自专家之间，通常被认为是理性的；而公众的风险认知则与此不同，主要来自个人经验等非专业的信息渠道，人际传播大多以感性为主。当然，二者也有像大众传媒这样的共享信息渠道。

公众与专家风险认知结构差异如图2-1所示。

① ［美］凯文·凯利：《失控：全人类的最终命运和结局》，张行舟、陈新武、王钦，等译，电子工业出版社2016年版，第29页。

② 周敏：《阐述·流动·想象：风险社会下的信息流动与传播管理》，北京大学出版社2014年版，第95页。

③ ［美］T.L.塞尔瑙、R.R.乌尔默、M.W.西格、R.S.利特菲尔德：《食品安全风险交流方法——以信息为中心》，刘强，等译，化学工业出版社2012年版，第2页。

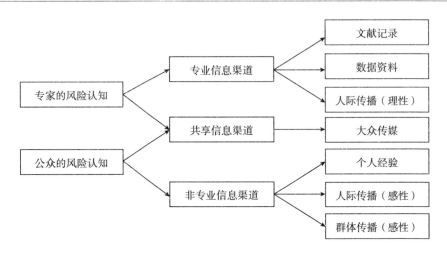

图2-1 公众与专家风险认知结构差异

资料来源：笔者根据现有资料自制。

二、公众与专家的工程风险认知方法差异

公众和专家以不同的方式看待风险。彼得·M. 韦德曼、马丁·克劳伯格和霍尔格·舒茨在其论文《领会复杂风险事件的放大：应用于电磁场案例的风险情景模式》中提出，专家将风险视为潜在的因果链条，把风险看作潜在危险的指示物。风险评估一般涉及四个问题：是否存在一种潜在危险，其本质是什么？它到什么程度会引起有害后果？受到多大影响？风险有多重？专家当然也对风险的细节感兴趣。例如，是由正常工厂操作导致的长期低剂量影响引起的风险，还是短期偶然事故性排放风险？

风险的定量评估方法在过去几十年中有了长足的进步，在对不确定性的抽象概括与数学表达方面也有进步，这些都是重要的和很有用的组织技术，可以帮助管理层对风险进行管理。

公众处理和风险有关的问题的方式与专家不同。外行当然也关注风险造成的可能的后果。但是，他们的风险认知离不开社会关系的导向。定量的风险统计学因素对他们来说没那么重要，或者具有不同的意义，甚至他们根本不相信。公众常常会把涉及的风险和他们自己对日常生活中熟悉的事件联系起来去认知。这种模式深受媒体报道的影响，如揭黑调查、悲剧性事件和灾难报道等各种吸引眼球的宣传。

专家们通常认为，外行所寻求的并用以解读风险的是在科学的风险评估中往往没有任何作用，而且实际上会被认为完全不适合科学讨论的元素。但是公众却不这么认为，他们认为这些元素在认识和理解风险的过程中具有重要的作用。①

例如，公众往往是依靠直觉对风险事件进行判断的。有些专家用怀疑的眼光看待直觉，认为直觉是人类犯错误的主要根源。我们的社会往往拒绝承认直觉是一种智慧，而认为逻辑计算能力才是智慧的体现。有人甚至假设存在两种认知体系：一种是有意识的、符合逻辑的、善于计算的、理性的；另一种是无意识的、凭直觉的、启发式的、易出错的，两种体系分别按照不同的原则运作。但实际上直觉是一种无意识的智慧。大脑的计算能力也许可以解决已知风险，但是面对不确定性时，直觉就变得至关重要了。巴鲁克·费斯科霍夫、莎拉·利希藤斯坦、保罗·斯诺维克、斯蒂芬·德比和拉尔夫·基尼在著作《人类可接受风险》中指出，在许多风险问题中，专家也要运用自己的判断，因为数据永远不可能是全面的、完整的，他们可能像外行人一样也要求助于直觉。

三、公众与专家的工程风险认知结果差异

公众与专家的风险认知结构不同、认知方法不同，自然会导致公众对工程风险的认知结果往往迥异于专家或专业机构的判断。例如，公众对像核电站这样的低概率、高损失事件的感觉与专家大相径庭。

表2-4改编自被广泛引用的美国俄勒冈州一个研究机构的研究结果，他们对不同群体的风险认知进行调查，分别给30种技术或活动的风险排序。其研究结果发现，公众与专家对风险的排序有很大差异，作为公众的女选民联盟和大学生都把核能排在最有风险的技术或活动的第1位，而专家则把核能排在第20位。

表2-4 对30种活动和技术带来风险的认知次序②

活动或技术	女选民联盟	大学生	专家
核能	1	1	20
机动车	2	5	1
手枪	3	2	1
吸烟	4	3	2
摩托车	5	6	6

---

① ［德］彼得·M. 韦德曼、马丁·克劳伯格、霍尔格·舒茨：《领会复杂风险事件的放大：应用于电磁场案例的风险情景模式》，载［英］尼克·皮金、［美］罗杰·E. 卡斯帕森、保罗·斯洛维奇编著《风险的社会放大》，谭宏凯译，中国劳动社会保障出版社2010年版，第265-266页。

② ［美］史蒂芬·布雷耶：《打破恶性循环：政府如何有效规制风险》，宋华琳译，法律出版社2009年版，第42页。

续表

活动或技术	女选民联盟	大学生	专家
酒精饮料	6	7	3
通用（私人）航空	7	15	12
警察工作	8	8	17
杀虫剂	9	4	17
外科手术	10	11	5
消防	11	10	18
大型施工	12	14	13
打猎	13	18	23
喷雾器	14	13	26
登山	15	22	29
自行车	16	24	15
商务航空	17	16	16
电力（不含核电）	18	19	9
游泳	19	30	10
避孕药	20	9	11
滑冰	21	25	30
X-射线	22	17	7
中学和大学足球赛	23	26	27
铁路	24	23	19
食品添加剂	25	12	14
食品色素	26	20	21
电动割草机	27	28	28
抗生素处方药	28	21	24
家用电器	29	27	22
疫苗	30	29	25

注：排序是以每组对风险评级的几何平均数为基础的。排序为第 1 位表示的是最有风险的活动或技术。

资料来源：Paul Slovic，"Perception of Risk"，*Science*，1987，Vol. 236，No. 4799，pp. 280-285.

四、工程风险认知差异的讨论

1. 专家的认知有局限性

实证主义的知识论认为，在科学允许的范围内，风险能够被客观地描述与测量。例如，对于化学工程的风险，专家十分清楚一种化学制品是由什么组成的，专家是没有偏见的、有权威知识的评估者。然而公众只知道"一种化学制品的社会侧面"，正是这个社会侧面形成了公众的风险认知。因此，专家的风险认知比公众准确。

然而建构主义则认为，专家的认知也有主观性，已知判断和价值会影响多数的技术风险分析。很多例子可以用来说明专家风险评估中可能存在的歪曲。在有的领域专家是起作用的，而在其他某些领域则无法证明专家存在特定技能，专家并不能洞察一切。有时候，专家的问题在于他们不知道自己不知道什么。知识的缺乏与对掌握的知识的错觉是相伴而行的。[①] 人们把世界模式化并对之进行预测的能力的增强，在世界复杂性的增强面前微不足道，这说明未被预测的部分所发挥的影响越来越大。"黑天鹅"现象的影响越大，人们就越难以作出预测。

20世纪60年代，傲慢的医生把母乳看作某种低级的东西，认为采用母乳喂养没有必要。后来的事实表明，母乳喂养对婴儿的成长甚至对人的一生都有很多益处，因为在母乳中可能含有已有的技术还无法揭示的成分。那些婴儿时期没有得到母乳喂养的人面临更高的健康问题风险。另外，采用母乳喂养对母亲也有好处，有一种说法是可以降低患乳腺癌的风险。

扁桃体问题也曾经被当成无用的器官。数十年来，医生们从不怀疑这一"无用"的器官可能有着他们没有发现的功能。例如，切除扁桃体可能导致更高的喉癌风险。

还有一个例子，水果蔬菜中的膳食纤维在20世纪60年代曾经被医生们认为是没有任何用处的。后来才发现，食用这种纤维对人的健康大有裨益，它能够延缓糖类在血液中的吸收，还能清扫肠道癌症前期细胞。[②]

认为风险起源于物理世界，这只是一种便利的假设。由于把最初的风险源集中在物质对象上，风险的定量评估方法就轻视了对人类自身责任的反省。其结果是风险研究围绕着建立数学模型展开，而不是更广泛的社会科学领域。长期以来人们已经认识到，技术系统中人的因素与物理因素之间的复杂的相互作用方式，

① ［美］纳西姆·尼古拉斯·塔勒布：《黑天鹅：如何应对不可预知的未来（升级版）》，万丹、刘宁译，中信出版社2011年版，第151页。

② ［美］纳西姆·尼古拉斯·塔勒布：《黑天鹅：如何应对不可预知的未来（升级版）》，万丹、刘宁译，中信出版社2011年版，第55页。

造成了风险情景和灾难。任何人造之物，不单单是一件物品，它还是整个历史文化和风俗习惯的凝结与具体化。

在风险的定量评估方面，原因一般被视为线性的和机械的现象。例如，传统癌症风险测评模型把癌症风险勘查视为人们暴露于某种单一的致癌物质的结果。然而实际上，多年来的实践表明，真正的致癌原因要复杂得多，风险定量评估人员也已经认识到这一点。

定量技术把不确定性描述为客观现象，这是一种严重的误导。对风险的横向与纵向研究表明，即使有关部门用了定量分析技术改进公共政策，社会的不同部门对自然现象的分类和测量也是不同的。同时，风险研究人员所标榜的客观的、可信的测量工具，定义不确定性的方式及研究结果的应用领域都是不同的。这些研究得出的许多结论都是社会建构的。这种认识只是一种可能性。对环境未知性、不确定性的陈述远非中立的，它是一种特殊的社会活动的产物，这一点越来越明显。①

风险评估必须提出一个简化的假设来说明事件的本质及事件发生的背景。这些假设常常不是由数据驱动的，而是风险分析者职业想象的产物，受到政治目标、价值、训练和经验的制约。

例如，核能工程师对反应堆可能风险的评估或毒理学者对化学致癌风险的定量评估都是基于结构主观、伴有预设、结果取决于判断的理论模式。②

另外，人类的有些经验领域不易量化，虽然它们对风险认知有重要的影响。这些领域包括家庭和工作关系的强度、社区的活力、对社会机构的信任等。如果不能公平地对待这些对风险有决定作用的文化和历史因素，风险的定量评估就会失去可信性。

2. 公众的认知有合理性

公众虽然缺乏精确评估风险的知识，其风险认知并不是建立在坚实的科学理解的基础上，但是也不能将公众的认知仅仅理解为只是为系统带来了噪声。

公众判断风险的时候引入了其他的关切。这些关切在本质上是文化的。外行人对于风险的回应，即使与专家的判断不同，也不应当被认作错误的或带偏见的。相反，应该认识到它们在特殊的文化背景中的用途和价值。文化人类学家玛丽·道格拉斯认为，人们用来作出风险判断的启发式论据或思想模型不应当如心理视角所认为的那样只被当作个人决策者的认知工具，相反，它们应当被视为共

① 刘金平：《理解·沟通·控制：公众的风险认知》，科学出版社 2011 年版，第 205 页。
② ［英］谢尔顿·克里姆斯基、多米尼克·戈尔丁：《风险的社会理论学说》，徐元玲、孟毓焕、徐玲，等译，北京出版社 2005 年版，第 132 页。

享的建立在明确社会功能和责任之上的约定、期待和文化范畴。①

对于可以根据经验计算出概率的风险，包括概率在内的所有事物都是确定的，统计学思维和逻辑思维足以让我们做出明智的决策。但是对于无法计算概率的风险，事物不都是已知的，我们无法通过计算做出最佳选择。这时，我们还需要借助睿智的经验法则和直觉才能做出明智的决策。②

再如，情绪是个体的判断和决策的重要线索。情绪反应可以作为始发性机制，帮助我们有效地适应一个复杂的、不确定的、有时候甚至是危险的世界。

第三节　公众个体的工程风险认知偏差

偏差是人们所看到的事物与真正存在的事物之间的差异。公众对风险的认知往往是更加经验性的，公众所感知的世界与真实的世界之间存在着一些差别。2001 年 9 月 11 日恐怖袭击发生后，美国政府采取了许多新的安全措施，其中就有机场的安全检查措施。在 2010 年 10 月召开的一次机场经营者会议上，英国航空公司董事长马丁·布劳顿称安全程序完全是多余的，并且呼吁将其取消。安全专家布鲁斯·施奈尔把许多安全措施称为"安全剧场"，因为这些安全措施的作用只是营造了一个当局正在做一些事情的表象，而实际上对降低恐怖袭击风险没有起到任何作用。事实上，成功阻止绝大多数袭击阴谋的是情报举报，而不是机场安检。感到安全和真正安全不是一回事。③

公众对工程风险的认知会有多种偏差，似乎对日常生活活动中可能遇到的风险产生错觉。例如，公众往往对低概率风险估计过高，对高概率风险估计过低，小风险经常受到公众的极大关注，而更大的风险却被无视。

一、追求确定性和零风险

人们不喜欢不确定性，希望一切都是确定的。对确定性的依赖可追溯到三个多世纪前牛顿创立的世界观和决定论。人们认为宇宙是可以被完整描述的，甚至认为，只要当下实现足够多的测量，就可以追溯过去，也可以预测未来。爱因斯坦的相对论虽然推翻了牛顿的绝对时空观，却仍保留了严格的因果性和决定论，

---

① ［澳］狄波拉·勒普顿：《风险》，雷云飞译，南京大学出版社 2016 年版，第 30 页。
② ［德］格尔德·吉仁泽：《风险认知：如何精准决策》，王晋译，中信出版社 2019 年版，第 31 页。
③ ［英］迪伦·埃文斯：《风险思维：如何应对不确定的未来》，石晓燕译，中信出版社 2013 年版，第 7 页。

认为"上帝是不会掷骰子的",如果我们知道了所有的输入变量,就可以根据物理定律确定输出。今天我们已经知道,玻尔在与爱因斯坦的争论中占了上风,量子力学认为需要概率来描述不确定性。

不确定性是新的科学的基石之一,它直接挑战了重视确定性和可预见性的旧世界观。[1] 在一个变幻莫测的世界,我们不可能凡事都提前计划好,现实总是在不断展开,不存在固定不变的结果。

人们进行某种活动,总是希望能够事先知道结果。风险具有不确定性,要正确地认知风险,追求确定性是最大的阻碍。虽然有些事情是我们知道的,但我们必须清楚还有一些事情是我们无法知道的。[2]

美国前国防部部长唐纳德·拉姆斯菲尔德在 2002 年 2 月的一个新闻发布会上就曾经强调过这种危险性。在被问及伊拉克政府和向恐怖组织供给大规模杀伤性武器之间的潜在关系时,他说:"有已知的已知,有些事情我们清楚我们知道。有已知的未知,也就是说,我们知道有一些事情我们不知道。但是,还有未知的未知,即有一些事情我们不知道自己不知道。"[3]

对确定性需求较大的人更容易形成某种认知模式,而不愿意接受那些与他们的既有模式相悖的信息。他们对模棱两可的事感到困惑。[4] 真实的人都不是"风险中性"的:他们非常看重确定性,愿意为了获得确定性而放弃部分经济价值。扔掉没有问题的菠菜或苹果会带来损失,但这样做能让我们获得确定性,即我们不会因为食用受到污染的菠菜或苹果而生病。[5] 很多人的焦虑和抑郁都是因偏执于确定性而引起的。[6]

对确定性的过度需求可能会带来风险,妨碍我们学习如何面对生活中无处不在的不确定性。我们必须学会如何在不确定的环境中生活。如果一切都变得确定无比,生活将会缺乏挑战与活力,甚至感觉非常无聊。

二、乐观主义偏差

乐观主义偏差,也称虚幻的乐观主义、非现实乐观主义,是指在事件发生概率相同的条件下,人们倾向于相信好运会降到自己头上,而厄运会降到他人头

---

①⑥　〔美〕梅尔·施瓦茨:《可能性法则:量子力学如何改善思考、生活和爱的方式》,何芳、邓静译,中信出版社 2019 年版,第 11 页。

②　〔德〕格尔德·吉仁泽:《风险认知:如何精准决策》,王晋译,中信出版社 2019 年版,第 27 页。

③　〔英〕迪伦·埃文斯:《风险思维:如何应对不确定的未来》,石晓燕译,中信出版社 2013 年版,第 215-216 页。

④　〔德〕格尔德·吉仁泽:《风险认知:如何精准决策》,王晋译,中信出版社 2019 年版,第 25 页。

⑤　〔美〕格雷格·伊普:《源风险:为什么越安全的决策越危险》,谭浩译,广东人民出版社 2018 年版,第 51 页。

上。这是一种常见的错误知觉。面对某些风险，个体承认它的存在，但是常常认为自己不会受到伤害，倾向于认为风险只与别人有关，总有"灾难不会降临到自己头上"的侥幸心理。①

心理学家证实，人们常常倾向于高估发生在自己身上的积极事情的概率，而低估消极事情的概率。所以经常会对出现的警告信息置若罔闻，片面地、有选择地偏向那些对自己有利的因素，有意无意地过滤和忽略其他不利的因素。例如，吸烟的人总是觉得"吸烟有害健康"对别人适用，对自己不适用。

1. 低估"未知的未知"

消极影响需要很久才表现出来，在工程风险充分暴露之前，人们可能永远不会注意它们。

19世纪的伦敦被称为"雾都"。许多居民和游客把烟雾看作伦敦的独特之处，并认为它增加了伦敦的神秘感和刺激感。英国作家们称伦敦的浓雾是"庄严的帐篷，裹着这座世界之城"，并称它们为"心爱的烟雾"。

在来自国外的旅行者中，很多人被它的魅力倾倒。19世纪晚期，一位加拿大游客写道，与她家乡那种"单调的纯净"不同，这种柔和的烟雾"为空气增加了一种舒适性和营养，让你似乎能感觉到肺在咀嚼它"。1883年，一位居住在伦敦的美国诗人写道："今天有黄色的雾，它常常能使我焕发生命的活力，它具有变化事物的魔力……连计程车也被镶上了一圈光环，过往行人像暗淡壁画中的人物那样，似乎具有无数种暗示，激发着我的想象力。甚至连灰色的、黑色的雾，也创造了一个崭新的未知世界，任何一个对司空见惯的景致感到厌烦的人都会因此而感到愉悦。"②

但是烟雾的风险很快就暴露出来，它会妨碍交通，高浓度的二氧化硫和烟雾颗粒更会危害居民健康。1952年12月4日，由于气候条件不利于烟雾的扩散，呛人的烟雾弥漫全城达5天之久，结果造成几天内死亡人数比平时增加了4000人，这就是人们经常提到的"伦敦大雾"事件。

如今，慕雾都之名而来的人们可能会失望，很多文学作品中曾经描绘过的沿街滚滚而下的烟雾早已经不见了踪影，人们对烟雾的认知已经发生了极大的改变。这件事表明了当时人们对未知风险的认知是相当幼稚和可笑的。中国后来也遇到了雾霾的问题，我们把它当成亟须治理的大气污染问题，而不会作为一种景观。

2. 低估大概率风险

公众更容易低估大概率的、慢性的和离散的风险。例如，"灰犀牛"事件就

① 刘金平：《理解·沟通·控制：公众的风险认知》，科学出版社2011年版，第152页。
② ［美］巴巴拉·弗里兹：《黑石头的爱与恨：煤的故事》，时娜译，中信出版社2017年版，第104页。

是典型的人们低估的大概率事件，是我们本来应该看到但却没有看到的危险，又或者是我们有意忽视了的危险。

例如，2015 年发生在天津市滨海新区的危险品仓库特别重大火灾爆炸事故，造成了大量人员伤亡和财产损失。事故的原因是涉事企业瑞海公司低估大概率风险，无视安全生产主体责任。企业负责人、管理人员和工人都不知道运抵区储存的危险货物种类、数量和理化性质，冒险蛮干问题十分突出，特别是违规大量储存硝酸铵等易爆危险品，直接造成此次特别重大火灾爆炸事故的发生。①

三、悲观主义偏差

与乐观主义偏差相反，人们会高估小概率事件风险、被大肆宣传的风险，强烈反感可能带来巨灾的风险，这可以称为悲观主义偏差。

1. 高估小概率事件风险

事件的概率越小，人们的认知自大越严重。② 公众对即使发生概率很低的风险也持有很强烈的危机感。行为经济的研究告诉我们，人们往往会过分关注带来危险的事物，并倾向于对坏消息反应过度。

纽约州尼亚加拉大瀑布附近的"爱之河"社区，住宅和学校都建在一个被填埋的化学废物垃圾场上。以前，这里是一条运河流经的地方，几十吨的有毒垃圾在这里处理。20 世纪 70 年代，有毒化学品开始渗入房屋和花园，恐慌的居民和大量的媒体报道使"爱之河"社区和其他化学物品填埋场成为全国关注的焦点，结果联邦政府被迫重新安置居民，并花费了大量资金清理有毒化学品堆积点。但是，一直没有科学证据能够证明"爱之河"社区下面的化学垃圾对居民造成了健康影响，如果用转移化学垃圾的钱来解决其他问题，可以大大改善社区居民的生活品质，但是他们忽略了风险的概率，结果事倍功半。③

用以规制风险的资源不是无限的，将风险消除至"零风险"的水平，是不可能的，或者说至少不具有可行性。

例如，本来安全的食物被认为并不安全，即便在食物中毒事件爆发期间，大多数的食物也没有问题。但当大众习惯安全之后，哪怕极少数食物可能被污染，对他们来说也难以接受。他们的解决方法很简单，就是把好的、坏的都扔掉。毫

---

① 《天津港"8·12"瑞海公司危险品仓库特别重大火灾爆炸事故调查报告公布》，中央政府门户网站，2016 年 2 月 5 日，http://www.gov.cn/xinwen/2016-02/05/content_5039785.htm，2022 年 10 月 18 日。

② ［美］纳西姆·尼古拉斯·塔勒布：《黑天鹅：如何应对不可预知的未来（升级版）》，万丹、刘宁译，中信出版社 2011 年版，第 145 页。

③ ［美］霍华德·昆鲁斯、迈克尔·尤西姆：《灾难的启示：建立有效的应急反应战略》，何云朝、李险峰、兰花，等译，中国人民大学出版社 2011 年版，第 76 页。

无疑问，这样做的损失很大。①

2. 高估被大肆宣传的风险

公众往往高估了那些被大肆宣传和戏剧化的风险。我们的认知系统对于不出现在我们眼前或不引起我们情感注意的事物可能没有反应。我们天生肤浅，只注意我们看到的东西，不注意没给我们留下生动印象的东西。②

从1986年开始，环保组织美国自然资源保护委员会已着手研究艾拉的潜在致癌性。艾拉是一种喷在苹果上的农药，能改善果实外观，推迟落果时间。1989年1月，美国环保署宣布艾拉存在健康风险，但危害性并不迫切。2月，艾拉成为《60分钟》（60 Minutes）节目的轰动话题。在节目中，主持人艾德·布拉德利将艾拉称作"食物中的最强致癌剂"。节目一播出，就引发了人们的强烈反应。学校将苹果、苹果汁从菜单中删除，父母们把家里的苹果酱全部扔掉。韩国也开始抵制产自佛罗里达州的西柚，因为他们错误地认为，这些西柚也被喷洒了艾拉。

初看起来，人们的反应似乎不太理性。艾拉在当时还是一种合法的农药。《60分钟》节目播出后，艾拉的生产商将其撤出了市场。应生产商要求，美国环保署宣布禁止将艾拉用于农作物生产。事实上，一名儿童生活中每天要喝掉4000加仑苹果汁，其体内的艾拉含量，才会让实验小白鼠患癌。由此可见，艾拉不同于大肠杆菌，即便它对健康构成威胁，这种危害也微乎其微。吃一个喷洒过艾拉的苹果并不会致病，而且只有极少部分的苹果施用过艾拉。③

3. 强烈反感可能带来巨灾的风险

例如，人们对核电站的看法，就民用核设施发生的事故而言，目前最严重的包括2011年日本福岛核事故、1986年苏联切尔诺贝利核电厂事故、1979年美国三里岛核电站事故。尽管事故发生的概率的确很低，目前的三起严重事故是民用核电厂在32个国家中累计运行12000堆年期间发生的仅有的三起重大事故，但每次事故的影响都是重大的。

1979年美国三里岛核电站发生的严重核泄漏事故，由于其有安全外壳，没有发生大爆炸，只有三人受轻微辐射。尽管未造成人员伤亡，但此后32年间美国核电站一直处于停建状态。

1986年苏联切尔诺贝利核电站4号反应堆发生的爆炸事故，使4300平方千

---

① ［美］格雷格·伊普：《源风险：为什么越安全的决策越危险》，谭浩译，广东人民出版社2018年版，第45页。

② ［美］纳西姆·尼古拉斯·塔勒布：《黑天鹅：如何应对不可预知的未来（升级版）》，万丹、刘宁译，中信出版社2011年版，第123页。

③ ［美］格雷格·伊普：《源风险：为什么越安全的决策越危险》，谭浩译，广东人民出版社2018年版，第46页。

米土地成为"无人区",全世界共有 200 万人遭到了此次核泄漏的威胁,27 万人因此致癌。据专家估计,完全消除这场浩劫的影响最少需要 800 年的时间。

2011 年日本福岛核事故,国际原子能总署(IAEA)将其定义为 6 级核灾变,仅次于切尔诺贝利事故,相关的核污染相当于 35000 颗原子弹。①

20 世纪 80 年代,三里岛核事故与切尔诺贝利核事故接二连三地登上新闻头条,核能产业逐渐失去优势与支持者,遭到越来越多的人反对。1967 年,美国需要 16 个月的时间建造一座标准的核能发电厂;到 1972 年,要花 32 个月;1980 年则增加到 54 个月。20 世纪 70 年代初期,美国建造一座核电厂的成本是1.7 亿美元,10 年之后狂增到 17 亿美元,而到 80 年代末期切尔诺贝利事件发生之后,成本再次飙升至 50 亿美元。20 世纪 70 年代末,美国拥有 70 座核电厂,但在 1978 年之后,不再新增任何核电厂的兴建计划。规划好的核电厂都已完成多时。号称是"核能和平用途"发起国的美国,在 20 世纪接近尾声时,仅拥有100 座多一点的核电厂,这个数字还不到全球核电厂总数的 1/4。② 有的国家已经明确表示不再建设新的核电站。

然而,值得注意的是,核事故极其罕见,而游轮沉没、天然气管道爆炸、煤矿坍塌和大坝溃口都会对事故周围的房屋造成影响。1970~2008 年,在经济合作与发展组织的 34 个富裕成员国发生的事故,造成了大量人员伤亡,其中,煤矿事故死亡 2000 多人,漏油事故死亡 3000 多人,天然气事故死亡 1000 多人,还有水电事故死亡 14 人。在此期间,因核事故致死的人数是零(三里岛核事故未造成人员死亡)。瑞士研究人员据此得出结论,按照每年每千兆瓦的死亡率计算,人类迄今为止发现的最安全、事故率最少的能源是核能。

瑞士保罗·谢勒研究所(Paul Scherrer Institute)的彼得·布尔格(Peter Burgherr)认为:"对于后果严重的灾难性事故,非专业人士通常怀有敌意,但他们不明白的是,这些事件发生的概率极小。人们对这些事件的反感,主要来自信息不足。因此,人们的决策在很大程度上受到主观因素影响,而没有考虑可量化的风险指标等客观数据。"③

公众往往高估像核电站事故这样的可能带来巨大灾害的风险,对其极其反感,会采取抵制措施。

---

① 欧阳恩钱:《风险社会视阈下核灾害预防制度研究》,中国社会科学出版社 2016 年版,第 32-33 页。

② 〔美〕阿尔弗雷德·克劳士比:《人类能源史:危机与希望》,王正林、王权译,中国青年出版社2009 年版,第 174 页。

③ 〔美〕格雷格·伊普:《源风险:为什么越安全的决策越危险》,谭浩译,广东人民出版社 2018 年版,第 139-141 页。

第四节　公众群体工程风险认知偏差的形成与纠正①

在工程风险的很多领域，人们不是作为独立的个体，而是作为社会群体和社会网络的成员来回应他们感知到的风险。② 群体认知大大不同于个体认知。

公众对风险的认知，充分体现了人性的复杂性，这种复杂性远远超过了物性的复杂性。一般来说，根据物性对外显露出来的特征去解释一般的物性，是比较容易的，但是根据人性对外显露出来的特征去解释群体的人性，则不那么容易，有的时候甚至极为困难。群体认知表现出不同于个体认知的若干特点。

一、群体认知的特点

正如研究单只蜜蜂的行为不可能揭示整个蜜蜂王国的群体行为和运作模式一样，人们很难通过人类个体的认知来预测某个群体的认知。当面对工程风险时，公众群体认知表现出如下特点：

1. 涌现性

凯文·凯利（Kevin Kelly）指出，科学界早就认为大量个体和少量个体的行为存在重大差异。……随着成员数目的增加，两个或更多成员之间可能的相互作用呈指数级增长。当连接度足够高且成员数目足够大时，就产生了群体行为的动态特性。③

纳西姆·塔勒布（Nassim Taleb）认为，我们把构成一个群的各要素看成各维度，维度数越高，各要素之间的互动也就越多。当维度达到一个数量级以后，每增加一个维度，就会不成比例地大幅度增加各要素的互动，这使得我们更难以理解群体性特征。④

人性的复杂远远超过了物性，与风险有关的人类行为是极其丰富的，并且人们的行为不是相互孤立的，它们彼此之间有复杂的相互作用。菲利普·鲍尔（Philip Ball）认为，不管我们如何了解个人的动机，一旦个人会聚为群组，就可

---

① 王耀东：《工程风险的公众群体认知偏差生成与纠正研究》，《自然辩证法研究》2021 年第 12 期。

② ［澳］狄波拉·勒普顿：《风险》，雷云飞译，南京大学出版社 2016 年版，第 94 页。

③ ［美］凯文·凯利：《失控：全人类的最终命运和结局》，张行舟、陈新武、王钦，等译，电子工业出版社 2016 年版，第 33 页。

④ ［美］纳西姆·尼古拉斯·塔勒布：《非对称风险：风险共担，应对现实世界中的不确定性》，周洛华译，中信出版社 2019 年版，第 310 页。

能出现意想不到的结果。① 当很多个体会聚在一起时，群体的想法不是每个个体的想法之和，也不是全部个体的想法求了一个平均数，而是表现出某些全新的特点。不管个体原来有怎样的个性，生活方式如何，从事什么样的职业，也不管他智商水平是高还是低，会聚成群体后的认知会出现统一的倾向，与每个个体在单独状态下的认知有很大的不同。

2. 无意识性

个体融入群体后常常会表现出无意识性。古斯塔夫·勒庞（Gustave Le Bon）认为，在群体意识中，个体的理智降低，个性被削弱，同一性吞灭了特异性，无意识属性取得了主导地位。②

无意识是左右群体的一股巨大力量，在群体行为中可能起积极作用也可能起消极作用。一方面，面对工程风险的不确定性，在统计学思维和逻辑思维无法作出准确判断的时候，无意识的直觉对认知的快速形成发挥着至关重要的积极作用；另一方面，群体中的无意识容易使公众对工程风险的判断发生变异，理性判断易于"短路"，作为独立个体时所具有的观察力和批判精神可能会消失，甚至会出现全体一致的幻觉，因此群体往往缺乏理性，表现出极端化、情绪化、低智商化等趋向。

3. 漠视责任性

任何人都不可能孤立地在社会中生存，公众的责任生成于他生存和发展的现实社会关系中。马克思指出："作为确定的人、现实的人，你就有规定，就有使命，就有任务。"但群体会表现出漠视责任性，倾向于把责任转移给他人。在群体中，不但以对他者承担义务为核心的责任相形失色，而且约束个体的责任感也会消失，所以群体的暴力倾向大大增强。例如，2014 年在广东省茂名市发生的群体反对 PX 项目事件中，不法分子在市委大楼前公然打杂公共设施，焚烧汽车，拦截救护车、消防车等。

网络的匿名特点也进一步降低了人们的自我约束，在网络空间里，某些特定群体会发表一些关于工程风险不负责任的言论。

4. 易受暗示性

通常情况下，群体总是期待有些事发生而有些事不发生，因此很容易受到暗示，把表面有点相似的不同事物联系起来，并对其认知产生影响。古斯塔夫认为，就算是比较熟悉的问题，在诱导性提问的技术上的微妙变化都能出现不同的

---

① ［英］菲利普·鲍尔：《预知社会：群体行为的内在法则》，暴永宁译，当代中国出版社 2010 年版，第 376 页。

② ［法］古斯塔夫·勒庞：《乌合之众：大众心理研究》，马晓佳译，民主与建设出版社 2018 年版，第 8 页。

答案。在这个方面，群体很像特别原始的动物。其行为完全受外在诱因的支配，会随着外界的变化而不停地变化。[①]

公众面对工程风险时总是会担忧某些风险的发生会给自己和家人的生活带来消极影响，担心自己的合法利益受到损害，这种焦虑的心态在群体中很容易受到暗示。媒体在此发挥着很大的作用，它提供了丰富的群体记忆库，勾起了公众对过往风险事件的情感记忆，形成强烈的情绪反应。[②]

二、公众群体工程风险认知偏差的生成机制

公众群体风险认知的上述特点意味着公众群体在面对工程风险时容易生成认知偏差。群体认知主要是通过个体之间的相互作用和互动机制生成的，公众群体对工程风险的认知在以下多种动力学机制的作用下，普遍存在风险被放大的情况，甚至出现严重的风险认知偏差：

1. 重整化机制

科学探索中的认知形成机制与社会领域里的决策机制有明显不同，科学上的重大突破并不奉行多数人共识的原则，不是少数人的想法服从多数人的想法，而是一个由少数派主导的过程，是个别科学家的突破性研究改变了大多数人的想法。这一现象和认知机制在风险认知领域也存在。

工程风险是人类和非人类行为的综合产物，它是否发生以及发生后的危害程度都具有不确定性，不同公众个体对它的敏感程度不同，所以不同个体对它的初始认知必然会有所不同，甚至截然相反。大多数人的初始认知会随着时间的推移和条件的变化被解构进而被重新建构，而总有一部分人由于该工程风险与他们利益攸关，或者由于某种坚定的信念，形成的风险认知不会轻易被改变。

纳西姆认为，在任何一个群体中，只要有3%~4%永不妥协的少数派，他们就会全身心地投入"风险共担"，捍卫自己的切身利益，有时候甚至拿灵魂来捍卫。最终，整个群体的人都会服从于少数派的偏好和选择，这就是重整化。计算机模型显示，只要少数派达到某一特定的水平，那么他们的选择就会成为压倒性的全体选择。例如，只要有不超过5%的不接受转基因食品的人均匀分布在全国，他们就会迫使其所在的群体逐步演变成只吃非转基因食品的群体。[③]

重整化机制展示的核心意思是非对称的"否决权"效应，即群体中的某些

① ［法］古斯塔夫·勒庞：《乌合之众：大众心理研究》，马晓佳译，民主与建设出版社2018年版，第15页。

② 许振宇、何蕾、郭雪松、曹蓉：《基于公众情绪视角的食药类事件风险放大机理研究》，《风险灾害危机研究》2019年第1期。

③ ［美］纳西姆·尼古拉斯·塔勒布：《非对称风险：风险共担，应对现实世界中的不确定性》，周洛华译，中信出版社2019年版，第98页。

人可以用反复否决其他人偏好的办法来最终使得群体内其他具有适度灵活性的成员接受他们的选择，大多数公众具有希望融入群体的自然意愿，社会最终会屈从于某个强硬且绝不妥协的少数派。例如，在我国，多个地方公众对垃圾焚烧发电项目风险的认知由最初个体认知的"不怕"重构为后来群体认知的"我怕"，公众由项目的接受者和欢迎者演变为排斥者甚至是极端反对者，成为具有抗争动机的风险人群。[①] 纳西姆认为，少数派主导下推行的规则在执行中往往更稳定，不同的人在执行这些规则时的差异非常小，而且能够使得原本孤立不相关的群体都默契地执行同一条规则。[②]

重整化机制侧重揭示的是公众群体中大多数人原有的初始认知被少数人重构。通过重整化机制，少数人的工程风险认知偏差演变为部分公众群体的认知偏差。

2. 传染机制

古斯塔夫认为，在群体中，任何情绪和行为都会传染，而且传染性很大。[③] 当有些人对某工程风险的认知在群体中不断反复，并且态度保持一致，传染机制就开始运行，它会让群体的认知产生统一倾向。

在有风险的工程被建构的早期阶段，如果政府部门和相关企业等直接建构者没有及时有效地与公众进行互动，未能向公众传递准确可靠的信息并对公众的质疑做出回应和解释，反而当敏感的舆情出现的时候遮掩躲避，企图掩饰责任，公众的风险认知偏差就会形成。这种公众的风险认知偏差传染了群体并得到信任，就会成为谣言。谣言传染得很快，并且会造成恐慌。

公众被传染以后，再试图进行舆论的引导将其认知偏差纠正过来会变得十分困难。受恐慌情绪与认知障碍的影响，群体常常对真相视而不见，反而对一些毫无根据的虚假信息深信不疑。麻省理工学院的一则调查显示，假新闻散布的速率是真新闻的 6 倍，人们更愿意转载假的那一部分。[④] 例如，在 2007 年厦门 PX 事件中，公众对 PX 的风险形成认知偏差，在社会上有多种传言，如"PX 是危险化学品和高致癌物，对胎儿有极高的致畸率"，"厦门 PX 项目意味着厦门全岛放了一颗原子弹，以后的生活将在白血病、畸形儿中度过"。这些认知偏差传染了公众群体，引起了人们的极度焦虑和恐惧，因而 PX 项目遭遇到公众的强烈抵制

① 何艳玲、陈晓运：《从"不怕"到"我怕"："一般人群"在邻避冲突中如何形成抗争动机》，《学术研究》2012 年第 5 期。

② ［美］纳西姆·尼古拉斯·塔勒布：《非对称风险：风险共担，应对现实世界中的不确定性》，周洛华译，中信出版社 2019 年版，第 96-111 页。

③ ［法］古斯塔夫·勒庞：《乌合之众：大众心理研究》，马晓佳译，民主与建设出版社 2018 年版，第 9 页。

④ 姬德强：《人工智能时代的视觉政治》，《新闻大学》2020 年第 7 期。

和反对。再如，2016 年山东非法疫苗事件中的问题疫苗存在的安全风险并不高，但由于受到"或影响人命"等谣言的传染，公众群体形成了风险认知偏差，因而在社会上引起了极大的恐慌。

随着技术的不断发展，数字技术催生了大量新型的新媒体网络平台，它的高度开放及低门槛准入，跨越了时空限制，扩展了传播的范围，加快了传播的速度，使得群体风险认知偏差的传染更加便利。通过在论坛发帖、在评论板块留言、在微博和微信上发表观点，各种观点、情绪可以迅速传染，从而快速形成同质性的群体心理。[1]

传染机制侧重揭示的是公众群体中的大部分人在对工程风险认知几乎为零的情况下被少数群体的认知偏差所影响。通过传染机制，公众群体中少数人的认知偏差在时间和空间上进一步扩散。

3. 社会模仿机制

从众是一种群体心理，人们愿意与其他人的意见保持一致。在群体中，个体很自然地就会模仿群体中大多数人的思想和行为。霍华德·昆鲁斯（Howard Kunreuther）等认为，个体倾向于参照他人的行为，以确定在特定情况下做出适当的判断或行动。[2] 克里斯·克利尔菲尔德（Chris Clearfield）等认为，看上去大脑不支持我们持有异见，我们的大脑敏锐地作出了调整，让我们与别人的想法一致，让我们的判断符合团队的想法。[3] 米歇尔·渥克（Michele Wucker）认为，我们周围有越多的人相信同一件事情，我们与他们保持步调一致的可能性就越大，无论他们的想法是对还是错。[4] 群体成员会观摩周围的舆论环境，努力让自己的想法和行为与群体保持一致，个体会复制群体的认知。

公众经常通过社会模仿来认知和应对风险。当直接的个人体验缺失或不足时，个体就会从群体那里获得有关风险的情况。普通公众大多数对工程风险的担心和焦虑都与个人经验无关，而是通过社会模仿产生的，害怕别人所害怕的事物，担心别人担心的危险。通过模仿，人们彼此靠近了。[5] 公众个体会根据群体最初形成的风险认知构建起后续的解读方式，个体差异的异质性逐渐被群体的同

① 王佃利：《邻避困境：城市治理的挑战与转型》，北京大学出版社 2017 年版，第 106 页。

② ［美］霍华德·昆鲁斯、迈克尔·尤西姆：《灾难的启示：建立有效的应急反应战略》，何云朝、李险峰、兰花，等译，中国人民大学出版社 2011 年版，第 62 页。

③ ［美］克里斯·克利尔菲尔德、安德拉什·蒂尔克斯：《崩溃》，李永学译，四川人民出版社 2019 年版，第 173-174 页。

④ ［美］米歇尔·渥克：《灰犀牛：如何应对大概率危机》，王丽云译，中信出版社 2017 年版，第 68-69 页。

⑤ ［美］纳西姆·尼古拉斯·塔勒布：《黑天鹅：如何应对不可预知的未来（升级版）》，万丹、刘宁译，中信出版社 2011 年版，第 30 页。

质性所吞没。不同文化环境中的人们害怕或担心的事物不同，这些害怕或担心大多是通过社会模仿习得的。例如，对于转基因工程可能带来的风险，欧洲人和美国人的认知有很大不同，欧洲公众群体普遍认为，转基因食品在道德上让人无法接受，这是违反自然规律的一种赌博，会破坏味觉体验，给健康带来风险。这些恐惧并非全部基于事实。①

面对工程带来的风险，公众通常愿意选择相信自己周围群体的主张而不是相信专业人员和专业机构。在一个人的情况下，如果感觉做某事很傻，人们就不会去做，但是在一群人的情况下，他们却会参与这样的傻事。② 例如，2011 年 3 月 11 日，日本东部临近海域发生里氏 8.9 级地震，引发 10 米高海啸，导致福岛核电站发生爆炸，发生了核泄漏。事故发生后，有传言说"加碘食盐可防核辐射"，先是欧美部分地区发生公众抢购碘盐的现象，接着我国一些地方也出现了公众非理性抢购碘盐的情况，多地的食盐被抢购一空，许多地方盐价由原来的 1 元/袋变成 15 元/袋，暴涨 15 倍。

社会模仿机制侧重揭示的是群体中的个体主动模仿或复制群体中大多数人的风险认知。通过社会模仿机制，大多数人的工程风险认知偏差扩大到了整个群体乃至全社会。

4. 群体极化机制

群体极化一般是指群体决策时由于个人受到群体其他人的影响，往往会比一个人作出决策时更倾向于极端，从而背离最佳决策。群体极化也是个体的风险认知偏差在群体中被放大和极化的一种机制。在群体中，某个个体的认知在与其他众多个体的交流中得到强化，通过这种正反馈效应形塑了群体的风险认知。例如，如果有人担心电磁辐射会带来危险，那么在群体中交流以后，他们对电磁辐射的恐惧不但没有减轻反而会进一步增强，可见群体更容易导致风险认知的整体偏差。

群体极化之所以能够发生，首先源于群体有一种狭隘的倾向，群体中的成员容易轻信所在群体传出的信息，对其期待视域之外的其他信息都视而不见。面对工程风险时，公众甚至陷入塔西佗陷阱，即普遍对政府和企业不信任，无论政府制定何种应对政策、企业采取何种治理行为，都会遭到公众的质疑。

群体极化的发生还是公众群体联想、想象和过度歪曲的结果。某些工程风险受到群体的关注以后，常常被放大以至于与它的本来面目相差甚远。群体容易将当下的风险事件与不同时空背景下的有关信息关联起来，引发一连串的联想。群

---

① ［德］格尔德·吉仁泽：《风险认知：如何精准决策》，王晋译，中信出版社 2019 年版，第 92 页。
② ［美］纳西姆·尼古拉斯·塔勒布：《反脆弱：从不确定性中获益》，雨珂译，中信出版社 2014 年版，第 364 页。

体还将扭曲地想象与真实的事件相混淆，将假象与所观察到的事实之间微弱的联系扩大化。例如，居民反对垃圾焚烧发电建设项目的邻避行动就带有很大的想象成分，一说到垃圾焚烧，就想到释放能致癌的有害气体，形成了"垃圾焚烧发电项目一定对当地居民有害"的认知偏差。公众群体将其他与当下事件并不直接相关的风险共同呈现，进一步放大了社会整体的风险感知。①

群体极化释放的破坏力量要比个体大得多，只要群体信以为真，风险认知偏差就会在特定的条件下产生巨大的破坏性力量。丹尼尔·卡尼曼（Daniel Kahneman）认为，概率忽视和效用层叠两种社会机制的组合必然导致对小威胁的扩大，有时还会引发严重后果。②再次以 1989 年发生在美国的艾拉事件为例，果农将艾拉这一化学药品喷洒到苹果上来调节它的生长周期，改善苹果的外观。有消息称它可导致老鼠得癌症，这个消息在公众群体中传播后引发了恐慌。这些恐慌情绪又促使媒体争相报道，结果上百万的美国消费者一度拒绝购买苹果和苹果制品，导致苹果批发价格下降了 1/3，果农年收入减少了 1 亿多美元，苹果产业损失巨大。然而此后的研究表明，这种物质致癌的可能性很小。

群体极化现象在网络空间中更容易发生，表现为情绪化和非理性，是对表达自由的异化。网络群体极化使得网络中的"乌合之众"现象更为凸显、更容易造成严重的风险认知偏差。

三、公众群体工程风险认知偏差的纠正

公众群体对工程风险的认知偏差一旦生成，就要及时予以纠正，以免给工程的建构和工程产品的使用带来消极影响。正如它的生成是一个复杂的社会动力学过程一样，对它的纠正也是公众、媒体、工程共同体和政府等多个相关主体复杂的社会协同过程。

1. 提高公众对工程风险的理论思维能力

通常情况下，由于每个人的时间和精力都是有限的，在社会生活中不可能也没有必要搞懂每一件事的技术细节，所以当人们在接收信息和认知事物的时候，很多情况下是靠直觉判断而不是诉诸理性分析。但是在面对工程风险的时候，由于工程风险本身就具有不确定性，并且涉及多个专业领域，因此风险的认知难度更大。尤其在当今时代互联网环境下，在线社交平台成为信息传播的重要途径，各种社会化的平台创造了大量能动的数字公众，任何一个普通公众都可以由原来

---

① 刘冰：《疫苗事件中风险放大的心理机制和社会机制及其交互作用》，《北京师范大学学报（社会科学版）》2016 年第 6 期。

② ［美］丹尼尔·卡尼曼：《思考，快与慢》，胡晓姣、李爱民、何梦莹译，中信出版社 2012 年版，第 125 页。

单纯的信息接收者变为信息的参与者和生产者，各种各样的"专家"也多了起来。一旦涉及某个有风险的工程项目，人们就难免陷入各种信息的汪洋大海。公众不得不采用简化机制，去处理几乎无限多的信息。在这种情况下，如果只凭直觉和猜测，没有对工程风险的理论思维，就无法判断信息的真伪和可靠性，就可能被精心包装的虚假信息所诱导和左右，结果拥有的信息越多，反而淹没在里面的可能性越大。

人们要想在这个信息过载的时代形成对工程风险的正确认知，得出合理的结论，追求自己想要的既富有品质又安全可靠的生活，就需要通过理论思维来识别真假专家、甄别信息的真假和有效性。正如读写能力是传统社会的必备技能一样，正确的认知风险是风险社会所需要的基本生存能力。公众需要了解一点基本的统计学知识和心理学知识，还需要一点面对风险的好奇心和勇气，提高对工程风险的理论思维能力。从风险的性质、发生概率、危害程度、可控性等各个变量及这些变量之间的相互关系等维度对工程风险进行评估与认知，不仅可以减少自己对工程风险的认知偏差，还可以抵制和纠正其他人的认知偏差，避免群体风险认知偏差的生成。正如马克思和恩格斯在《共产党宣言》中所指出的："每个人的自由发展是一切人的自由发展的条件。"所以，提高公众群体对工程风险的理论思维能力，是纠正公众群体风险认知偏差的基础路径。

2. 媒体对纠正公众群体风险认知偏差负有积极责任

媒体在纠正公众群体风险认知偏差中发挥着重要而独特的作用，它的功能是无法被其他主体替代的。由于工程风险是潜在的，它通常还没有对公众造成实际的影响，公众主要是通过从外界获得的间接信息而不是直接的个人体验来认知工程风险，所以媒体作为信息的主要提供者就成为公众群体风险认知形成的主要推动者。媒体的风险传播往往具有选择性和放大性，有些媒体尤其是商业性媒体出于追逐利润的目的，总是想方设法吸引公众眼球，博取公众关注，常常应用夸张的手法，对工程风险进行偏离实际的描述，向公众释放了错误的风险信息，这成为公众风险认知偏差生成的诱因。

媒体对纠正公众群体工程风险认知偏差负有积极责任。媒体是社会公器，可以为公众提供关于工程风险的完整、可靠、独立的信息，媒体可以拓展人们工程风险认知的边界，弥补公众专业知识的不足，打破工程共同体对于工程风险解释权的垄断，帮助公众避免只得到增强他们认知偏差的信息，促使公众克服碎片化的局限，形成完整的工程风险信息结构。

随着媒体对社会的深度介入，它日益成为构建世界的基础性力量，在风险治理中所扮演的角色越来越重要。① 它已成为国家治理体系的有机组成部分。媒体努力给不确定性的世界带来确定性，使公众对工程风险形成合理、恰当的心理预期。媒体不仅要掌握舆论热点、梳理信息，而且要提出问题、发现风险，充当引起公众警觉的"瞭望哨"；媒体不仅要简单"映射"专家对工程风险的界定和评估，而且要通过独立的调查分析提醒公众予以关注和应对，引导公众理性认知、理性行动，避免由于事发突然带来过度恐慌引起的认知偏差。媒体强烈地影响着社会认同，② 当公众风险认知偏差在群体中蔓延时，媒体可以及时切断群体认知偏差传播的链条。

3. 多主体之间风险沟通是纠正群体风险认知偏差的关键环节

风险沟通给公众、工程共同体和政府等多个主体之间相互作用提供了可能性，可以打开公众工程风险认知偏差的"黑箱"，因而风险沟通是纠正群体风险认知偏差的关键环节和有效途径。

通过信息传递从源头上避免公众风险认知偏差的生成。工程共同体和政府是工程的发起者和建构者，有责任向公众介绍工程风险的信息。如果能在"第一时间"有效地将工程风险的信息公开，从而赢得公众信任，就可能扼制公众群体风险认知偏差的生成和蔓延。约翰·米勒（John Miller）提出，通过计算机模拟实验发现，在某个系统中的个体试图建立协调或合作关系的早期，此时的交流活动是最有价值的。③ 如果公众被忽视，就会按照他们自己的认知路径建构风险场景，从而生成了认知偏差。

通过认知反馈减少公众群体的风险认知偏差。工程风险涉及多方面竞争性的信息，各个相关主体不仅在价值观上有分歧，在事实上有分歧，而且在确定什么是事实的标准上也有分歧。因此，风险沟通不仅是从政府、企业、专家到公众群体的单向的线性信息传递，而且还要尊重那些受到风险影响的公众的关切和反馈，公众以不同于工程共同体和风险专家的视角和方式来认知风险，对工程共同体来说隐性的公众风险认知偏差通过风险沟通而显性表达出来。公众对工程风险认知反馈的积极表达，能够大大提高公众的自我效能感，避免非理性行为，有效减少公众群体的风险认知偏差。

通过双向、多次互动沟通纠正公众群体的风险认知偏差。风险沟通强调的是多个相关主体之间信息和意见交流过程的互动性。在工程风险沟通中，公众通过

---

① 张涛甫、姜华：《风险认知偏差与风险语境中的媒体》，《学术月刊》2020年第9期。

② ［英］彼得·泰勒-顾柏、［德］詹斯·金：《社会科学中的风险研究》，黄觉译，中国劳动社会保障出版社2010年版，第52页。

③ ［美］约翰·H.米勒：《复杂之美：人类必然的命运和结局》，潘丽君译，广东人民出版社2017年版，第211页。

与工程共同体、政府等多个相关主体之间双向、多次的互动沟通，在相互平等的基础上充分交换信息和意见，进行理性有序的对话。增加公众对政府、企业和专家的信任，消除公众的焦虑、恐惧、愤怒、敌意等各种负面情绪，能有效纠正公众群体的风险认知偏差。

公众群体对工程风险的认知，并不完全取决于工程风险的物理属性，它同时还是一个社会建构的过程。在重整化机制、传染机制、社会复制机制、群体极化机制等多种风险认知的社会动力学机制作用下，公众群体对工程风险的认知会出现偏差。纠正公众群体风险认知偏差是工程风险治理的重要内容，它是公众、工程共同体和政府等多个相关主体复杂的社会协同过程。本书提供了一个初步的关于工程风险群体认知偏差生成和纠正的理论框架，在实践中还需要根据所涉公众群体和工程风险的具体特点进一步探索公众群体认知偏差具体的生成机制和纠正策略。

第三章　工程风险的社会可接受性

我们生活在风险社会，工程风险与每个人的生存和发展密不可分。公众需要权衡风险与安全的限度，不断作出工程风险是否可以接受的选择。公众作出的选择，不仅在伦理上是必要的，而且可以为可接受性的标准提供必要的信息。

20 世纪 60 年代，一些有关设施选址和技术开发方面的话题在西方引起了大众的关注，从此以后关于工程风险的可接受性就一直处于争论之中。20 世纪 70 年代，费斯赫夫（Fischhoff，也译为费斯科霍夫、菲施霍夫）等所著的《可接受风险》（*Acceptable Risk*）是研究风险可接受性问题的开创性著作。

人们已经逐渐认识到，关于何种程度的风险是可以接受的这个问题，不仅需要事实认定，而且要作出价值判断。因此不可能用一个可以满足全部目标的数据来描述，而是需要综合考虑多种因素，如专家提供的技术标准、公众能否从引发风险的工程活动中取得收益，以及公众是否愿意主动承担风险等。

第一节　专家的技术标准

可接受风险是为了在活动中获取一定的利益而决定接受的一种风险等级，因此专家提供的技术标准不可或缺。

一、风险接受准则和方法

风险接受准则可以是定性的，也可以是定量的。目前大多数国家都通过了"可接受风险"理论 ALARA，ALARA 是英语"As Low As Risk Acceptable"的缩写，即可接受的风险要尽可能低，该理论允许"预见与警惕"原则。[1]

---

① ［俄罗斯］V. T. 阿雷莫夫、X. P. 塔拉索娃：《风险评价与管理》，邢涛译，对外经济贸易大学出版社 2011 年版，第 5 页。

研究人员已经开发出很多不同的方法来确定与某个系统或者行为相关的风险是否可以接受。① 例如，ALARP 原则，这是英国的风险接受原则。ALARP 是英语 "As Low As Reasonably Practicable" 的缩写，意思是 "在合理可行的范围内尽量最低"。

与此相类似的是荷兰采用的风险接受框架，称为 ALARA 原则。ALARA 是英语 "As Low As Reasonably Achievable" 的缩写，意思是 "在合理可能的情况下尽量最低"。二者的区别主要是荷兰的企业通常关注的是不要超过上限，而不是在可行的情况下采取进一步的措施。另外，ALARA 的不可接受区域比 ALARP 更加严格。

1992 年，英国皇家学会对于面向公众的风险给出了一个概念性框架。如果风险达到一定程度，比如每年的发生概率高于 1/10000，这种风险就是不能容忍的，需要立刻采取措施，不能估计成本问题。即便暴露在风险下的人认为他可以从风险中得到足够的补偿，降低风险的行动同样必不可少。如果风险的发生概率低于 1/1000000，那么就可以认为它对于公众来说基本上是可以接受的。如果风险低于广泛可接受的水平，我们就可以考虑忽略这风险，也不需要相关人员寻求更加有效的风险降低手段了。②

2001 年，英国健康与安全执行委员会发表了报告《降低风险，保护人民》，提出了社会风险准则，指出对于任何一座工业设施来说，"如果存在风险可能发生 50 人或者 50 人以上死亡事故，并且事故发生频率预计高于每年的 1/5000，那么这种风险就是无法容忍的"。这是第一次有机构公开发布这种类型的准则。③

应当强调的是，对于个体可接受的值的选择很大程度上是取决于这个国家的经济情况。1985 年，在荷兰，可接受风险观念作为国家法律得到通过。根据此法，一年之内因技术领域危险引发的死亡概率超过 10^{-6} 是不被允许的，而如果这个数字是一年 10^{-8}，那么是可以接受的。项目个体风险等级的数值在每年 $10^{-6} \sim 10^{-8}$，这个数据是从具体的经济方面和社会方面得来的。一些国家在法律领域广泛使用可接受风险观念还有很多限制，但是所有的工业发达国家已经认为这种观念是很有必要的，因为它是控制工业安全非常有效的机制之一。④

---

① ［挪威］马文·拉桑德：《风险评估：理论、方法与应用》，刘一骝译，清华大学出版社 2013 年版，第 82-87 页。

② ［挪威］马文·拉桑德：《风险评估：理论、方法与应用》，刘一骝译，清华大学出版社 2013 年版，第 82 页。

③ ［挪威］马文·拉桑德：《风险评估：理论、方法与应用》，刘一骝译，清华大学出版社 2013 年版，第 87 页。

④ ［俄罗斯］V. T. 阿雷莫夫、X. P. 塔拉索娃：《风险评价与管理》，邢涛译，对外经济贸易大学出版社 2011 年版，第 122-123 页。

2009 年，国际标准化组织发布了国际标准 ISO 31000 风险管理标准《风险管理——原则与指导方针》，从实践来看，这个标准并未被广泛采纳。

二、设定风险的技术标准

（一）设定技术标准

根据《经济大辞海》的解释，标准是根据科学、技术和实践经验的综合成果，经过有关技术方面协商同意，由主管机关批准，以特定形式发布作为共同遵守的准则。[①]

在引起公众的关注之前，大多数的风险和隐患是由熟悉它的专家来处理的。工程师负责设计大坝，药剂师负责开发新的溶剂，而医生则负责开处方。这些专业人员主要依赖于个人经验、常规的专业操作以及顾客的需求来权衡利弊。专业判断实际上是一种综合各种现实和价值的方法。罗杰·E. 卡斯帕森在其论文《人类风险的可接受性》中指出，设定风险标准牵涉到一系列棘手的选择：扩大收益还是降低风险；更健康的工作场所还是事业上升；当前的福祉还是未来的福祉。

1. 从技术上考虑

在工业社会，人们谋求将很多事物量化，量化是工业社会的流行话语。所谓量化，就是通过可计算和可控制的形式表现事物。工业社会发展的历程，是一个工具理性压倒价值理性的过程，韦伯的这个判断是建立在对工业社会现代性考察的基础之上。因此，可以说工具理性开启了工业社会，开启了现代性。

安全标准的决定权并不是由个体工程师以及他们的雇主单独决定的，安全标准是由政府机构（如国家标准技术研究所、职业安全和健康管理局以及环境保护署）或非政府组织（如职业工程协会和国际标准化组织）制定的。尽管如此，安全标准及质量标准，仍然留有相当大的工程自由裁量空间。[②]

工程师提供风险的合理的估计值以及最低安全标准，为政策制定者和受影响的公众的选择提供遵循和参考。所有的工程师都有这样的能力，即将遇到的问题进行数学解析建构，利用自然科学知识建立解决方案，再将每个解决方案整理成"一份设计"、一套有用的说明后果指令。这些设计、说明或指令实际上成为指导别人工作的标尺。[③]

---

① 张跃庆、张念宏主编：《经济大辞海》，海洋出版社 1992 年版，第 796 页。

② ［美］查尔斯·哈里斯、迈克尔·普理查德、迈克尔·雷宾斯、雷·詹姆斯、伊莱恩·英格尔哈特：《工程伦理：概念与案例》，丛杭青、沈琪、魏丽娜，等译，浙江大学出版社 2018 年第 5 版，第51 页。

③ ［美］迈克尔·戴维斯：《像工程师那样思考》，丛杭青译，浙江大学出版社 2012 年版，第 36 页。

罗杰·E. 卡斯帕森等认为，我们没有理由指望在个人容忍和接受程度上取得一致。事实上，一些最难对付的风险，是那些个人的风险容忍度存在差异而不是趋同的风险。例如，在核电的问题上就是如此，人们对其危害的反应存在明显的差异。针对这种情况，当前的趋势是把标准设定在专家认为合适的水平上。

美国原子能委员会（The U. S. Atomic Energy Commission, AEC）最初成立于1946 年，在受到了一些严厉的批评之后，进行了重组，并在 1975 年成为美国核标准委员会（NRC）。NRC 最重要的一项责任，就是要保障核电站的运行对公众的健康和安全不会有过多风险。多年以来，NRC 发布了大量与核电设施风险评估相关的高质量报告和指南。①

2. 从经济上考虑

巴鲁克·费斯科霍夫、莎拉·利希藤斯坦、保罗·斯诺维克、斯蒂芬·德比和拉尔夫·基尼在其著作《人类可接受风险》中指出：如果能设计出一座能够承受任何负荷的大桥，那么未来交通模式的不确定性就不会给予考虑；如果医生们能够找到一种对任何感染都有效的万能抗生素，那么精确的诊断将不再重要。"超安全标准设计"与"大安全系数"都是在不了解不确定性的情况下处理不确定性的另外一些标志。假设存在和接近存在这样的标准，也一定会付出巨大的经济代价。

同样，较高的空气质量标准可能有利于工厂附近居民的身体健康。但是，实行更高的标准对于工厂而言可能代价昂贵，进而减少其利润并在该地区造成失业。

3. 从环境上考虑

尽管汽车制造的旧标准或在其他领域使用对环境不甚友好的标准会更具"效率"，但社会确定无疑会继续改变这些标准。这在经济上可能不具备正当的理由，甚至也不是出于权衡的考虑。不断改变的汽油的消费标准就主要是从环境方面考虑的。

罗杰·E. 卡斯帕森认为，有关风险标准的决策不是孤立于其他社会目标和约束之外的。每一项风险决策都是就特定技术或状况而言的。特定的价值观、科学知识、成本考虑和安全机会随着风险的不同而不同，对同一风险来说也会随着时间的推移而变化。

（二）技术标准可以作为最低条件

制定定量的技术标准作为可接受性的最低条件，让风险产生的源头遵守这一标准，这在理论上是可行的。

---

① ［挪威］马文·拉桑德：《风险评估：理论、方法与应用》，刘一骝译，清华大学出版社 2013 年版，第 396 页。

技术风险分析帮助决策者估计预期物质危害。它们提供与行动的每种可能在逻辑上的或经验上相关的实际损害的最佳知识。把社会背景和意义排除在技术风险分析角度之外提供了一种抽象性，它提高了结果在主体间的有效性，但却以忽视风险的社会过程为代价。[①]

巴鲁克·费斯科霍夫等认为，技术专家有学识、正直，并奉献社会。专业人员是无价的社会资源，为我们解决了很多问题；然而他们是不是也能为我们解答"多安全可谓足够安全"这一问题呢？如果他们不能为我们提供完整的答案，那么我们怎么才能最好地利用并拓展他们所提供的部分答案呢？

斯诺维克（Slovic）、费斯科霍夫（Fischhoff）和利希藤斯坦（Lichtenstein）的一项研究显示，尽管在评估各种风险时专家也会犯错误，但他们的错误不像外行的错误那样严重。[②]

风险的技术标准是判断风险状态是否可以接受的依据之一，也是风险消费或承担主体选择风险状态优劣评价标准并作出风险是否可接受的重要依据。专家的定量标准可以作为调整公众对风险可接受性的最低条件，但它本身不能保证公众对风险的接受。

三、技术标准的局限性

（一）模型的简单化

科学在寻求对风险事件的理性反应中面临与生俱来的局限性。风险评估要依赖于模型工具，而模型工具往往要将复杂的现实问题理想化、简化。那么所采用的模型可能是建设性地简化了其反映的现实，但是也可能是曲解了其反映的现实，并且在这一点上人们是很难达成一致看法的。

人们试图减少他们的认知负担同时获得对未来的建议，因而把本应该对失败的多重原因的寻找简化为对单一原因的寻找。不幸的是，"从一个复杂的整体中片面地追求一个简单的因果关系可以说是在叙述事实，也可以说是在掩盖事实"。[③]

人们的风险知识并不总是充足的，而风险是在开放体系内发生的，自然环境

① Brehmer B., "The Psychology of Risk", in W. T. Singleton and J. Howden, eds. *Risk and Decisions*, New York: Wiley, 1987, pp. 25-39.

② ［美］查尔斯·E.哈里斯、迈克尔·S.普理查德、迈克尔·J.雷宾斯、雷·詹姆斯、伊莱恩·英格尔哈特：《工程伦理：概念与案例》，丛杭青、沈琪、魏丽娜，等译，浙江大学出版社 2018 年第 5 版，第 110 页。

③ Boe C., "Risk Management: The Realization of Safety", Proceedings of the 11th Congress of the International Association of Bridge and Structural Engineers, International Association of Bridge and Structural Engineers, Vienna, September 5, 1980.

的变幻莫测和人类行为的捉摸不透都应计算在内。许多技术风险并没有稳定的概率，并不是只要投入更多研究，就可以获得一个对威胁更加准确的认识。[①]

例如，1993 年 4 月，密尔沃基爆发了美国历史上规模最大的水性隐孢子虫病（Cryptosporidiosis）。令人惊讶的是，水是符合所有联邦和州标准的，但疫情照样发生。官方公布的损失是："403000 人生病，44000 人次就医，4400 人次入院，超过 100 人死亡，72.5 万人旷工或旷学，工资损失和医疗费用共计 9600 万美元，此外还投入 9 千万美元新建水净化系统。"[②]

2008 年，我国爆发了奶制品污染事件。在乳制品受污染危机事件爆发之前，检测奶粉中蛋白质的国家标准方法是凯氏定氮法，即先测量总氮含量，然后根据总氮含量再计算出蛋白质含量。三聚氰胺的含氮量高达 66%，并且它的物理特性容易添加，因此被不法厂商添加到奶源中，提高它的含氮量，进而提高了计算出来的蛋白质含量。正是这个根据含氮量来确定蛋白质含量的标准过于简单，在测定方法上有疏漏，给了无良商家可乘之机。

巴鲁克·费斯科霍夫等在著作《人类可接受风险》中指出，虽然批评家通常抱怨分析范围过于狭窄，但分析范围太宽存在着危险：一项分析可能变得太大以至于笨拙得无法操作，结构变得太复杂以至于内部关系变得模糊，需要输入的信息太多以至于无法精确计算。

（二）专家内部看法不一致

不同学科领域甚至同一学科领域的专家在如何解释数据以及如何决定什么可以接受的问题上意见不统一，于是出现了一种悖论，即"测量越好可能性越多，研究越多揭示出来的无知也越多"。

专业判断最大的局限性在于个体没有足够的能力来裁定复杂的技术或者新技术的命运。许多与技术的命运相关的决策问题的广度使任何一个学科都不能独立处理这些问题。对于新技术，也许没有人会有现成的经验以及对实际问题的了解。[③]

科学家和工程技术人员开发了许多相当精确的模型来评估风险，量化每个要素的不确定性程度。但由于评估过程中仍会掺杂主观因素，因此各路专家有时就某种风险得出的结论大相径庭，各执一词。公众可以听到一个专家说某种风险几乎不存在，大家不必担心，同时又听到另一个专家大声疾呼，提醒人们时刻保持

① ［英］伊丽莎白·费雪：《风险规制与行政宪政主义》，沈岿译，法律出版社 2012 年版，第 7 页。

② ［美］T.L. 塞尔瑙、R.R. 乌尔默、M.W. 西格、R.S. 利特菲尔德：《食品安全风险交流方法——以信息为中心》，刘强，等译，化学工业出版社 2012 年版，第 50 页。

③ ［英］巴鲁克·费斯科霍夫、莎拉·利希藤斯坦、保罗·斯诺维克、斯蒂芬·德比、拉尔夫·基尼：《人类可接受风险》，王红漫译，北京大学出版社 2009 年版，第 173 页。

警惕。①

科学家们都会意识到事实的不确定性，认识数据的局限性是基本的一项科学训练。对于决策者而言，认识这些局限性对于判断决策的可靠性是很重要的。

（三）忽视价值目标

技术性风险分析的工具也遭到很多批评，认为它们过于简单，有过多的假设，没有看到周围的价值观。② 把有害结果局限于物质危害，排除了人们可能认为有害的其他后果。但当有害后果包括价值侵犯、不公正或社会利益时，对结果的评价在不同群体中会大相径庭。

韦伯认为，理性化的结果是整个社会朝向科层化与工具理性膨胀的方向发展，宛如囚禁在铁的牢笼里一般。

理性内涵中本应当具有目标指向，不至于迷失了人类自身的价值与意义，不至于出现人的异化与物化现象，换而言之，目标指向的出现，实际上有助于重建人与人的社会关系，同时，也使得人在正面意义上重视自身。

风险理性应当包含两个方面：一是应当注重人类所追求的价值目标；二是注重在价值目标指引下的实现方式。与风险社会的特质相适应的是，风险理性强调一种具有开放性和充分弹性的新思考方式，这种新思考方式的目的在于全面认识风险来源与后果，正如有的学者所指出的："风险理性强调的是整体的关联性，不执迷于专业化，也尊重风险的文化差异。"③

（四）人的多变性

复杂的人性让许多设计精良的修正方案变得无效。人类的行为很少像机械或化学反应那样具有可预测性。由于人类行为的多变性，对风险暴露的危害进行评估也是十分困难的。

巴鲁克·费斯科霍夫等在著作《人类可接受风险》中指出，无论它们以怎样的数学形式出现，可接受风险的方法都是针对人的。作为一个决策制定的辅助方法，它必须对人的行为进行假设，特别是要对专家、外行人和决策制定者的知识进行假设。当人们没有认识到这些假设或这些假设有误差时，它们会导致错误的决策和政治程序的扭曲。

哈里·奥特韦早在 1969 年就曾提出自己的看法："我由尝试量化技术风险开始，认为如果通过与熟悉的风险相比能把它们'置于视角内容'，我们就能更好

① ［美］霍华德·昆鲁斯、迈克尔·尤西姆：《灾难的启示：建立有效的应急反应战略》，何云朝、李险峰、兰花，等译，中国人民大学出版社 2011 年版，第 4 页。

② ［英］布里吉特·M. 哈特：《风险、监管与管理》，载［英］彼得·泰勒-顾柏、［德］詹斯·金《社会科学中的风险研究》，黄觉译，中国劳动社会保障出版社，第 191 页。

③ 何跃军：《风险社会立法机制研究》，中国社会科学出版社 2013 年版，第 327 页。

地评价其社会可接受性。现在我对当时的幼稚感到惭愧，虽然我也可以从现在的事实中找到借口，因为 20 多年后的今天仍然有人效仿我当年的无知。"①

第二节　公众的知情同意和偏好

价值取向问题是可接受工程风险的关键部分，公众的知情同意和偏好对于风险是否可接受至关重要。

一、公众的知情权

风险被公众接受需要确保公众的知情权。知情同意原则要求在某人对某事自愿地表示同意时，应该是建立在对该事情的现状和可能掌握了准确的信息和充分了解后果的前提下做出的表示。知情权是当代法治社会的一项基础性人权，公民只有充分地享有和行使了知情权，才能据以合理地安排自己的生活，并最大限度地保护自己的权益。

1. 公众能够获取相关信息

工程开发者应提供有关该工程产品或服务的风险的全部信息，无论何时遇到重大的风险选择，其在道德上都有义务提供所有相关信息。信息强化决策的质量，这一想法在西方思想和哲学中根深蒂固。

例如，获取信息的普遍化权利在标签法和食品原产地保护计划中很明显。在 20 世纪早期，美国食品药品管理局成立时的一些联邦法规要求列出譬如内容、重量以及人工配料和人工色素的使用等的信息，随后，又要求延伸到成分。这其中有些要求很清楚地指出其目的是帮助消费者比较和选择。在 20 世纪 90 年代早期，一系列的联邦努力的结果强化了要求，甚至延伸到包含大部分食品的强制营养标签、标准化服务规范以及健康要求的统一使用。FDA 理事 David Kessler 医学博士在评论这一初衷时指出，新的食品标签让美国人有机会来做出更加有根据的、更加健康的食品选择。②

当技术的使用涉及未被公众察觉的风险时，工程师必须消除这一风险，或者

---

① ［英］哈里·奥特韦：《公众的智慧，专家的误差：风险的语境理论》，载［英］谢尔顿·克里姆斯基、多米尼克·戈尔丁《风险的社会理论学说》，徐元玲、孟毓焕、徐玲，等译，北京出版社 2005 年版，第 243 页。

② ［美］T.L. 塞尔瑙、R.R. 乌尔默、M.W. 西格、R.S. 利特菲尔德：《食品安全风险交流方法——以信息为中心》，刘强，等译，化学工业出版社 2012 年版，第 124 页。

至少要告知那些使用该危险技术的人。否则，消费者的道德主体性将遭到严重侵犯。设想一下，如果将你置于 7 名"挑战者号"航天飞机宇航员的位置上，在收到同意发射的决定之前，关于火箭加速器 O 形密封环在低温下的危险后果，你一定希望听到所有相关的工程事实。①

2. 公众能够理解相关信息

公众应能够正确地理解所获取的信息。例如，对于转基因食品，消费者要自主做出选择，首先要明确什么是转基因食品，市场上哪些是转基因食品，它的优缺点有哪些，它的可能的危害是什么。消费者如果不知情，自主选择就成了盲目选择。消费者是理性主体，有权利在获得真实、充分信息的前提下，就所需要的商品和服务作出独立的判断。

巴鲁克·费斯科霍夫等在著作《人类可接受风险》中指出，对三里岛事件的处理的一个正面评价是，它不只限于让公众全面了解关于安全性的相互冲突的主张，而且还在于用通俗的语言帮助公众认识核能产生的过程和技术争论的由来。

二、公众的自愿性

一直以来，安全工程实践被工程师定义为一个专业问题，而不是一个公共问题。20 世纪五六十年代，这种观点受到了挑战，当时健康和安全决策的公共属性变得更加明显。克里斯·韦珀在论文《风险管理方面的不一致价值》中指出，公众对那些决定风险在特定环境下的可接受性或者不可接受性的价值判断活动的参与，被人们意识到是非常重要的。

一种可接受的风险应该是通过行使自由和知情同意权而被认可的，或者是得到适当补偿的，公众具有选择的自由以及随时可以退出的自由。人之为人的要素是自决。一个真正的人应该不受约束地找到自己的最佳利益之所在，能有意志地、在充分条件下、不受干扰地作出自主的选择决定。如果某人的自主权被剥夺，就意味着其独立人格的减损。否定个人的道德主体性是错误的，当否认他们有制订和追求自己目标的能力，或者我们不是以与尊重其他道德主体同样公平的方式来对待他们时，我们就否认了个人的道德主体性。②

例如，在"是否接受转基因食品"这个问题上，多数消费者对转基因食品

---

① ［美］查尔斯·E. 哈里斯、迈克尔·S. 普理查德、迈克尔·J. 雷宾斯、雷·詹姆斯、伊莱恩·英格尔哈特：《工程伦理：概念与案例》，丛杭青、沈琪、魏丽娜，等译，浙江大学出版社 2018 年第 5 版，第 97 页。

② ［美］查尔斯·E. 哈里斯、迈克尔·S. 普理查德、迈克尔·J. 雷宾斯、雷·詹姆斯、伊莱恩·英格尔哈特：《工程伦理：概念与案例》，丛杭青、沈琪、魏丽娜，等译，浙江大学出版社 2018 年第 5 版，第 111 页。

持谨慎态度。沈娟等（2011）在南京的调查、郑凯芸等（2013）在成都的调查显示，有20%~30%的消费者完全接受转基因食品，同时也有20%~30%的消费者完全不接受转基因食品，剩余的接受调查的消费者部分接受转基因食品或未明确表态。但在消费倾向上，有61.87%的受访者更愿意选择传统食品，只有17.44%的受访者选择转基因食品，另有20.69%的受访者表示无所谓。从影响消费者选择的因素分析，按影响程度由高到低主要为"安全性不确定""营养价值更高"和"价格便宜"，分别占被调查人数的40.55%、24.74%和23.02%。①

转基因食品的安全性是未知的，但它也有一些优点，如价格较低，某些品质较突出等。是冒一定的风险追求特定的优良品质，还是注重安全放弃它，选用传统食品，由消费者自己作出选择。

实际上，人们并不是总想把风险最小化。恰恰相反，如果人们感到危害是合理的或能有助于实现其他的目标时，他们愿意忍受风险甚至危害。同时，如果他们感到风险是强加在自己身上的或是侵犯了他们的其他看法和价值，他们可能不会接受哪怕是最小的受伤害的可能性。②

根据斯塔尔在1969年的研究得出的结论，公众对自愿性风险的接受程度是非自愿风险的1000多倍。③

三、公众的偏好

偏好通常被理解为价值的具体表达。事实和价值是可接受风险问题的两个不可分割的组成部分。

价值问题的存在无法保证任何人都能有一个明确的答案。问题总是以某种方式被提出的，相应的观点可能受提问方式的影响。研究人员可以通过他们所选择的方法来影响回答者的行为选择。一个解决可接受风险问题的途径是承认它们不可避免地涉及价值观。巴鲁克·费斯科霍夫等认为，人们有权对自己的生命采取倾向风险或回避风险的态度，但在决定他人命运时无权做这种价值判断。在价值的问题上，专家们高超的技术知识并不意味着他们的价值观也是高超的。

人们具有不同甚至矛盾的价值观。人们在生活中扮演不同的角色，可能具有不同的价值观。人们可能在不相兼容的立场间摇摆。在极端情况下，人们只接受与他们的期望相符的模型。

---

① 罗云波：《生物技术食品安全的风险评估与管理》，科学出版社2016年版，第175页。

② Otway H. and D. von Winterfeldt.，"Beyond Acceptable Risk：On the Social Acceptability of Technologies"，*Policy Sciences*，1982，Vol. 14，No. 3，pp. 247-256.

③ Starr C.，"Social Benefit Versus Technological Risk：What is Our Society Willing to Pay for Safety?"，*Science*，1969，Vol. 165，pp. 1232-1238.

面粉增白剂在我国的兴衰与消费者的偏好有关。添加面粉增白剂能使面粉及其制品外观更好看，口感也更好，受到消费者的欢迎。联合国粮农组织（FAO）和世界卫生组织（WHO）联合食品添加剂专家委员会的评估结论是："过氧化苯甲酰在面粉中 75mg/kg、在乳清粉中 100mg/kg 的使用限量，不会对人体健康造成危险。"我国在此基础上更加严格了一点，允许其在小麦粉加工中的最大使用限量为 60mg/kg。食品的技术标准显然并不纯粹是一个客观的科学问题，因为不同的消费者需要的食品营养价值不同，食品的颜色、微粒的大小等感官特性与不同区域的消费者偏好有关。

随着小麦品种的改良，我国现有的加工工艺已经能够满足面粉白度的需要。同时，随着人们生活水平的提高，消费者不再单纯追求面粉的白度，而是普遍要求面粉能保持其原有的色、香、味和营养成分，追求自然的品质，尽量减少添加剂。2010 年 12 月 14 日，卫生部在全国就撤销面粉增白剂一事公开征求意见。近两个月之后，亦即 2011 年 2 月 11 日，卫生部、工业和信息化部、商务部、国家工商总局、国家质检总局、国家粮食局、国家食品药品监管局七部门联合发布了《关于撤销食品添加剂过氧化苯甲酰、过氧化钙的公告》，明文宣布禁止面粉增白剂的生产、使用和销售。

有些情况下，个人在不可能从风险中获得任何好处的情况下，也会愿意承担风险。例如，有些人愿意积极参加诸如空中芭蕾、滑翔伞运动、急流漂筏、蹦极、攀岩等所谓的"极限运动"，追求危险和主动冒险，主要是这些活动能带来刺激感和成就感。

第三节　与已知风险的比较

俄罗斯曾在其安全体系中确立了"零风险"理论。事实（近十年的事故和灾害）证明，这一理论与技术规则相悖，发生事故和灾害的可能性总是存在的。只有在体系中不存在能源，也不存在具有生化活性的成分，才可能达到事故发生的零概率。[①]

人们通常将遇到的风险与已知的风险相比较，如果没有超过这些已知的熟悉风险，人们就倾向于认为该风险是可以接受的。

---

① ［俄］V.T. 阿雷莫夫、X.P. 塔拉索娃：《风险评价与管理》，邢涛译，对外经济贸易大学出版社 2011 年版，序言第 1 页。

一、与自然风险相比较

与自然风险相比较就是将工程造成的风险与自然灾害造成的风险或在自然状况下的风险进行比较。

人们将工程造成的风险与自然风险进行比较，观察采用某种技术或行动所带来的风险的增量，大的明显偏移将引起更多的关注，而那些相对于自然暴露水平来说不太显著的变化所引起的关注则较少。

例如，德国有些领域采用的 MEM 准则，它是英语"Minimum Endogenous Mortality"的缩写，意思是"最低内源性死亡率"。内源性死亡率是指由于自身原因，如疾病引起的死亡。该准则将自然死亡概率作为参考水平。

有些专家建议食品中铅的含量必须低于在考古中所发现的水平；还有人建议全部核燃料循环对后代的风险应不高于矿石床在被开采前的风险；国际放射委员会建议忽略那些比社会已接受风险小的风险，而接受略高于自然风险的风险。[1]

对于高压线涉及的风险，瑞典国家工业与技术发展委员会得出的结论是：15岁以下儿童如果暴露在平均磁感应强度大于 0.2 微特斯拉的环境中，则患白血病的风险为一般儿童的 2.7 倍以上；若磁感应强度大于 0.3 微特斯拉则为 3.8 倍。由此与自然状态下比较，可见暴露在较大磁感应强度的高压线下的儿童患病风险极高。

二、与其他风险相比较：横向比较

将风险与社会中普遍存在的其他风险进行比较，这其中往往带有风险水平应保持均衡的设想，尤其是在维持现代社会需要的同类功能的产品之间进行风险比较。[2]

福岛核事故以后，广东省大埔县有公众就通过与日本的核电站相比较，认为中国的核电站不可接受："你看日本的核电站都爆炸了，我们国家的技术能好过日本的技术吗？我觉得核电不安全。"[3]

为了消除公众对核电站的恐惧，也可以用横向比较向公众说明。如果站在核电站旁边枯坐一年，所受到的辐射比乘坐波音飞机从纽约到洛杉矶往返一次所受的辐射还少。核电的安全性与飞机的安全性差不多，核电站事故的概率约为 100

---

① 李国华：《风险管理原理》，经济管理出版社 2018 年版，第 70 页。

② [美] 罗杰·E. 卡斯帕森：《人类风险的可接受性》，载 [美] 珍妮·X. 卡斯帕森、罗杰·E. 卡斯帕森编著《风险的社会视野（下）：风险分析、合作以及风险全球化》，李楠、何欢译，中国劳动社会保障出版社 2010 年版，第 8 页。

③ 方芗：《中国核电风险的社会建构：21 世纪以来公众对核电事务的参与》，社会科学文献出版社 2014 年版，第 130 页。

个核电站运行 2500 年，可能会发生一次事故。

"外现偏好法"假设我们的社会任何技术所带来的风险和利益都已经基本上达到了最佳的平衡，并且它用同时期的风险和利益数据来揭示这种被接受的平衡。如果一项新技术的风险没有超过为社会提供相似利益的现行技术的风险，它的风险就被认为是可接受的。①

如表 3-1 所示，通过对学校中因接触石棉带来的风险与其他风险相比较，可以看出学生在学校中因接触石棉导致的风险是很小的，人们对这件事给予了过多的担忧。

表 3-1　对学校中因接触石棉所带来的风险同美国社会中的其他风险相比较②

原因	每年的风险概率 （每百万人中的死亡人数）
学校中对石棉的接触	0.005~0.093
接种百日咳疫苗（1970~1980 年）	1~6
飞行事故（1979 年）	6
中学足球比赛（1970~1980 年）	10
溺水（5~14 岁）	27
机动车事故中的遇难行人（5~14 岁）	32
孩童独自在家发生的意外（1~14 岁）	60
长期抽烟	1200

资料来源：Mossmen，Bignon，Corn，Seaton，Gee，"Asbestos：Scientific Developments and Implications for Public Policy"，*Science*，1990，Vol. 247，pp. 294-301.

三、与过去的风险相比较：纵向比较

巴鲁克·费斯科霍夫等提出，"步步为营法"建议用过去已经被接受的风险水平作为基础来评估新风险的可接受性。在任何一个短暂的时期都不可能对风险做到充分的分析。只有在漫长的实践中经过反复的尝试和学习，社会才能最终在风险和收益之间寻求到一种可接受的平衡。

例如，法国在交通系统的决策中使用的 GAMAB 原则，GAMAB 是法语"Globalement Au Moins Aussi Bon"的缩写，意思是"整体上至少是好的"。该准

---

① ［英］巴鲁克·费斯科霍夫、莎拉·利希藤斯坦、保罗·斯诺维克、斯蒂芬·德比、拉尔夫·基尼：《人类可接受风险》，王红漫译，北京大学出版社 2009 年版，第 106 页。

② ［美］史蒂芬·布雷耶：《打破恶性循环：政府如何有效规制风险》，宋华琳译，法律出版社 2009 年版，第 14 页。

则假设可以接受的解决方案已经存在，任何新的方案都应该至少跟现有方案同样有效。

巴鲁克·费斯科霍夫等在著作《人类可接受风险》中提出："在将您所担心的风险与您不担心但也许是应该担心的风险进行比较之前，没有必要对生活中的风险产生恐慌。"

四、风险与收益比较

俗话说，两害相权取其轻，两利相权取其重。风险与收益，是人们做很多事情的一对关键考量因素。一定的风险水平是必要的，人们可以根据工程活动所带来的风险和收益来决定风险的可接受性。

主张任何风险都是不可容忍的观点是不切实际的。对重大风险的一个常见的回应就是否认它们，这是一种心理自我保护机制，一种维护正常状态的努力。[1]

人类的进步，需要以牺牲一定的安全性为代价。人类的一切经济活动、社会活动，都在实现从"现在状态"到"未来状态"的变迁，都要面对不确定性。惧怕风险，会错失可能正确的选择。巴鲁克·费斯科霍夫认为，追求"绝对可接受"是一种误导。零风险是不存在的。生活本身实际上总是伴随着对风险的选择。追求绝对安全，对风险的完全不容忍会导致十分荒诞的决定，如用极大的成本来换取极小幅度的风险降低。

坚持选择尽可能安全的选项，风险可能较小，但是成本却大大地增加了。为了专业人员的经济利益而产生的对社会安全的过度保障，付出的代价是用金钱换取不必要的安全。安全和风险是明显相关联的概念，工程师努力使他们的设计足够安全。然而，没有任何活动或系统是零风险的，而要使得工程系统更安全，一般要意味着增加该系统的成本。太昂贵的工程系统会让公共纳税人或者消费者负担不起，这意味着成本约束是非常现实的问题。[2]

同时，过度的安全措施很可能在解决旧问题的同时又引发新问题。大多数人会容忍风险的少量增加以换取成本的大幅度降低。

风险接受实际上是关于公众希望从接受风险这一行为中获得何种收益的问题。如果可能获得高回报的话，一些人就会接受非常高的风险。比如，一名工人会接受工厂的风险，因为他在其中工作能够为自己带来收入。然而与其相反，工厂附近的居民不会从工厂运营中得到任何直接的好处，因此他们会认为这家工厂

---

① ［澳］狄波拉·勒普顿：《风险》，雷云飞译，南京大学出版社 2016 年版，第 51 页。

② ［美］查尔斯·E. 哈里斯、迈克尔·S. 普理查德、迈克尔·J. 雷宾斯、雷·詹姆斯、伊莱恩·英格尔哈特：《工程伦理：概念与案例》，丛杭青、沈琪、魏丽娜，等译，浙江大学出版社 2018 年第 5 版，第 104 页。

的群体（社会）风险是完全无法接受的。对于企业经理来说，他可能很容易就会接受风险，因为他根本不会暴露在危险之中。

就像登山者必须在大负荷以应对突变天气的弹性与小负荷所带来的更快攀登和灵活性之间作出权衡一样，公众需要在风险和收益之间寻找平衡点，必须承担合理的风险。这不是风险最小化或最大化，而是追求风险与收益的最优平衡。

一项工程是否被接纳，取决于人们对它的效用性和危险性的判断，如果认为效用性远超过危险性，该工程就会被人们接受。例如，药品经过了漫长的研究开发、制造和流通，其本身存在固有的风险。药品风险可能源自实验室阶段、非临床安全评价阶段或者临床研究阶段，也可能是源自生产、经营、储存、运输、使用等上市后各个阶段，还可能是因特定的药物相互作用或特异体质所致。因此，不存在零风险的药品。对于特定疾病、症状和特定人群而言，一个药品所带来的收益大于可预见的风险，它就是可以接受的。①

成本—收益分析法是系统的，具有一定的客观性，它通过采用通用度量，即货币成本，开辟了一条比较分析和收益的路径。当个人权利没有受到严重威胁时，用成本—收益分析法确定可接受风险可能是具有决定性意义的。②

奥特温·伦内在其论文《风险的概念：分类》中提出，许多人平衡自己冒险行为的方式是，追求一个虽不能将他们的收益最大化但却能保证既有一个令人满意的结果又避免大的灾难的最佳风险策略。

从成本效益的角度看，有些风险收益很小，但收益可见；而有些风险成本非常大，但却是滞后和隐性的，其潜在成本远远超过了累计收益。短期内，我们无法得到其潜在危害的证据，证据往往需要多年才能收集到，这种情况下成本—收益分析法就失效了。

五、与替代物的风险相比较

灾难或危机带来的痛苦让人们觉得，只要能够避免它们的降临，付出任何代价都很合理。然而复杂系统的本质决定，如果某一领域的冒险行为受到抑制，它们就可能转移到其他领域，并造成更大损失。③

风险减控行动有时可能制造出新的而且更大的风险。法律学者卡斯·桑斯坦

---

①　宋华琳：《中国药品审评制度的法律改革》，载沈伟、侯利阳主编《多元化社会的风险治理：交叉视角研究》，上海三联书店 2018 年版，第 365 页。

②　[美] 查尔斯·E. 哈里斯、迈克尔·S. 普理查德、迈克尔·J. 雷宾斯、雷·詹姆斯、伊莱恩·英格尔哈特：《工程伦理：概念与案例》，丛杭青、沈琪、魏丽娜，等译，浙江大学出版社 2018 年第 5 版，第 107 页。

③　[美] 格雷格·伊普：《源风险：为什么越安全的决策越危险》，谭浩译，广东人民出版社 2018 年版，第 137 页。

认为，任何一项决策的正反两个方面都存在风险，不行动可能会带来风险，行动也可能会带来风险。换句话说，预防本身也会产生风险，没有哪项选择是没有风险的。①

减少风险的努力常常牵涉缩减收益或者产生新的、有时候是没预料到的灾害。20世纪70年代初的一个经典的案例是：具有阻燃性能的三甲醇氨基甲烷被应用于制造儿童睡衣，但后来才发现三甲醇氨基甲烷是致癌物。② 本来是用它来阻止燃烧的，这个目的显然是达到了，但是它却给人的健康带来了更大的风险。权衡这两种风险，人们可能宁愿放弃阻燃，也不愿意去冒患癌症的风险。

1979年，美国三里岛核电站核反应堆堆芯熔毁导致放射性气体外泄，三里岛核泄漏事故之后，由于公众抗议，美国30年都没有建造新的核电站，而是建造了燃煤、燃油发电站。然而，有相关领域的专家认为，燃煤、燃油发电站带来的危害确实比三里岛核泄漏事故严重得多，因为燃煤或燃油既直接污染了空气，又间接导致全球变暖，给人类带来的麻烦可能会更大。

人们为了更安全所做的种种努力，时常会引发抵消行为，让之前的努力化为泡影。例如，由于森林管理者在对抗森林火灾方面的努力，森林火灾的发生率在下降。但是，几十年的灭火行动所积累的密集林木，为火灾提供了丰富的燃料，再加上气候变暖，森林火灾却变得越发凶猛。③ 预防小规模的森林火灾却造成了大规模森林火灾的隐患，一旦发生火灾，造成的损失会成倍地增加。

在2000年之前，人们曾经担心"千年虫"问题，就是在某些使用了计算机程序的智能系统中，由于其中的年份只使用两位十进制数来表示，如1968年人们往往略写为68年，当系统进行跨世纪的日期处理或运算时，如多个日期之间的计算或比较等，就会出现错误的结果，进而引发各种各样的系统功能紊乱甚至崩溃。

表3-2列出了针对这个问题所带来的风险的一些自我保护行动，以及这些行动本身所制造的风险。

---

① ［英］迪伦·埃文斯：《风险思维：如何应对不确定的未来》，石晓燕译，中信出版社2013年版，第12页。

② ［美］罗杰·E.卡斯帕森、K.大卫·皮卓卡：《社会对灾害及主要灾害事件的响应：自然与技术风险之比较》，载［美］珍妮·X.卡斯帕森、罗杰·E.卡斯帕森编著《风险的社会视野（下）：风险分析、合作以及风险全球化》，李楠、何欢译，中国劳动社会保障出版社2010年版，第20页。

③ ［美］格雷格·伊普：《源风险：为什么越安全的决策越危险》，谭浩译，广东人民出版社2018年版，第5页。

表3-2　千禧年预备措施与相关风险①

预期的千禧年危险	预备措施	预备措施的风险
失去电力	·发电机 ·油灯 ·燃气加热器	·汽油储存（火、烟气） ·窒息（一氧化碳，发电机位置不当） ·身体伤害（比如启动发电机，从卡车上卸货） ·触电死亡 ·火灾危险
食品/水短缺	·储存食品 ·储存水	·污染 ·腐败 ·中毒（水的自我净化） ·食品短缺
钱/现金不足 社会分裂	·储存现金 ·从银行提款 ·获得枪支	·犯罪 ·现金短缺 ·枪支意外走火 ·无意的/预料之外的武器使用

人们必须考虑到使用替代性产品或技术可能带来的风险，有时候替代物的风险可能会更大，需要在这些风险之间作出权衡，进而决定哪一种是可接受的。所以可接受风险问题是决策问题，也就是说，它需要我们在几个行为选项中作出抉择。作出某一选择并不意味着伴随这一选择的风险在任何绝对的意义上都可以被接受。严格地说，谁都不愿意接受风险，但是谁都回避不了风险。人们权衡之后作出选择，并接受随之而来的难以避免的风险及其他后果。

第四节　风险的社会公平性

人们不仅会评估活动的结果，而且还会关心这些结果是如何发生的。人们并不满足于风险与获益之间的平衡。正如雷纳和坎托尔所言，问题不在于"怎样安全是足够的安全"，而在于"怎样公平是足够的安全"。②

罗杰·E.卡斯帕森在其论文《人类风险的可接受性》中提出，对适当的风险水平的判断在本质上是伦理与政治问题。在风险设定的可用范围内，风险管理者必须衡量并交替使用多重目标和相互冲突的价值观。在这样的决策下，最优选

---

① ［美］唐纳德·G.麦克格雷格：《公众对千禧年的反应：社会放大与风险调试抑或"我是如何学会不再为千禧年担忧并爱上它的"》，载［英］尼克·皮金、［美］罗杰·E.卡斯帕森、保罗·斯洛维奇编著《风险的社会放大》，谭宏凯译，中国劳动社会保障出版社2010年版，第228-229页。

② ［英］伊丽莎白·费雪：《风险规制与行政宪政主义》，沈岿译，法律出版社2012年版，第10页。

择不会总是那些风险最低的选项。公众最想确保的是这些决策都是公平的，是对安全及公共福利高度负责的。

一、风险和收益不对称

在现代社会中，那些承担生命、健康和环境威胁风险的人并不与产生这些风险的人直接对应。一般情况下，技术的受益者与风险承担者往往不是同一个人。通常一个行为的积极影响只惠及行为者，因为它们是可见的，而不可见的消极影响会降临到其他人身上，给社会造成净损失。[①] 风险和收益明显不对称的情况经常见到。

例如，2012 年 4 月，河北等地被曝光某些厂家用皮革废料制造药用胶囊。据检测，有 9 家药厂的 13 个批次药品所用胶囊重金属铬超过标准，最多达 90 多倍。"问题胶囊"事件再次引发了社会公众对药品安全的担心。

只有一方受益，而另一方却不知不觉地受害。随着伦理与法律的逐渐割裂，这种情况日益严重。其实这种情况以前就存在，但在当今尤为严重——现代化将其很好地掩藏了起来。[②] 不良商家赚取或获得了大量利润，消费者却无故承担了风险。

纳西姆·尼古拉斯·塔勒布认为，由于不透明性和新发现的复杂性，人们可以隐藏风险、伤害他人，同时却可以逍遥法外。社会最大的脆弱性制造者和最大的危机制造者，正是那些置身事外、不承担后果的人。一些人以牺牲他人利益为代价实现反脆弱性，也就是说，他们从波动性、变化和混乱中实现有利结果（或获得收益），而将他人暴露于损失或伤害的不利因素下。

珍妮·X. 卡斯帕森和罗杰·E. 卡斯帕森在论文《重中之重：发展中国家的风险管理》中指出，大面积种植经济作物时大量使用杀虫剂，整体而言从中获益的人极少，大农场主变富裕了，其代价是工人受影响，水资源、土壤和食物供给受到了污染。

不同的市场参与者所承担的风险和收益极不匹配，风险在不同的承担主体中呈现极强的非对称性，久而久之这会导致系统的不平衡，进而可能导致"系统性风险"的爆发。[③]

---

① ［美］纳西姆·尼古拉斯·塔勒布：《黑天鹅：如何应对不可预知的未来（升级版）》，万丹、刘宁译，中信出版社 2011 年版，第 113–114 页。

② ［美］纳西姆·尼古拉斯·塔勒布：《反脆弱：从不确定性中获益》，雨珂译，中信出版社 2014 年版，第 323 页。

③ ［美］纳西姆·尼古拉斯·塔勒布：《非对称风险：风险共担，应对现实世界中的不确定性》，周洛华译，中信出版社 2019 年版，第 55 页。

二、在时间和空间上分配不公平

风险在时间上和空间上经常表现出不均衡分布。我们正处于这样一个社会中，技术发展越来越完善，在可见的范围内可以说越来越人性化，人们遇到问题可以寻求技术的解决办法。但是，技术带来的风险也更具有隐蔽性，有的风险是受害人根本无法直接感觉到的，他们常常在危害到来时还没有觉察到。例如，印度博帕尔事件中的大多数受害的公众根本没有想到自己会成为受害者。

此外，还有一点，就是受害者不再是工人自己，而是消费者，或者是那些与此根本没有关系的人员，甚至他们生活在远离这些危险源头的地方。[①] 另外，它们有时候被传给了后代，未来一代或几代是承受某些社会公害的最主要的主体。例如，全球气候变暖会导致海平面上升，子孙后代的生存空间会受到影响，但对当代人的影响却未凸显。

在国家、地区和不同地方之间的风险分布也常常是不公平的。举一个典型的例子，燃煤工厂为减少地方的污染而使用高烟囱，其结果是将污染物远距离转移，造成了新的区域性的风险不公平。

通常情况下核电站周边会有部分居民认为，政府和核工业企业获取了核电站收入的绝大部分，当地居民没有为当地带来就业机会和经济利益，当地居民没有获得期望得到的利益，这部分居民认为对他们不公平，从而对核电站表示不接受。

风险分配在时间和空间上的不公平还表现在，风险控制也可能惠及不同群体，而不仅是支付控制成本的人。有的人虽然没有支付费用，但也会因他人付费减控风险而受益。

三、风险的再分配

一般认为，将效率与公平分两步来对待，从而可使复杂问题易于处理。先要得到最大的一块馅饼，然后再谈如何来瓜分它。假定结果将受制于一种补偿机制，据此赢者按照某种公平标准给予输者一些好处的话，那么效率是值得追求的。然而，风险决策竞技场上的权力关系不是均衡的。风险制造者几乎总是具备高超的知识和丰富的资源来推广那些有潜在危害的技术。各种力量使得许多科学家和风险守护者向风险制造者那边倾斜。相比之下，那些惧怕风险的人所掌握的

① ［德］乌尔里希·贝克等：《关于风险社会的对话》，路国林编译，载薛晓源等《全球化与风险社会》，社会科学文献出版社 2005 年版，第 10 页。

资源则很少，参与决策的机会也有限或者被延迟。①

技术风险管理必须同时实现社会利益强化和风险弱化的目标，而当获益者与风险承担者不是同一人时，还需要采取措施减少不公平。② 交易中不能由一方享受确定性的结果，而由另一方承担不确定性的结果。邻避现象的出现与这一点有很大的关系，主要是在工业设施选址上，受影响公众要求"不要建在我家后院（Not in My Hack Yard）"。这种现象最初出现在一些发达国家，后来蔓延到发展中国家，这些设施包括固体和危险废物处理厂、垃圾掩埋处、发电厂、污水治理设施以及其他当地不想要的土地使用等。我国也曾经发生过多起邻避事件，如厦门 PX 事件等。这就要求更公平地在社会群体、地理区域之间进行风险的再分配。罗杰·E. 卡斯帕森和 K. 大卫·皮卓卡在他们的论文《社会对灾害及主要灾害事件的响应：自然与技术风险之比较》中指出，重新分配的目标可能使风险均等化，也可以根据收益多少或承受风险的能力来分配风险。

新马克思主义视角暗示资本主义社会仅能通过提供赔偿或参与来掩饰不公正，因为一个公正的解决方式需要社会的基本权力结构发生根本改变。理性行动者方法则暗示风险赔偿是平衡风险制造者和风险承担人利益的合适的工具。③

巴鲁克·费斯科霍夫、莎拉·利希藤斯坦、保罗·斯诺维克、斯蒂芬·德比和拉尔夫·基尼在著作《人类可接受风险》中提出，帕累托最优化原则是用来处理公平的利害关系的：如果一种行为能增加社会中至少某一个成员的经济状况，而不损害其他成员的利益，那么它就是可接受的（甚至是受欢迎的）。许多社会政策在让一些人获得利益的同时伤害了其他人，因此违反了帕累托原则。在这种情况下，要满足帕累托原则，只有通过直接（如商业补偿）或间接的方式（如对受损失者免税）让那些受益者补偿那些受害者。如果受益者能够赔偿损失者，这个行为就可以被接受。

四、公平分配的实现

对公平的理解本身也存在复杂性和模糊性。公平对不同人的意义也不同。虽然公平经常被认为是某一具体安排的"公正性"，但公正性的标准和基本原则是

---

① ［美］罗杰·E. 卡斯帕森：《人类风险的可接受性》，载［美］珍妮·X. 卡斯帕森、罗杰·E. 卡斯帕森编著《风险的社会视野（下）：风险分析、合作以及风险全球化》，李楠、何欢译，中国劳动社会保障出版社 2010 年版，第 11 页。

② ［美］罗杰·E. 卡斯帕森、K. 大卫·皮卓卡：《社会对灾害及主要灾害事件的响应：自然与技术风险之比较》，载［美］珍妮·X. 卡斯帕森、罗杰·E. 卡斯帕森编著《风险的社会视野（下）：风险分析、合作以及风险全球化》，李楠、何欢译，中国劳动社会保障出版社 2010 年版，第 14 页。

③ ［英］谢尔顿·克里姆斯基、多米尼克·戈尔丁：《风险的社会理论学说》，徐元玲、孟毓焕、徐玲，等译，北京出版社 2005 年版，第 81 页。

不断变化的。有些人认为，公平是收益和负担之间的一致性；有些人认为，公平是将责任分配给那些最有能力承担或处理负担的人；有些人认为，公平主要与行动或计划的实质结果有关；有些人认为，公平主要与分配程序有关。确定无疑的是，公平涉及事实和价值两方面的问题，是文化的一种表现。所以，对公平的分析应当由科学家、哲学家、人类学家、政府官员和公众共同进行。①

侵权法以及买家对卖家欺诈行为的追溯，迫使卖家自觉地提升了产品信息的透明度。侵权法的存在迫使卖方更深地参与到"风险共担"中。②"风险共担"都发生在"一定范围"或"一定规模"的人群中。

罗杰·E.卡斯帕森在其论文《人类风险的可接受性》中指出，缺少风险共担机制会造成伦理方面和认知方面的双重影响。要实现强加性风险的公平性，最好让风险承担者亲自参与到该方向的可接受性和风险分配的决策过程中。风险承担者不应该成为决策过程的从属者，而需要拥有自己的专业能力、谈判权和参与的合法性。

在实践中，人们已经在探索各种公众参与或者公共协商的实现形式。

第五节 工程的集成

不同的决策方式以及不同的信息或选项等若干不同的因素将导致不同的决策者作出截然不同的决定，有时候决策者会被指责为把自己的信念和价值观强加给他人或社会。在很多情况下，最后的结果可能导致，没有一个可以被普遍接受的风险选项。因此，人们不断期望能够发现一种科学的方法用于客观地解决可接受风险问题。但这是难以做到的，或者说根本不存在一个所谓的客观的解决方案。巴鲁克·费斯科霍夫等认为，可接受风险决策通常是由许多个体和机构在一种不协调的断断续续的过程中形成的。其中，每一个行为者都对最终决策有所贡献。

一、考虑所有主要的后果

巴鲁克·费斯科霍夫等认为，大部分分析方案一开始只是为了帮助某些个体

① ［美］罗杰·E.卡斯帕森、克里斯汀·M.道：《全球环境变化中的发展公平和地域公平：一个分析框架》，载［美］珍妮·X.卡斯帕森、罗杰·E.卡斯帕森编著《风险的社会视野（上）：公众、风险沟通及风险的社会放大》，童蕴芝译，中国劳动社会保障出版社 2010 年版，第 229 页。

② ［美］纳西姆·尼古拉斯·塔勒布：《非对称风险：风险共担，应对现实世界中的不确定性》，周洛华译，中信出版社 2019 年版，第 73 页。

或者群体决策者解决主要的经济问题，随着时间的推移，才逐渐扩展到社会水平的经济决策、与环境影响有关的决策以及影响社会结构的决策（邻居关系恶化）。所有合法的社会关注都应在分析中体现，只有先列出它们，才能正式排除它们。

一方面，要考虑是否会造成人员的伤亡。19 世纪早期，锅炉爆炸，尤其是发生在蒸汽轮船上的锅炉爆炸，夺走了许多人的生命。1837 年，应美国国会的要求，富兰克林协会（Franklin Institute）承担了严格检查锅炉制造的任务。美国机械工程师协会颁布了新标准。由于以旧标准制造的锅炉更具"效率"，所有锅炉制造商和轮船所有者都抵制接受新标准。1852 年，美国国会强制实行新标准，在强制执行厚炉壁与安全阀后，事故发生率锐减。① 当今时代，企业应积极履行社会责任，有重大人员伤亡的项目将不会被社会所接受。

另一方面，要考虑是否会污染环境，是否会给公众带来损失，是否会带来社会稳定的问题，所以要进行各种风险的评估。

二、考虑所有不确定性的来源

考虑所有可行的选项和所有主要的后果能帮助技术分析者把握要解决的问题，而要圆满地解决问题还需要考虑由下列情况所带来的不确定性：①科学知识不足、未有定论或者存在争议。②社会价值取向表述不清、不稳定或者有冲突。③政治压力或资源限制使得分析不能按原计划实施。④分析者的技术缺陷。②

这些不确定性的确定需要科学家、工程师、政府、企业、利益相关者、媒体和公众等多个主体共同参与和协商。

三、达成共识

19 世纪，普鲁士政治家奥托·冯·俾斯麦（Otto von Bismark）说过："政治是将事情变得可能的艺术。"③

试验和数学模型都不能够证明什么是人类可以接受的，风险计算也不能仅仅按照技术—官僚的方式被执行。④ 科学提供的是一种可能的安全标准。专家知识

---

① ［美］查尔斯·E. 哈里斯、迈克尔·S. 普理查德、迈克尔·J. 雷宾斯、雷·詹姆斯、伊莱恩·英格尔哈特：《工程伦理：概念与案例》，丛杭青、沈琪、魏丽娜，等译，浙江大学出版社 2018 年第 5 版，第 71 页。

② ［英］巴鲁克·费斯科霍夫、莎拉·利希藤斯坦、保罗·斯诺维克、斯蒂芬·德比、拉尔夫·基尼：《人类可接受风险》，王红漫译，北京大学出版社 2009 年版，第 188 页。

③ ［美］戴维·雷斯尼克：《政治与科学的博弈：科学独立性与政府监督之间的平衡》，陈光、白太成译，上海交通大学出版社 2015 年版，第 202 页。

④ ［澳］狄波拉·勒普顿：《风险》，雷云飞译，南京大学出版社 2016 年版，第 50 页。

和公众知识都是有条件的，各自反映了根本的社会关系和各种行动者暗含的假设。到底多安全才算足够安全是一个政治性话题。可接受性最终是根据专家意见，由利益相关者之间的政治磋商决定的。①

例如，食品生物技术及其应用已经与我们同在，并且还在飞速发展。根据我们目前对农业生物技术收益和风险的理解水平，无论是全面禁止还是任其自由发展，似乎都不尽合理。如同其他很多新技术所经历过的那样，必须在公共安全关注和个人经济自由之间建立起某种平衡。②

公众对风险的接受程度（或者忍耐程度）大部分是一个与公众在风险管理中的参与相吻合的政治问题。③ 罗杰·E. 卡斯帕森认为，已经发生的风险更多反映的是当时各种政治力量的平衡，而不是其承担者对风险的接受度。

巴鲁克·费斯科霍夫等认为，就算是在社会上知识最为广博的一群人中，要达到共识也远非易事。共识最可能在这样的一群人中达成，他们所关心的可接受风险问题是他们所亲身经历的。这群人包括那些特定的利益群体，他们对某些简单的决策原则有着相当的自信。

建构主义认为，知识是通过各种协商和冲突解决的方式，社会性地构建起来的；协商与冲突解决发生的环境广泛，从相对地接近实验室到公众对政府听取民众意见的要求。按照这种观点，当利益相关者各方通过相互作用，并且根据自己的经验和利益解释所获得的信息时，所产生的知识才是具有权威性的。此外，专家和公众都要得到政策制定者的尊重，因为二者结合才能产生合法的社会判断。允许所有利益相关者均参与风险问题的框架建构、分析和风险问题的解决，以实现风险政治的进步。④

例如，在美国马萨诸塞州，出现了一种创新的市场谈判方式，这种方式包含了很多关键因素：开发者和选址社区在选址中的首要作用；双方之间必须通过谈判或仲裁达成协议；对选址社区减轻影响并作出补偿，作为选址协议的关键特征；社区可以拒绝设施选址的严格规定；开发者和选址社区之间的僵局需要通过提交仲裁来解决。⑤

---

① ［英］谢尔顿·克里姆斯基、多米尼克·戈尔丁：《风险的社会理论学说》，徐元玲、孟毓焕、徐玲、等译，北京出版社 2005 年版，第 250—251 页。

② ［瑞士］托马斯·伯纳尔：《基因、贸易和管制：食品生物技术冲突的根源》，王大明、刘彬译，科学出版社 2011 年版，第 3 页。

③ ［英］谢尔顿·克里姆斯基、多米尼克·戈尔丁：《风险的社会理论学说》，徐元玲、孟毓焕、徐玲、等译，北京出版社 2005 年版，第 404 页。

④ 刘金平：《理解·沟通·控制：公众的风险认知》，科学出版社 2011 年版，第 198 页。

⑤ ［美］罗杰·E. 卡斯帕森：《有害设施选址：寻求有效机构和程序》，载［美］珍妮·X. 卡斯帕森、罗杰·E. 卡斯帕森编著《风险的社会视野（上）：公众、风险沟通及风险的社会放大》，童蕴芝译，中国劳动社会保障出版社 2010 年版，第 274 页。

四、工程的综合集成

可接受的风险是一种复合表达方法。社会关注和过程转化为工程学标准并不容易。要进行风险标准的设定必须从一开始就认识到该标准必须是多元的，标准的风险水平和分配将随着对公平性的考虑、收益的大小、风险监测的机会、风险较小的替代物的存在、公众在风险减控上的偏好以及其他因素而变化。[①] "最佳解决方案"是在竞争性的社会价值观和多重目标之间不断选择的结果。

巴鲁克·费斯科霍夫等认为，对于某一选项的选择取决于该选项的所有属性，而不只是其风险。如果决策者想同时考虑风险与效益，最可接受的选项未必是风险最低的选项，而且其风险也并非绝对意义上的可接受。

当危害的影响增加时，更多的人加入决策的过程中来。新手依赖于专业人员来对存在的行为选择和可行性及有效性进行指导。这些因素是如此的不明确、深奥和复杂，以至于非专业人员很难单独应付。一旦作出决策，专业人员将指导决策的实施并为新出现的问题提供解决方案。因此，即使在政治决策过程中，专业判断也起到很大的作用，技术专家成为许多可接受风险问题的裁决者。[②]

在决定安全度水平时，专业人员应当从社会的整体利益出发。然而，社会利益是极其模糊、矛盾的，并通常通过不确定的法律条文或法律观点来表述。在任何特殊问题中社会利益必须由参与者来共同定义、协商和解释，这些人通常包括当局者、项目倡导者、专业人员及技术发明者。[③]

综上所述，不敢承担风险，就不会有创新的乐趣，勇气也会荡然无存，风险是获得某些有益的技术或活动的合理代价。敢于承担风险也不意味着不顾一切，铤而走险，如果没有一定程度的小心谨慎，人类可能早就灭绝了。接受和容忍什么样的风险、多大程度的风险，考验着专家、公众和社会各界的智慧。

"可接受风险"的争论本质上是一场关于专家和公众价值的争论。要处理好对专家的必要依靠与将公众价值及偏好纳入的民主意愿之间的紧张关系。风险的确定性和可接受性最终是根据专家意见，由利益相关者之间的磋商决定，最后由工程综合集成。

---

① ［美］罗杰·E. 卡斯帕森：《人类风险的可接受性》，载［美］珍妮·X. 卡斯帕森、罗杰·E. 卡斯帕森编著《风险的社会视野（下）：风险分析、合作以及风险全球化》，李楠、何欢译，中国劳动社会保障出版社 2010 年版，第 12 页。

② ［英］巴鲁克·费斯科霍夫、莎拉·利希藤斯坦、保罗·斯诺维克、斯蒂芬·德比、拉尔夫·基尼：《人类可接受风险》，王红漫译，北京大学出版社 2009 年版，第 77 页。

③ ［英］巴鲁克·费斯科霍夫、莎拉·利希藤斯坦、保罗·斯诺维克、斯蒂芬·德比、拉尔夫·基尼：《人类可接受风险》，王红漫译，北京大学出版社 2009 年版，第 86-87 页。

第四章 工程风险治理的多元主体

工程风险的来源和特征等一系列属性决定了应对它的方法是治理。治理是现代化的管理方式，是一种全新的公共管理范式，它为复杂性和不确定性问题提供了重要的理论分析工具与实践措施。工程风险治理的主体是多元的，包括政府、企业、工程师、决策咨询机构、非政府组织、媒体、公众等。

第一节 工程风险治理

一、治理的含义

"治理"在英语中是"Governance"一词，长期以来人们曾经把它与"统治"（Government）一词等同来使用，主要是指政府的合法化的指挥和控制行为。

20世纪80年代以来，随着社会发生的深刻变化，治理的含义也有了较大的变化。不同的学科从不同的角度对治理有不同的理解，也就有不同的定义。

治理理论的主要创始人之一詹姆斯·罗西瑙（James Rosenau）在《没有政府的治理》和《21世纪的治理》中指出，治理是一系列活动领域里的管理机制，它们虽未得到正式授权，却能有效发挥作用。

1995年，全球治理委员会（The Commission on Global Governance）发表了《我们的全球伙伴关系》，其中给出一个定义：所谓治理是各种公共的或私人的个人和机构管理其共同事务诸多方式的总和。它是使相互冲突的或不同的利益得以调和并采取联合行动的持续过程。这既包括有权迫使人们服从的正式制度和规则，也包括各种人们统一或认为符合其利益的非正式的制度安排，它有四个特征：治理不是一套规则，也不是一种活动，而是一个过程；治理过程的基础不是控制，而是协调；治理既涉及公共部门，也包括私人部门；治理不是一种正式的制度，而是持续的互动。① 这是一个比较权威的为人们广泛接受的定义。

可见，治理理论关心的问题主要是社会是怎样组织和管理的。治理意味着在为社会和经济问题寻求解决方案的过程中存在界限和责任方面的模糊性。治理的实质在于，它强调的是机制，强调的是不同社会角色为了共同目标的协调行为。② 从本质来说，治理就是解决知识背景、行动旨趣各异的个体如何形成共识和达成一种集体行动的问题。因此，治理过程实际上就是共识产生的过程。

因此，治理的主体不再局限于政府，企业、社会组织和公众等都可以成为治理的主体，多个主体之间相互协作、共同协商，解决公共事务。

二、从管理到治理

治理理论归根结底源自西方的公民社会理论，它的核心是企业、社会组织、公众等参与者在政策制定过程中作用的提升，以及国家、政府等角色的相应转变。治理理论的出现与 20 世纪七八十年代社会科学出现的某些范式危机有关，而最主要的危机在于各个学科原有的范式已经没有足够的能力描述和解释现实世界。治理理论强调民间社会之间、民间社会与国家政府之间的良性互动网络机制和体系，关注的是社会政治、管理系统的复杂性机制。治理本质上属于复杂管理范式，其产生得益于复杂科学范式的发展。

"治理"与"管理"有不同的含义（见表 4-1）。管理（Management）主要偏于从政府的角度来思考问题；治理（Governance）则是指一种公共管理活动。"治理"与"统治"也不同。治理的权威并非一定是政府机关，各种公共机构只要其行使的权力得到了公众的认可，就可以成为权威；而统治的权威则必定是政府。治理范式下，政府成为主导者或协调者，多个主体成为行动者，共同参与到公共事务的治理中来，其政策目标也由一个单一的共同国家利益转变为统筹协调，达到多方利益的平衡。治理中的权力运行方向不再是自上而下单一向度的，不是单纯的控制与统治，而应包括上下互动、彼此合作、相互协商的多元关系。③

表 4-1　统治、管理和治理的区别

	统治	管理	治理
权威	来自政府	主要来自政府	来自政府、企业、社会、公众等
主体	一元	主要是一元	多元

---

① 俞可平：《治理与善治》，社会科学文献出版社 2002 年版，第 4 页。

② 樊春良：《科学与治理的兴起及其意义》，《科学学研究》2005 年第 2 期。

③ 高璐、李正风：《从"统治"到"治理"：疯牛病危机与英国生物技术政策范式的演变》，《科学学研究》2010 年第 5 期。

续表

	统治	管理	治理
过程	自上而下的命令	自上而下为主，自下而上为辅	自上而下、自下而上双向结合，强调上下互动
参与	排斥民主参与	间或民主参与	通过合作、协调等多元主体共同协商
目标	秩序	效率	经济、社会、环境等多元目标

治理的主体是多元的，政府不再是管理公共事务的唯一主体，公共部门、企业、第三部门或称非政府组织、公众等都是治理的主体。

治理强调公民社会和政府一样也是合法权力的来源。于是，治理的过程不仅表现为多元主体之间的合作、分享公共权力、共同管理公共事务，而且还表现在政府从传统意义上的统治变为一般的管理活动，非政府部门包括普通公众则从原来的被动接受变为主动参与，共同解决面临的问题。

治理追求的目标不仅是经济、效率和效益，合法性、民主、法治和公正等价值尺度也是治理关注的重点。

治理模式应对风险的一个突出优点是主体的多样性，这样就能够连续性地、多方位地保持对于风险的警惕，从而避免政府作为单一权威主体垄断一部分信息资源，不能获得更多信息资源，多个主体之间不能有效沟通等而陷入危机之中。

三、工程风险治理

人类在学会如何应对风险，以求生存的过程中，自身也不断得到发展。人类在与风险的抗争中，不断完善自己，最终走向了文明。

风险管理（Risk Management）起源于美国。在 20 世纪 50 年代早期和中期，美国有些公司发生了若干风险事件，造成了重大损失。例如，1953 年 8 月 12 日，通用汽车公司在密歇根州得佛尼的一个汽车变速箱工厂因火灾损失了 5000 万美元。高层决策者由此认识到了风险管理的重要性。

当人们利用新的科学和技术知识来开发新的材料、工艺过程和产品时，也开始重视技术是否会破坏生态平衡的问题。

自 20 世纪 60 年代后期起，风险管理的概念、原理和实践已从它的起源地美国传播到加拿大和欧洲、亚洲、拉丁美洲的一些国家和地区。①

治理模式兴起后，工程风险也从管理走向治理。治理模式是政府、公民社会、企业和媒体等共同参与的合作机制，是以多元行为主体作为权威的模式。应对、规避和处置工程风险的有效方法是治理，政府、企业、利益相关者、专家、公众等都是治理的主体。治理模式强调多元行为主体共同承担责任。

---

① 顾梦迪、雷鹏：《风险管理》，清华大学出版社 2009 年第 2 版，第 26—27 页。

从全球范围来看，人类从 20 世纪 50 年代开始关注风险问题，时间上已经过去了几十年，实践中发生了很多起重大事件。根据国内外的研究，工程风险治理的发展大致分为四个阶段，每个阶段从主导的工程、争论的内容、风险研究的范式到研究的学科等都各不相同，从表 4-2 中可以看出工程风险治理的若干变化。

表 4-2　风险话语的演进①

时期	20 世纪 50 年代	20 世纪 60 年代	20 世纪 70 年代	20 世纪 70 年代后
主导的工程	核能	核能	全球环境问题	生物
争论的内容	安全和风险	反对核电以及风险评估	反对者的意见和心理	参与者的关系以及现实/事实构建
风险研究的范式	安全研究/风险评估：控制	风险比较/社会对风险的接受程度：专家意见	调查/风险认知/风险沟通：理解	超越风险研究：冲突与共识
参与者	专家与管制者	专家、管制者、反对者先驱	专家、管制者、新社会运动	专家、产业、管制者、国家、社团以及运动
沟通方式	进入内部	动员	外部动议	全方位公共讨论
公众的作用	被排除在专家讨论之外	出现了公众意见	通过自愿性社团以及社会运动，公众意见表达得日益突出	公众作为第三方的地位被认可，可以监督参与者并评估其贡献
学科	系统理论/分析、商业管理、决策和博弈论	创新与扩散理论，风险分析	风险分析、实证的社会科学、心理测验学和认知心理学	风险分析、文化理论、社会学、政治理论

资料来源：Piet Strydom, *Risk, Environment and Society*, Buckingham：Open University Press, 2002, p. 12.

按照在工程风险中的作用和角色的不同，参与治理的主体可以分为工程风险的制造主体、工程风险的监管主体、工程风险的消费主体或承担主体等。

第二节　工程风险的制造主体

企业和工程师等是工程风险的主要制造主体。在现代社会，企业是从事工程活动的主体，工程活动是企业的生命线，没有了工程活动，企业的生命就意味着终结。企业在工程活动中获得利润，同时制造了工程风险。工程师借助其掌握的

---

① 杨雪东，等：《风险社会与秩序重建》，社会科学文献出版社 2006 年版，第 32-33 页。

技术，在工程活动中为社会创造了物质财富和精神财富，如果工程同时带来了风险，那么工程师也是该风险的制造者。

一、企业

20 世纪 70 年代之前，管理技术风险从来都不是工业内部的主要任务。在一个环境健康意识不强的社会，即在相关风险的科学知识不够发达、相关管理机构也处于萌芽期的社会，雇主主要承担不成文法所规定的责任——告知雇员其工作所涉及的危险，并向雇员和公众提供合理保护。雇主认识到的对雇员和环境的危险大部分只属于急性危害。①

例如，1906 年，美国 US 钢铁公司由于经常发生事故，董事长凯里为了摆脱焦头烂额的困境，从长期接连不断的事故中吸取教训，他将以前公司的口号从"质量第一、产量第二"改为"安全第一、质量第二、产量第三"，从此生产线上就很少再发生事故，而且质量和产量也能得到保证。1912 年，芝加哥的"全美安全协会"专门为企业生产班组制定了安全制度，从此美国的所有班组都将"安全第一"这一口号运用到了生产线上。

今天的大公司承担的责任不仅仅只是保护自己公司内部的员工。一个单一的现代公司常常面临各种令人困惑的风险——对雇员的、对消费者的、对工厂邻居的、对环境的，这些风险都必须被评估和管理。这已经不再是工厂经理或是公司公共事务的次要部门就可以轻而易举地胜任的附带性活动了。

乌尔里希·贝克等认为，随着风险社会的来临，"工业企业随时都可能遭到公众的控告。公众怀疑它制造的产品或怀疑它根本不会遵循自己所许诺的安全诺言。这种怀疑几乎已是普遍现象。在听到任何好消息时，我们都会预料到最糟糕的情况。风险感觉紧跟着进步的喜讯，就像影子紧跟着光一样。这就是说，人们只要一想到事物积极的一面，同时就得联想到风险即表面上看不见的东西"。②

在过去的几十年，几乎所有行业都加强了风险责任；对许多大的制造业公司来说，这种变化是巨大的。这些企业中，风险管理已成为一项主要的企业活动，

---

① ［美］罗杰·E. 卡斯帕森、珍妮·X. 卡斯帕森、克里斯托弗·霍恩艾姆瑟、罗伯特·W. 凯茨：《企业健康与安全风险管理：当前实践与必要的研究》，载［美］珍妮·X. 卡斯帕森、罗杰·E. 卡斯帕森编著《风险的社会视野（下）：风险分析、合作以及风险全球化》，李楠、何欢译，中国劳动社会保障出版社 2010 年版，第 52 页。

② ［德］乌尔里希·贝克等：《关于风险社会的对话》，路国林编译，载薛晓源等《全球化与风险社会》，社会科学文献出版社 2005 年版，第 37 页。

非常需要一定程度的职业化、专业化和曾经只限于国家和州政府内的专业知识。① 企业的安全和环保责任意识的提升，已经是当前工业风险管理的目标趋势。以杜邦公司为例，安全是杜邦企业文化中的关键构成。

杜邦把自己描述为"一家讲原则的公司"："一家注重其员工、友邻和顾客安全的公司；一家具有毋庸置疑的诚信和社会责任感的公司；一家在运营中坚持环境保护的公司；一家能一直保持最高质量的产品和服务的公司。"

作为杜邦使命感核心的、有关环境和安全的若干原则主要包括：

（1）没有责任就没有特权。产品销售和员工雇佣都须承担重大责任。

（2）所有的伤害、职业病和新近的环境释放都是可预防的。

（3）杜邦不会销售任何无法安全制造、销售、使用和最终处理的产品。

（4）杜邦产品的所有制造者和使用者都必须被告知附带的风险。

（5）管理人员对安全负有基本责任。

杜邦试图拓展它的企业使命并将自己认同为环境保护领导者和安全革新者。杜邦将这种领导地位与自身物质利益挂钩："最终的竞争优势在于当竞争对手被——淘汰时仍然屹立不倒。在未来的几十年中，许多没有对环境要求做出反应的公司会失去在主要市场的重要贸易国中经营的权利。"②

风险智能企业意识到终极目的不是风险智能和风险管理，而是实现价值创造和保护，这是在不确定性环境中生存和壮大的一种手段。风险智能是一种业务开展手段，用以提高关键领域和计划中的风险决策及判断。毕竟，现代企业机制的建立意味着大胆开拓，勇于创新并承担起所伴生的风险。③

苹果公司（Apple Inc. Apple）是美国的一家高技术公司，是史蒂芬·乔布斯、史蒂芬·沃兹尼亚克和罗恩·韦恩在 1976 年 4 月 1 日创立的。它在高技术企业中以创新而闻名全球。苹果公司力求坚持高于法律、道德、行业和公众要求的技术标准和行为标准，不断提升产品与服务质量。苹果公司承诺："设立高标准，保障产品制造者的安全。努力保障供应链中每个人的健康和安全。事实上，我们为供应商设定的标准远远高于法律要求。"

---

① ［美］罗杰·E. 卡斯帕森、珍妮·X. 卡斯帕森、克里斯托弗·霍恩艾姆瑟、罗伯特 W. 凯茨：《企业健康与安全风险管理：当前实践与必要的研究》，载［美］珍妮·X. 卡斯帕森、罗杰·E. 卡斯帕森编著《风险的社会视野（下）：风险分析、合作以及风险全球化》，李楠、何欢译，中国劳动社会保障出版社 2010 年版，第 53 页。

② ［美］珍妮·X. 卡斯帕森、罗杰·E. 卡斯帕森：《企业文化与技术转移》，载［美］珍妮·X. 卡斯帕森、罗杰·E. 卡斯帕森编著《风险的社会视野（下）：风险分析、合作以及风险全球化》，李楠、何欢译，中国劳动社会保障出版社 2010 年版，第 115—117 页。

③ ［美］弗雷德里克·芬斯顿、史蒂芬·瓦格纳：《风险智能：企业如何在不确定环境中生存和壮大》，德勤中国企业风险管理服务部译，上海交通大学出版社 2015 年版，第 2 页。

苹果公司处理危险的有毒有害物质的方式是："我们不断评估产品中使用的材料。一旦发现有毒害物质，我们就会减少或停止使用它们，或者开发出更安全的新材料。通过这些努力，我们还可清除产品制造和循环利用过程中的有毒害物质，保护那些帮助我们制造和拆解产品的工人，并避免对土壤、空气和水造成污染。"①

苹果公司的价值观充分体现了负责任创新的理念。

60 多年前，默沙东制药公司时任总裁乔治·W. 默克（George W. Merck，1894～1957 年）说过一句话："我们应该记住，医药是用于病人的。我们永远不应该忘记，制药是为了人而不是为了利润，利润是随之而来的。如果我们记住了这一点，它（利润）从来不会失约；我们记得越清楚，它就来得越多。"② 这句话成了默沙东制药公司的座右铭。企业追求利润是无可厚非的，但更要把握好眼前的利润和长远发展、人类健康之间的平衡。

二、工程师

只要被社会大众信任，最接近技术和生产过程的工程师就处于管理风险的最佳位置，他们可以被委托来保护公众和环境。

范尼瓦尔·布什（Vannevar Bush）在其"无尽的前沿"的视野中看到了工程师的明确作用："科学的影响正在创造新世界，工程师则处于重塑世界的最前沿……他建造伟大的城市，也创造有可能毁灭城市的手段。确切地说，如果人类的福祉想要持续下去的话，那么没有一种职业比工程师这个职业更真正需要职业精神了。"③ 因此，技术发明者和工程师不应当只为自己的一点利益而不顾全社会的福祉，未经仔细核查或者安全问题没有得到完全保障时就匆忙向社会推出新产品和新技术。

爱因斯坦曾经告诫加州理工学院的学生们："如果你们想使你们一生的工作有益于人类，那么，你们只懂得应用科学本身是不够的。关心人的本身，应当始终成为一切技术上奋斗的主要目标……保证我们科学思想的成果会造福于人类，而不致成为祸害。在你们埋头于图表和方程时，千万不要忘记这一点。"④ 第二次世界大战期间，美国在日本的广岛和长崎分别投下一枚原子弹，造成 21 万人丧生。爱因斯坦为此提出："我们将此种巨大力量释放出来的科学家，对于一切

---

① 丛杭青主编：《世界 500 强企业伦理宣言精选》，清华大学出版社 2019 年版，第 46 页。
② 梁贵柏：《新药的故事》，译林出版社 2019 年版，第 1～2 页。
③ ［美］欧阳莹之：《工程学：无尽的前沿》，李啸虎，等译，上海科技教育出版社 2008 年版，第 364 页。
④ 《爱因斯坦文集》第三卷，商务印书馆 1979 年版，第 73 页。

事物都要优先负起责任，原子能决不能用来伤害人类，而应用来增加人类的幸福。"

1949 年，约里奥·居里在巴黎主持召开世界和平理事会第一次代表大会时呼吁："科学家们作为劳动者大家庭的成员，应当关心自己的发明是怎样被利用的。"①

周光召提出，我们必须防止科学研究成果被滥用。如果科学发现被滥用，那么，我们在原子能开发、空间技术、基因技术、克隆技术、纳米技术和网络技术方面所取得的成功就会演变成巨大的危险。正如日本物理学家朝永振一郎在 1982 年所指出的："在过去，科学家被允许将他的注意力集中在他自己的专业上；但现在不同，他必须仔细地检查他的研究成果对这个世界可能带来的后果，他必须承担告知和警告人们这一后果的责任，而不论这一后果是有利的还是有害的。他必须承担责任的原因是因为他比任何一般的人都事先更深入地知道他的发现所可能带来的后果。"② 斯蒂芬·安格也曾说过："过去，工程伦理学主要关心是否把工作做好了，而今天是考虑我们是否做了好的工作。"③

杜尔宾在《科学、技术和医学中的社会责任》一书中积极倡导，工程师们应该像 20 世纪五六十年代的物理学家积极主张禁止核武器实验那样，走出他们自己的技术共同体，去游说公共政策的制定部门改变技术政策。

在处理复杂技术时，工程师们肩负着艰巨的社会责任，他们在提高人们生活条件的同时，还要承担偶发事故、遭人指责和负面效应的各种风险。为了迎接挑战，他们将视野扩展到社会需求、政府法规以及对环境的影响等方方面面。他们经常需要识别媒体天花乱坠的宣传和意识形态的巧言辞令从而向公众解释清楚各种现实因素，帮助人们评估相关的重要性，掂量风险，权衡利弊，对与技术相关的公共政策作出理智的选择。④

英国发明家和工程师美瑞迪斯·W. 思林（Meredith W. Thring）提出，一个稳定的创造性社会，其基本风气，是人们以创造性自我成就感的程度来评判自己的一生成功与否。换言之，成功的标准是如何利用自己的才能为他人建立一个更好更美的世界。⑤

思林认为，工程师绝不能蒙着眼罩，必须关注自己的工程对世界产生的长期影响，并肩负起教育大众了解工程潜力和日后危险的重要责任。因此，工程师要

① 肖平：《工程伦理导论》，北京大学出版社 2009 年版，第 93 页。
② 周光召：《科学家的责任》，《科学》2004 年第 4 期。
③ ［美］卡尔·米切姆：《技术哲学概论》，殷登祥译，天津科学技术出版社 1999 年版，第 86 页。
④ ［美］欧阳莹之：《工程学：无尽的前沿》，李啸虎，等译，上海科技教育出版社 2008 年版，第 6 页。
⑤ ［英］美瑞迪斯·W. 思林：《工程师的良知》，孙翔燕译，商务印书馆 2013 年版，第 63 页。

有良知。他给出了工程师和应用科学家的《希波克拉底誓词》：

我宣誓，仅努力把我的专业技能用于经过良知的评估，而我相信将有助于全人类和平共处，互相尊重，且有自我成就感的计划。

我相信，实现这个目标需要提供充足的生活必需品（良好的食物、空气、水、衣物与住所、能接触到自然与人文美景）、教育和机会，让每个人为自己的终身目标努力，以动手和动脑来培养创造力和技能。

我宣誓，我将通过自己的工作，努力把危险、噪声、对个人隐私的限制和侵犯，对土地、空气和水体的污染，对自然美景、矿物资源与野生动物的破坏减少到最低。①

第三节　工程风险的监管主体

工程风险影响到公众的正常生活甚至社会的运行，已经进入公共领域，因此需要公共部门的介入。政府、决策咨询机构、非政府组织、媒体等是工程风险的管理或监督主体。

一、政府

政府是在特定地域内垄断使用强制力量的机构。政府作为公共利益的代表，致力于解决公共利益最大化问题。

（一）对工程风险的治理起主导作用

政府的性质和宗旨决定了其应当积极地认知、洞察和处置风险，发挥风险治理的主导作用。在重大的风险问题上，政府通常是风险信息的直接发布者，是风险治理的最终决策者和管理者。例如，各级政府在应对雪灾、洪水、干旱等恶劣气象灾害时的预警信号发布、针对行业发展发布的风险评估、对食品药品进行质量检测后发布的综合信息等，都是以政府作为风险信息的直接发布者。政府要考虑到国家利益最大化，特别是要考虑近期、中期和长期利益的协调。

全美科学基金（NSF）通过各种各样的计划为社会科学中风险的主要研究提供大量资金，20世纪80年代，提供给社会科学风险研究每年近100万美元。②

在新民主主义的背景下，对独立的重视超过直接的国家干预，这些策略被看

---

① ［英］美瑞迪斯·W.思林：《工程师的良知》，孙翔燕译，商务印书馆2013年版，第273页。

② ［英］谢尔顿·克里姆斯基、多米尼克·戈尔丁：《风险的社会理论学说》，徐元玲、孟毓焕、徐玲，等译，北京出版社2005年版，第57页。

作既能降低风险又能保护个人权利。在这一背景下，政府的作用就是为了给风险的自我管理提供建议和帮助，鼓励积极的、自由的、愿意致力于风险规避的公民，而不是提供大规模的经济援助。①

在理想目标上，必须让政府真正有效地承担风险规制任务：既不能纵容其过分规制，而侵害自由、阻遏技术和经济的发展，甚至侵犯人权；又不能纵容其规制不作为，而让技术和经济一路高歌猛进，最终促成风险变为真正不可逆转之巨大危害。②

在许多领域，特别在健康、安全、环境领域，政府监管不可或缺。明确责任范围内的风险，并将其纳入职能范围，是政府干预风险的基本途径。当个人或企业对他人造成风险，如排污过量时，政府就要实施管制。③

例如，"反应停"曾被称为"孕妇的理想选择"，在欧洲、亚洲、非洲、澳洲和南美洲被医生大量处方给孕妇以治疗妊娠呕吐。到1959年，仅在联邦德国就有近100万人服用过"反应停"。但是在美国，因为有报道称，猴子在怀孕的23天到31天服用"反应停"会导致胎儿的出生缺陷，美国食品和药品管理局（FDA）最终没有批准此种药物在美国的临床使用，而是要求研究人员对其进行更深入的临床研究。后来的事实证明，这是一项明智的决定。正是政府的这项决定，避免了"反应停"进入美国市场，从而避免了成千上万畸形婴儿在美国出生的悲剧。FDA也因此事名声大振，负责此项审查的评审员凯尔西获得了表彰，时任美国总统肯尼迪授予她"总统勋章"。

当然，如前所述，政府只有重新建构决策过程才能有效管理风险。

（二）促进合理的风险分配

戴维·伊斯顿（D. Easton）认为，政治系统与它所处环境中的其他系统的不同之处就在于，一个政治系统可以通过互动为一个社会权威性地分配价值。④ 与人类的其他活动相比，政府的政治活动是公共性的活动，要着眼于全局和长远，更具有根本性和全局性，因此政治活动具有权威性。

现代政府的一个基本职责是维护社会公平正义。在现代社会的早期阶段，经济增长是一个政府合法性的主要来源；在现代社会的晚期阶段，风险的预防和处理也将成为一个政府合法性的重要来源。风险社会的风险与责任分配逻辑的错位——更多地制造了风险的群体却不一定是更多地承担责任的群体，因此，政府开展风险治理，必须树立起规避风险本身即是创造社会财富的理念，还要树立消

---

① ［澳］狄波拉·勒普顿：《风险》，雷云飞译，南京大学出版社2016年版，第81页。

② 金自宁编译：《风险规制与行政法》，法律出版社2012年版，第2页。

③ 张成福等：《风险社会与风险治理》，《教学与研究》2009年第5期。

④ ［美］戴维·伊斯顿：《政治生活的系统分析》，王浦劬译，华夏出版社1999年版，第26页。

除风险分配不均是实现社会公平正义的重要内容的理念。为此，政府必须承担起风险再分配的重任。政府在形塑公平正义方面需要承担份额更大、更为关键的责任。

在具体应对策略上，政府需深入具体层次来努力构建完善的现代风险治理机制。一方面，要建立各种具体的风险强制分担制度，如碳排放权交易制度、转嫁风险的惩罚制度等，避免风险分配的转嫁现象。另一方面，还要建立和完善扶助弱势群体应对风险的各种机制，增强弱势群体抵御与应对风险的能力，形成一个公平合理的风险分配格局。①

（三）建立国家风险档案

建立国家风险档案，以此作为鉴别和部署评估与管理措施的潜在手段，有助于提高人们在风险问题上的洞察力。国家风险档案为一个特定地区所面临的多种风险问题的评估和分类提供了有效手段。档案可以系统地陈列一系列的风险，可以显示数据库存在的不足，帮助理清事情的轻重缓急，界定并评估当前风险管理活动所面临的具体环境的背景，以争取建立统一国家风险管理政策。②

二、决策咨询机构

通常情况下，咨询过程开始于政府、议会或立法机关的诉求，取决于一个国家特定的政治文化和制度结构。

不论如何呼吁加强公众参与科技讨论，科学与政策相互作用的关键场所仍然是科学咨询委员会。这类委员会的类型众多，通常是一些享有声望的机构，如国家科学院、国会技术评估办公室、决策咨询专门委员会，或用于解决特定问题而成立的临时特别委员会。③

在美国，技术评估办公室（Office of Technology Assessment，OTA）是为美国国会提供技术咨询的机构。它成立于 1972 年，目的是对技术进步的影响进行研究，向人们预示技术应用的正后果和负后果。技术评估办公室曾发布过几份报告，批评了共和党的一些理念，譬如罗纳德·里根（Ronald Reagan）总统的"战略防御计划"（Strategic Defense Initiative），也就是著名的"星球大战"计划（Star War）。国会为了获得独立的科学咨询意见而创建的技术评估办公室，却在1995 年被关闭，因为国会觉得不再需要它的咨询意见了。具有讽刺性的是，技

---

① 王道勇：《风险分配中的政府责任》，《学习时报》2010 年 4 月 12 日第 4 版。

② ［美］珍妮·X. 卡斯帕森、罗杰·E. 卡斯帕森：《重中之重：发展中国家的风险管理》，载［美］珍妮·X. 卡斯帕森、罗杰·E. 卡斯帕森编著《风险的社会视野（下）：风险分析、合作以及风险全球化》，李楠、何欢译，中国劳动社会保障出版社 2010 年版，第 155 页。

③ ［荷］韦博·比克、罗兰·保尔、鲁德·亨瑞克斯：《科学权威的矛盾性：科学咨询在民主社会中的作用》，施云燕、朱晓军译，上海交通大学出版社 2015 年版，第 5 页。

术评估办公室的中立本来是一种科学美德，却成了葬送自己的祸根。①

美国国家科学院，特别是它的执行机构国家研究理事会（National Research Council，NRC），其形式上是一个民间机构，但实际上是美国联邦政府的主要科学咨询机构之一。

像美国国家科学院一样，荷兰卫生研究理事会是一个在国家范围内和世界范围内都十分成功和极具影响力的机构。它是一个独立的机构，其职责是向部长和议会报送关于公共卫生问题的科学建议，如维生素 A 的致畸性、新型食品的风险等。

它不回避科学争论。前任主席雷德特·欣亚尔（Leendert Ginjaar）指出："我试图将各个学科领域的人放到委员会中，当然还有学科内部的各种观点。从科学的角度来看，这完全是正确的事情。"②

我国也十分重视发挥决策咨询机构在治理工程风险方面的作用。

2019 年 7 月 24 日，中央全面深化改革委员会第九次会议，审议通过了《国家科技伦理委员会组建方案》。组建国家科技伦理委员会，目的就是加强统筹规范和指导协调，推动构建覆盖全面、导向明确、规范有序、协调一致的科技伦理治理体系。

科技伦理议案如此显著地进入国家最高决策议程，开创了我国的历史先例，表明了国家对科技伦理治理体系的高度重视，以及规范各类科学技术研究活动的决心。

面对纳米材料、人工智能等新兴科技带来的高度不确定性和风险，单靠科技人员和某些机构已经难以应对，有必要创建国家层面的权威机构。

三、非政府组织

非政府组织（Non-Governmental Organizations，NGO），它在抵御风险时具有其他组织所不可替代的独特优势。在价值理念上，它同国家、市场所追求的安全、效率目标明显不同，具有更为丰富的理论蕴含和浓厚的道德色彩；在社会功能上，它能够调动广泛的社会资源，表达不同社会群体的利益诉求，促进不同群体的互助和融合，为社会成员提供政府和企业难以提供的公共服务；在组织特性上，非政府组织的体制是非等级的、分权的和网络式的，这种相对更为平等、自主和灵活的组织运行机制，一般能较好地避免官僚主义，从而能够低成本、高效

---

① ［美］戴维·雷斯尼克：《政治与科学的博弈：科学独立性与政府监督之间的平衡》，陈光、白太成译，上海交通大学出版社 2015 年版，第 110 页。

② ［荷］韦博·比克、罗兰·保尔、鲁德·亨瑞克斯：《科学权威的矛盾性：科学咨询在民主社会中的作用》，施云燕、朱晓军译，上海交通大学出版社 2015 年版，第 79 页。

率地为社会服务。

非政府组织基于自身的组织目标和参与者的使命感，在一定程度上较好地弥补了政府和市场的不足，在某些社会特殊领域承担了预警防范、组织动员、救助解困、化解矛盾的风险责任。[①]

（一）行业协会

行业协会是由同一行业或同一地区的企业或个人为聚合、表达共同的利益诉求而发起并组建起来的互益性会员制团体，是介于政府、企业之间，商品生产者与经营者之间，并为其服务、咨询、沟通、监督、公正、自律、协调的社会中介组织。

例如，工程职业协会是工程师专业精英组成的团体。从世界范围来看，工程职业协会逐渐发展成为一个促进形成职业判断、推动工程职业发展，制定工程职业政策和制度的社会组织。张恒力认为，工程职业协会由于其独特的专业优势以及组织特点，在工程社会稳定风险评估中扮演着核心主体的角色，对于推进降低工程风险，推动公众参与工程风险的对话和协作，维护社会稳定等方面起到了重要的作用，就我国工程职业协会的发展实践来看，严重制约了这一角色的发挥和作用的推动。[②]

在我国，存在大量的各类专业化的行业协会组织，它们可以成为工程风险治理的主体之一。例如，深圳市物流与供应链管理协会是各类专业化的行业协会典型的代表。该协会成立于1994年，是一家5A级的社团组织。它参与了行业政策和标准制定，曾经先后联合知名企业，完成五项深圳市地方标准的编制，均填补了国内空白。

（二）志愿者组织

有些志愿者组织积极开展环境意识的传播、教育和宣传活动，推动和促进了环境保护领域的公众参与运动。

2003年8月，怒江中下游两库13级梯级的开发方案获国家发展改革委员会批准通过，之后却引发了热烈讨论和公开分歧：支持者认为这个开发可以带来巨大的经济效益；反对者则认为这种开发会严重破坏生态环境，对社会产生不可估量的损失。这种分歧引起了社会的广泛关注，大有形成风险事件的趋势。在新闻媒体有效参与和各种环境保护民间团体积极发声、踊跃监督的共同作用下，2004年2月18日，时任国务院总理温家宝对怒江开发计划作出批示："对这类引起社会高度关注，且有环保方面不同意见的大型水电工程，应慎重研究，科学决策。"此后，怒江开发被暂时搁置。

①　钱亚梅：《风险社会的责任分配初探》，复旦大学出版社2014年版，第78页。
②　张恒力：《工程社会稳定风险评估主体探析》，《自然辩证法通讯》2016年第6期。

民间环境保护团体和非营利组织是怒江水电开发争论的主要发起者。怒江工程被搁置，可以说是民间团体的风险传播活动影响政府决策的结果，是社会组织参与工程风险治理的典型案例之一。

四、媒体

媒体是与立法、司法、行政权力并立的"第四权力"。"新闻媒介是社会公器，是全体公民窥视社会和自然环境的共同管道和从事公共事务讨论的公共论坛，在现代国家的公共领域中具有头等重要的地位。"[①]

媒体受到来自社会的政治利益、经济利益的影响，在传播信息的过程中打上了社会利益的烙印。长期以来，媒体被视为民主社会的把关人和"看门犬"，这个功能在风险社会表现得更加突出。公共领域的风险首先是借由媒体定义和构建的。媒体在工程风险治理中起独特的作用。贝克认为，媒体在塑造关于风险的舆论中起到重要的结构性作用。

媒体是社会的观察者和记录者，也是信息的生产者和提供者，满足社会的普遍信息需求正是它存在的根据。媒体还是思考者和参与者，成为它所报道的现实的不可或缺的组成部分。传媒作为社会现实的建构力量，以文本的形式组织相应的内容，并以其显文本或潜文本的方式影响公众解读。[②] 媒体能把不易觉察的东西变成从文化上能够加以辨识的东西。

对于工程可能带来的风险，媒体的报道可能会扩大风险并且产生波及效应。微弱的利益诉求经过大众传媒的渲染可能会聚合公众力量，进而触发公众行动，产生巨大的社会反响。贝克曾说："风险社会同时也是知识、媒体、科学的社会。"媒体在社会风险呈现、理解和解决中具有非常重要的地位和作用。如果媒体在某些风险事件中处理不当，那么它很可能会成为风险事件的推进器和新风险的发动机。例如，在巴西的戈亚尼亚，一起被强烈放大的辐射事故产生了戏剧般的次级风险后果。在媒体对此事故报道的一周之内，超过 10 万人排起长队自愿使用盖革计数器对外部辐射进行检测。事故发生后的 2 周内，消费者对可能含有辐射的农产品的担忧，使得戈亚尼亚所在戈亚斯州的农产品批发价骤降 50%。尽管人们从未在这些产品中发现过放射物，但在事故发生 8 个多月之后，其造成的重大负面影响仍然十分明显。

赖利和米勒认为，媒体经常被认为是煽情而不负责任的，它们要么容许食品工业伤害全国人民的健康而不加批判，要么放大那些外行、伪科学家和有政治动

---

① ［德］哈贝马斯：《公共领域的结构转型》，曹卫东，等译，学林出版社 1999 年版，第 56 页。

② 谢进川：《传媒治理论：社会风险治理视角下的传媒功能研究》，中国传媒大学出版社 2009 年版，第 13 页。

机的压力团体的声音从而引发社会大众的过分紧张情绪。①

　　1989 年，美国有份研究认为，苹果产品使用的"植物生长调节剂"丁酰肼，一旦经过加工处理"有可能变成致癌物质"。于是，社会大众开始唾弃苹果和苹果产品。②

　　虚拟社会迸发的力量也前所未有，一些局部个案，往往在网络舆论聚焦下不断演变和升级，最终造成全民参与讨论和围观的危机事件。

　　在新媒体时代，网络凭借其受众的低门槛性、信息的超时空性、传播的交互性、沟通的便捷性等特点打破了公共领域的地域限制和话题领域，网络公共领域不仅是政治话题扩散和讨论的场所，更是各种思想文化和新闻信息的集散地，也日益成为民意表达和社会监督的新渠道。

　　真假难辨的各种风险信息都能进入风险系统，并最终扩散至社会的任一角落，即在网络传播环境下，公众由原来风险信息的被动接收者转变成为信息内容的重要提供者。

　　网络极大地解放了公众的话语权，将公众议程调整至风险信息流动的上游，甚至有时扮演着影响政治议程与媒介议程的角色，而传统意义上的权威机构则更多地从原先的信息发布者转化为信息调控者；从信息角度而言，网络风险传播中的信息来源更为复杂，信息传播渠道更为开阔，信息流动的更新速度更为快捷。③

　　由于媒体在塑造社会和个人风险评估和应对上发挥着关键作用，大多数风险研究项目都把各种媒体的角色纳入其研究范畴。

第四节　工程风险的消费主体

　　消费者和普通公众是工程风险的消费者或承担者。消费与生产在社会再生产中不可分割，在新的商业实践中，消费者成为生产性公众。因此，看起来在生产中制造出来的风险实际上与消费密切相关，消费者是诱险者或致险者。

---

①　[英] 斯图尔特·艾伦：《媒介、风险与科学》，陈开和译，北京大学出版社 2014 年版，第 174 页。
②　[英] 斯图尔特·艾伦：《媒介、风险与科学》，陈开和译，北京大学出版社 2014 年版，第 175 页。
③　周敏：《阐述·流动·想象：风险社会下的信息流动与传播管理》，北京大学出版社 2014 年版，第 119 页。

一、消费者

（一）消费者是技术和产品的渊源

消费是社会再生产中的重要环节。马克思早就论述了社会再生产中生产、交换、分配和消费四个环节的关系，指出："没有消费，也就没有生产。"① 消费是生产的最终目的和动力，生产出来的产品只有经过消费才能真正实现它的价值。

鲍德里亚认为，需求和消费实际上是生产力的一种有组织的延伸。技术并不能带来社会财富，社会需求带来的消费才是更为根本的原动力。消费的真相在于它并非一种享受功能，而是一种生产功能。②

消费者是生产的目标主体，企业的生产活动和研发活动始终围绕着消费者进行，以消费者的需求和偏好为导向。离开了技术使用者的需求，离开了使用这一人类最为原始的实践活动，技术也就随之失去了其存在的价值尺度和意义考量。③ 技术和产品的研发取决于人们对生活本身的理解。所以，从最终根源上来看，消费者才是技术和产品的真正渊源。

（二）消费者参与产品的构建

1. 消费者可以主动选择

面对生产者和经营者提供的产品和服务，消费者不是被动地接受，而是可以通过审视，在众多产品和服务中主动作出自己的选择。企业要想生产出消费者喜爱的商品，在竞争中取胜，必然要花费大量精力研究消费体验，以迎合消费者的偏好。可见，产品的研发和生产并不是只有一个确定结果的必然过程，而是具有多种可能性的偶然过程，公众的消费态度、购买行为、支付意愿等是产品生产方向具有多种可能性的力量之源。消费者在食品安全问题上的态度与消费倾向会对政府和食品企业的行为选择产生深刻影响。④ 因此，消费者选择了某个产品也就参与了该产品的构建。

2. 消费者是创新的参与者

消费者在产品创新中发挥着积极作用。一种产品、财富或服务所经历的线路从研发阶段开始，经过市场调查部门、购物中心、商品负责人或柜台管理者，最终为消费者所用。这整个过程实际上就是上述各个角色通过各种交易将一种产品由原料转化成商品的全过程。⑤

---

① 《马克思恩格斯选集》第 2 卷，人民出版社 1995 年版，第 7—9 页。
② ［法］让·鲍德里亚：《消费社会》，刘成富、全志刚译，南京大学出版社 2008 年版，第 57 页。
③ 陈凡、陈多闻：《论技术使用者的三重角色》，《科学技术与辩证法》2009 年第 4 期。
④ 周洁红、姜励卿：《食品安全管理中消费者行为的研究与进展》，《世界农业》2004 年第 10 期。
⑤ ［法］多米尼克·戴泽：《消费》，邓芸译，商务印书馆 2014 年版，第 84 页。

如果工程师只凭着有限的知识进行猜想，那么他们的努力不一定有效。项目领导人可以通过约见客户来重组工作环境，以使工程师能够停止猜想，而直接从客户那里获得信息。①

管理学大师彼得·德鲁克（Peter F. Drucker）在 20 世纪 90 年代就曾提出，真正的竞争优势将更多地源于以创新的方式将普通而常用的知识应用于实践的能力。消费者的知识可能转化为某种创新产品或者为产品创新提供建议。在很多情况下，工程师根据消费者的想法设计出产品，制造商据此做好产品的再开发。

3. 消费者已成为生产性公众

消费对技术的影响越来越显著，公众构成了现代经济中的一种组织形态。随着移动互联网的深入发展，传统的商业模式发生了很大变化，越来越多的公司将客户体验放在首位，消费模式从产品经济转变为体验经济。生产者的一切生产以消费者的需求为出发点，并与用户零距离接触，于是，消费者从被动的价值接受者转变为价值创造的积极参与者。

产业链条正在由"生产者—经销者—消费者"转变为"消费者—设计者—生产者"。生产性公众正在成为当代商业实践的有机组成部分。企业更加倚重用户参与的创新网络，以便利用消费者与品牌之间所形成的情感联系，激励消费者参与、提出建议或者分享知识。② 生产者和消费者的边界变得模糊，消费者也成了生产者。

（三）消费者与风险制造相关联

生产创造出适合需要的产品，这些产品在消费中变为个人需要的对象。生产和消费在社会再生产中是不可分割的，看起来是在生产环节中制造的风险实际上与消费密切相关。

如前所述，企业要想获得利润，必然要研究消费者的偏好。如果消费者的偏好违背了自然规律，那么生产者就可能添加某些化学物质来达到想要的效果，这就给食品消费者、使用者或者其他第三者带来风险。近几十年来，为了满足消费者对食物品相等的不当需求，人们发明了很多无机和有机化学物质，包括饲料添加剂、食物添加剂等，种类数以千计。

例如，如果消费者过于追求食物的颜色，那么生产者就会竭力迎合消费者的这种喜好，在食品的某个环节加入苏丹红这种化学物质，食物的颜色就会变得鲜艳并且不易褪色，但是这种物质对人的身体健康并无益处，相反它对人体的肝肾

① ［美］欧阳莹之：《工程学：无尽的前沿》，李啸虎、吴新忠、闫宏秀译，上海科技教育出版社 2008 年版，第 220 页。

② ［丹麦］尼古拉·彼得森、［瑞典］亚当·阿维森：《道德经济》，刘宝成译，中信出版社 2014 年版，第 85 页。

器官具有明显的毒性作用，有致癌的风险。

再如，人们喜欢瘦肉，不喜欢肥肉，这个偏好导致了"瘦肉精"的研发。在饲料中添加"瘦肉精"，饲养的猪生长速度快，瘦肉率高。对生产者和经营者来说，养殖成本降低了，利润增加了，所以添加"瘦肉精"一度成为养猪行业的潜规则，并且屡禁不止，品种还在不断更新换代。2011 年，我国国务院食品安全委员会办公室颁布的《"瘦肉精"专项整治方案》中列出的"瘦肉精"，有盐酸克伦特罗、莱克多巴胺、沙丁胺醇、盐酸多巴胺等十余种。食用含有瘦肉精的猪肉后会给人体健康带来危害，如广州曾发生瘦肉精中毒事件。从最终根源上看，消费者的这个喜好违背了生猪正常生长必然要有肥肉也有瘦肉的自然规律，这是一种不当偏好，它成了一种诱险行为。

现代性不再强调人类的生存维度，人们有时会肆无忌惮地放纵消费，不顾及可能带来的风险。如果消费者选择了有风险的食物，拒绝了传统的被认为是安全的食物，那么这种购买行为就给生产者提供了市场需求信息，消费者无意中就成了诱险者。如果消费者还参与了风险食物的创新，成为生产性公众，那么他就不仅仅是诱险者，而且还成了致险者。既然消费者参与了风险食品的制造，那么理所应当对此负有责任，有人提出，每个人必须对自己的安全负责，社会不必为他们的错觉买单。

二、普通公众

市民作为主动的而不是被动的治理对象被放置在治理性商谈中。他们主要不是通过国家机构从外部监管，而是作为标准化主体的个人，自己管理自己，自己对自己运用权力，追寻他们自己最大的利益和自由，旨在自我提高、寻求幸福和健康。①

根据克雷顿的研究，在 20 世纪 50 年代，公众只要被充分告知，就可以接受决策，所以对组织而言，唯一要做的就是提供合适的信息并将其广泛地传播。到 20 世纪 60 年代至 70 年代，这一观点发生了改变：公众认为自己在决策形成之前就应该被告知。从这个时候开始，组织机构进入了公众参与的时代，但公众参与的形式仅限于提供书面证词及召开听证会。然而，从 20 世纪 80 年代至今，公众开始要求从实质上影响风险决策的制定，这形成了一种新的公众参与形式——构建共识，即致力于在决策实施之前获得各利益相关群体的同意，并将公众纳入风险评估、风险管理和风险沟通的各个环节之中。②

① ［澳］狄波拉·勒普顿：《风险》，雷云飞译，南京大学出版社 2016 年版，第 72 页。
② ［美］雷吉娜·E. 朗格林、安德莉亚·H. 麦克马金：《风险沟通：环境、安全和健康风险沟通指南》，黄河、蒲信竹、刘琳琳译，中国传媒大学出版社 2016 年第 5 版，第 60 页。

人类学家克洛德·列维-斯特劳斯发现，不识字的人也有他们自己的"具体性科学"，这是一种从事物及其替代物的角度来思考他们所在环境的一种全面的思考方法，这种感性方法的质量并不一定比我们的许多科学方法缺乏一致性，相反，在许多方面它与我们的方法同样丰富，甚至更丰富。① 经验表明，在重大事故期间，公众具有超常的搜寻并且处理信息的能力。②

　　在关于风险的技术科学文献中，对于缺乏风险知识的普通人判断什么是"恰当的"或"正确的"，会有偶尔明显的、恶意的轻视。普通人经常被描述为使用低劣的和不够高端的诸如"直觉"的知识资源来"非科学地"应对风险。③

　　拒绝公众的一个普遍的策略就是诋毁他们的智力，从而让他人来代表公众说话。然而，无论从经验上还是政治上我们都有理由对这项策略提出质疑。从实践的角度讲，风险管理通常需要很多普通人的合作，这些人必须甘于奉献和替代别人，他们必须善于遵守安全规则并合理使用法律系统。尽管专家对风险判断的能力比起普通人来要强得多，但是赋予专家们在风险管理中的特权则意味着用短期效率来替代长远的创造一个有知识的社会的努力。从政治的角度讲，排斥公众的参与可能酝酿愤怒和无知。民主社会的公民最终会干涉那些他们认为不代表他们意愿的决策。④

　　塔勒布提出："作为一个怀疑经验主义者，我不认为抵制新技术必然是非理性的行为：如果你认为我们对事物的看法不完整，那么静待事件的验证也许是一个有效的方法。这就是自然主义的风险管理法。"⑤

　　① ［美］纳西姆·尼古拉斯·塔勒布：《反脆弱：从不确定性中获益》，雨珂译，中信出版社 2014 年版，第 215 页。

　　② ［美］罗杰·E.卡斯帕森、珍妮·X.卡斯帕森：《工业危机的应急计划综述》，载 ［美］珍妮·X.卡斯帕森、罗杰·E.卡斯帕森编著《风险的社会视野（下）：风险分析、合作以及风险全球化》，李楠、何欢译，中国劳动社会保障出版社 2010 年版，第 94 页。

　　③ ［澳］狄波拉·勒普顿：《风险》，雷云飞译，南京大学出版社 2016 年版，第 15 页。

　　④ ［英］巴鲁克·费斯科霍夫、莎拉·利希藤斯坦、保罗·斯诺维克、斯蒂芬·德比、拉尔夫·基尼：《人类可接受风险》，王红漫译，北京大学出版社 2009 年版，第 194 页。

　　⑤ ［美］纳西姆·尼古拉斯·塔勒布：《反脆弱：从不确定性中获益》，雨珂译，中信出版社 2014 年版，第 154 页。

第五章 工程风险治理的预防机制

凡事预则立，不预则废。我们不能等到风险显性化以后才考虑对后果的控制，对风险必须及早行动和防范。越早着手，就越容易解决问题，而且成本越小：未雨绸缪远胜于亡羊补牢。这样的理论可以追溯到医学之父古希腊的希波克拉底（Hippocrates）：一分的预防远胜于十分的治疗。①

我国非常重视工程风险的预防。2019 年 10 月，《中共中央关于坚持和完善中国特色社会主义制度、推进国家治理体系和治理能力现代化若干重大问题的决定》明确指出，要建立公共安全隐患排查和安全预防控制体系。

第一节 工程风险治理的预防原则

预防原则（Precautionary Principle）也被译为风险防范原则、预先防范原则、未雨绸缪原则。工程风险及其治理日益受到关注，预防原则应成为工程风险治理的重要原则。② 预防原则具有特定的内涵，它在风险治理领域的实现与风险评估、风险管理、风险交流等各个环节或方面都有密切的关联。

一、预防原则的由来和演变

20 世纪 70 年代，预防原则作为一个明晰和合乎逻辑的概念在德国环境科学领域出现，它被应用于环境危害及其不确定性中，那时德国科学家和政策制定者们正设法处理"森林死亡"和包括空气污染在内产生的可能原因。③ 此后，预防

---

① ［美］米歇尔·渥克：《灰犀牛：如何应对大概率危机》，王丽云译，中信出版社 2017 年版，第 19 页。
② 王耀东：《工程风险治理的预防原则：困境与消解》，《自然辩证法研究》2012 年第 7 期。
③ European Environment Agency, *Late Lessons from Early Warnings: The Precautionary Principle* 1896 - 2000, Copenhagen: European Environment Agency, 2001, p. 13.

原则受到了欧美各国政治家、生态主义者以及民众的欢迎。它的表述版本很多，各自所使用的词语和句法结构有所不同，并且也伴随着很多争议。

1982 年，《联合国海洋法公约》第 194 条正式确认了风险预防原则在治理海洋污染问题上的施行规则。同年 10 月，联合国大会通过了《世界自然宪章》，该宪章共 24 条，其中第 12 条、第 13 条分别肯定了预防措施在禁止排污，限制自然灾害、虫害、病害问题上的作用。

20 世纪 80 年代后期开始，该原则被移植到广阔的民族国家体制、超国家体制和国际体制之中。[①] 预防原则成为世界各国环境政策的重要原则。

1992 年，联合国在巴西召开了环境与发展大会，会议发表了《里约热内卢宣言》，其中指出：为了保护环境，各国应按照本国能力，广泛采用预防措施。如果存在严重威胁或不可逆的损害时，不得以缺少充分的科学确定性为理由，来延迟采取防止环境受损的可行措施。这被认为是目前关于预防原则的最为著名的论述。

1998 年，在美国威斯康星州的拉辛市召开了关于预防原则的翼展会议（Wing Spread Conference），这次会议把以前在环境领域已广为采用的预防原则扩大到公共健康等领域。

2000 年，欧盟发布了《欧盟委员会关于风险预防原则的通讯》（COM（2001）1Final），针对风险预防原则的适用提出了建议。后来，欧洲议会和理事会正式规定了风险预防原则的具体适用情境："在特定的环境下，经可获得信息的评估确定可能对健康具不利影响但科学依据不很充分时，共同体将采取临时的风险管理措施以保证高水平的健康保护，等以后取得更多的科学信息时进行更全面的风险评估。"这是对预防原则的进一步丰富和具体化。

2001 年，《纽约时报》将该原则列为重要的思想之一，在年底的最佳观点评述中，称赞它为一种革命，认为它提供了一种在实施新技术时管理控制所存在的潜在风险的优良方法。[②]

二、工程风险治理的预防原则

工程是人类最重要、最基本的社会活动方式。工程使人工物实现了规模化，给人们提供了无数的产品和服务。但是，随着工程的进行也带来了诸多风险，工程不知不觉地将这个世界推向了危险的境地。我们不能等待危险发生了再去采取补救措施，追究责任为时已晚，要培养对风险的诊断与预防能力。预防原则应成

---

① ［英］伊丽莎白·费雪：《风险规制与行政宪政主义》，沈岿译，法律出版社 2012 年版，第 53 页。

② Michael Pollan，"The Year in Ideas，A to Z：The Precautionary Principle"，New York Times，December 9，2002.

为工程风险治理的一项重要原则。

在工程风险的治理中，总的原则是：宁要安全而不要遗憾。具体应该包含以下两个重要的方面：

（一）积极预防

前述关于预防原则的论述，给工程风险的治理提供了借鉴。如果某项工程会给环境、公众的健康或社会带来严重的、不可逆的潜在伤害，那么该项工程就不应该被开发和实施，即使已有的科学证据尚不能完全证明该工程与伤害之间的因果联系。

这就是所谓的"积极预防"，它代表了一种新的思维方式。它与危害的预防是不同的。危害的预防要求行为与危害之间要有明确的因果关系，要有科学的依据，然后才可以采取措施。然而积极预防则要求即使已有的科学知识不能判断工程是否必然导致损害即仅具有可能性时，仍然应当采取行动加以预防。

对于工程风险，我们既有知识局限又有伦理怀疑，预防原则为我们应对这些问题提供了一条出路。采取这一原则是想把公众的担忧作为一个政治问题而不是科学概念来加以管理。它还试图减少无视"预警"而导致的错误，并通过制定程序来使人们对创新可能导致的副作用具有更高的警惕性。①

保持谨慎的态度通常被认为是一项明智的举措。自1990年以来，欧盟及其成员国已经转向前所未有的严格验证和明确标签的标准上来，极力强调预防原则。在欧盟，几乎没有农业生物技术的应用被允许进行商业化推广，转基因作物的商业化种植也几乎不存在，田间实验的数量更是远远少于美国。在欧盟国家市场上，贴有转基因标签的食品数量趋于零，食品加工和销售商们对转基因食品唯恐避之不及。②

（二）工程开发主体承担举证责任

那些认为已经实施或即将实施的某项决策不会给健康或环境带来伤害或伤害很小以至可以忽略不计的人，有责任向人们证明其决策的无害性。

在美国，惠特曼在被布什任命为环境保护局局长之前，作为新泽西州的州长进一步发展了预防的概念。在对美国国家科学院所作的演讲中，她提出把提供证据的责任从提倡保护的那些人转移到提议有害行动的那些人身上。她的这个观点表明：说明一些行动的结果是有害的重担落到环境学专家肩上的时间太长了；现在她感到这一重担必须转由工业家来承担，以便在开展不会导致危害的行动之

---

① ［英］彼得·泰勒-顾柏、［德］詹斯·O. 金：《社会科学中的风险研究》，黄觉译，中国劳动社会保障出版社2010年版，第49—50页。

② ［瑞士］托马斯·伯纳尔：《基因、贸易和管制：食品生物技术冲突的根源》，王大明、刘彬译，科学出版社2011年版，第9页。

前，提供一个很有说服力的理由。①

2000 年，联合国教科文组织宣布了《地球宪章》，其中指出：防止破坏是最佳的环境保护方法；当知识有限时，应采取预先防范措施。即使在科学知识不全面或不确凿时，也要采取行动以避免严重的或不可逆转的环境破坏的可能性。那些认为拟开展的活动不会造成重大危害的人应承担举证的责任，并使责任方对环境破坏负责。

将技术发明的成果工程化，生产出人们需要的产品，曾经被认为是自然而然的，这是一种"无害推论"。如果有人认为该工程会带来伤害，那么他就承担举证的责任。但是，由于普通公众和工程开发者两者获得的信息是不对称的，普通公众处于弱势的地位，想要证明工程的风险是很困难的。工程风险的主要承受者是普通公众，而工程的主要获利者则是工程开发主体。因此必须把举证责任推给可能的肇事者，工程开发主体应承担主要的举证责任，企业和工程共同体必须要为工程的无害性进行辩护，这种无害辩护要得到大多数公众的认同。这可以从源头上减少工程风险的发生。

三、工程风险治理中预防原则的困境

预防原则在某种意义上容易成为学术批评的目标：它缺乏精确性，在解释上的可变性太强，并因此容易被各种政策立场所利用，招来虚伪和易于被操控的指控。② 预防原则常常成为利益博弈的工具，一些有着特殊利益的群体通过利用预防原则，在决策中达到有利于自己的目的。

（一）预防原则的运用会带来新的风险

预防原则的字面含义意味着，应该保证行为的结果应至少是风险中性，即它不应该增加对环境、社会和公众健康的风险。可是任何减少特定风险的努力本身都会带来新的风险。

首先，禁止某项工程会带来新的风险。例如，DDT 经过数十年的使用后，它的风险已经显性化，造成了全球性污染，损害了生态系统。禁止生产 DDT 可以减少对飞禽、人类和环境的危险，但在贫穷国家，也就取消了最有效地对抗疟疾的工具，从而又有损害公众健康的风险。

其次，替代工程也有风险。由于害怕某工程带来危险，人们寻找另外一种替代工程，可是替代工程也有风险。例如，许多人担心核工程，认为它带来各种健康和安全风险，包括灾难的可能性。但是，如果不发展核电，就将转而依赖化石

---

① ［美］亨利·N. 波拉克：《不确定的科学与不确定的世界》，李萍萍译，上海科技教育出版社 2005 年版，第 202 页。

② 金自宁编译：《风险规制与行政法》，法律出版社 2012 年版，第 102 页。

燃料，特别是用煤炭发电的火电工程。那么这类工程也有风险，它会排放温室气体，有导致全球气候变暖的风险。

（二）预防原则与成本—效益分析的冲突

有这样一种观点，依据预防原则而采取的措施，不但要有必要性，同时需要具有经济成本上的合理性。不应当盲目地采取预防措施，而应当计算管制的成本与效益，选择净收益最大化的政策。①成本—效益分析使得风险预防原则与传统的风险评估（Risk Assessment）和风险管理（Risk Management）联系在一起，已经成为评估与管理社会风险日益流行的工具。

以成本—效益分析为基础，这可能有利于用成本量化更为容易的短期经济利益行为。但问题是有些效益短期内很难作出评价，民主国家的公民完全可以选择保护濒危物种、野生动物，或原始风光地区，即使这么做没有效益。

风险评估方法也有很大的局限性，它将公众的安全与健康简化为数字的计算问题，而将各种价值如生命、痛苦、生物多样性等都简化为货币来衡量是不恰当的。更何况预防原则的前提是没有确定的科学依据，在科学知识缺乏的情况下，计算成本与收益难以进行。

（三）预防原则可能鼓励无知

预防原则被认为可能鼓励无知。《华尔街时报》抨击预防原则是环保主义者的一个新词，用来战胜科学证据，更直接地禁止他们不喜欢的东西，如生物科技、无线技术、碳氢化合物排放。②

在我国历史上有过这样的教训，清朝时期曾发生过抵制技术引入的事情，认为引进西方的技术有很大的风险，说电线之设"深入地底，横冲直贯，四通八达，地脉既绝，风浸水灌"，使民不顾其"祖宗邱墓"，不利于"尊君亲上"。1865年上海架设电线的时候，乡人曾割去电线，毁去电杆。今天看来这已经是笑谈了，这种风险观念实际上是一种无知，它大大阻碍了近代技术和工程在我国的发展。

有人提出，现代文化最大的问题是太多的过度保护，认为目前对风险的关注制造了一种具有破坏性的"恐惧文化"，表现为生活方式的方方面面都热衷于减少风险。对危险的估计过高，在风险避免的预防性政策上，有可能最终导致对社会活动所有领域的过度反应与过度控制。预防原则过于放纵非理性的恐惧，消费者组织和公众常常做出歇斯底里的反应，因此阻碍了科学和社会发展。他们提

---

① ［美］凯斯·R. 桑斯坦：《恐惧的规则：超越预防原则》，王爱民译，北京大学出版社2011年版，第129页。

② ［美］凯斯·R. 桑斯坦：《恐惧的规则：超越预防原则》，王爱民译，北京大学出版社2011年版，第13-14页。

出，必须克服反动的"恐惧文化"，预防原则的鲁莽运用等非理性行为可能会增加风险而不是减少风险。

（四）预防原则可能限制创新

预防原则可有效防范风险，但是奉行预防原则有时可能会增加工程开发主体的成本，甚至有可能使他们错失良好的发展机遇，增加工程主体的机会成本。

有人提出，如果像保守主义者认为的那样，等待科学的进一步发展并在消除其不确定性的前提下应用科技成果，那么，很多在今天发挥重大作用的技术就不会出现了。2003 年有一份对科学家的调查，问题是"在你看来，如果当时的科学被预防原则所统治，什么是可能被限制或制止的最显著的目的科学、医学或技术发现？请列出一项以上"，答案清单包括飞机、空调、抗生素、汽车、氯、麻疹疫苗、开胸手术、收音机、冷冻技术、天花疫苗和 X 射线等。一位统计学家回答，"那时火车、飞机和抗生素可能被制止"。伦敦国王学院的一位高级研究员回答，"刚开始时，X 射线、疫苗、输血、绿色革命"。一位植物分子基因教授回答，"巴氏杀菌法、免疫、农作物品种培育中化学品和放射的运用"。①

改善社会的尝试中存在一种风险，因为由此带来的更具人情味和怜悯心的社会体制，可能会限制我们下一代人去争取更高物质生活水平的能力。② 在科技竞争的经济全球化浪潮中，运用预防原则的国家或企业有可能完全丧失相关领域的国际竞争优势。例如，近些年转基因工程发展很快。自 1996 年首次商业化应用以来，转基因作物已在世界范围内广泛种植，并在产量、经济等方面带来了持续、显著的效益。有人认为，盲目运用预防原则，放弃发展转基因作物的研究和商业化，意味着在现代农业的国际竞争中放弃整个产业和市场，由此带来的经济和社会的后果不可想象。谨慎过度会像要塞一样竖起高墙，把机会也同样挡在门外。人类任何追逐机会的努力都意味着离开安全的现状，机遇总是与风险相伴。道格拉斯·麦克阿瑟将军说："这世上没有安全，只有机会。"这个论断揭示了绝对的安全是不存在的。为了安全而停滞不前，甚至退缩，或者仅仅尝试过去已被尝试过的事并不会创造安全。实际上，这类行动本身就存在风险。不承担风险才是最大的风险。

四、困境的消解

（一）预防原则的根本目的是防范公共风险

预防原则的根本目的是防范公共风险，维护公众的健康和安全而不是哪一方

---

① 〔美〕凯斯·R. 桑斯坦：《恐惧的规则：超越预防原则》，王爱民译，北京大学出版社 2011 年版，第 22–23 页。

② 〔美〕内森·罗森堡、〔美〕小伯泽尔：《西方现代社会的经济变迁》，曾刚译，中信出版社 2009 年版，第 264 页。

的利益。预防原则要求对健康和安全的考量优先于对经济利益和其他权利的追求。

16 世纪以来，人们热衷于将技术转化为工程，而不去考虑与此相关的诸多社会和环境后果。经济发展与环境恶化的循环不会无限重复下去。一个社会的经济发展一旦达到某一程度，物质积累的边际增长不再能够带来相应的回报，环境的地位也将相应改变，它不再是一种可供消费的资源，而是一种人们所珍惜的舒适品。社会越来越变得难以容忍像环境或者人的风险以及与之相关的不确定性这样的问题。

因此，随着人们的基本需要已经或正在得到满足，人们的风险意识在增强，人们将把健康、安全和环境而非财富置于优先的地位来加以考虑。贝克说："阶级社会的驱动力可以用一句话来概括：我饿！风险社会的驱动力则可以用另一句话来概括：我害怕！"①

早在 1972 年，联合国《人类环境宣言》就指出："人类有权在一种能够过尊严和福利的生活环境中，享有自由、平等和充足的生活条件的基本权利。"假如决策会给人们的健康、安全以及环境带来巨大的风险，那么，人们宁可暂时放弃这项决策所带来的种种益处，也不愿拿对自己如此重要的健康、安全和环境去冒风险。对健康和环境的这种优先考虑，建构了多数人的优先权，使得人们把回避风险看得比获取利益更重要。预防原则代表的是一种新的价值取向。

（二）不是所有的风险都要预防

从逻辑上说，社会与个人一样，不可能对所有风险保持高度警惕，每个社会和每个人都选取某些风险予以特别关注。在这些方面，预防的选择性不仅是经验事实，在概念上也是不可避免的。②

风险也并不是一无是处，风险意味着创新的可能性。没有改善物种的风险和挑战，就不可能有生物的进化。毫无疑问，我们不能消极地对待风险。风险总是要规避的，但是积极的冒险精神正是一个充满活力的经济和充满创新的社会中最积极的因素。接受适当的风险被认为是精神健康的表现；过度的恐惧被列为精神病、恐惧症。如果我们的祖先中无人愿意承担风险以取得可能的成就，那么人类的历史就非常可悲了，绝不会是今天这个样子。风险是我们为成长付出的部分代价。③

诺贝尔经济学得主埃德蒙·费尔普斯在其 2013 年的著作《大繁荣》中，呼

---

① [德] 乌尔里希·贝克：《风险社会》，何博闻译，译林出版社 2003 年版，第 57 页。

② [美] 凯斯·R. 桑斯坦：《恐惧的规则：超越预防原则》，王爱民译，北京大学出版社 2011 年版，第 30 页。

③ [美] H. W. 刘易斯：《技术与风险》，中国对外翻译出版公司 1994 年版，引言Ⅸ。

吁读者"做出"更多实验、探索、补充和猜想以取代"社会活力的明显下降"，以至于作为个体和社会的我们不会只表现出死气沉沉，而是充满活力。在一个发现的时代，人们在风险和收益之间取得平衡的诀窍就在于支持大胆的行动。

塔勒布认为，人类对失败有精神上的障碍。但人们应该"爱上失败"。美国鼓励失败的文化，不同于欧洲和亚洲文化中以此作为耻辱和尴尬。美国的专长在于为世界其他地方承担这些小风险，这正是这个国家具有超常创新力的原因。一旦有了想法就去实施，之后再完善这种想法或者产品。①

在工程风险治理中，尤其要区分技术风险和工程风险。技术如果只停留在实验室里，技术能力就没有被激活，生产能力也就处于休眠状态，相应的技术风险就只具有私有或个体属性，就不必预防，或者即使预防也不具可操作性。工程则是使规模化的人工物成为现实，为公众提供了产品或服务，工程风险就有了公共属性，因此需要预防。

（三）预防原则的适用范围是那些概率不能确定的灾难性的不可逆转的工程风险

有些工程风险明显触及了基本的人类价值，并产生了人们最为之感到不安的后果。有的工程风险显性化后变成了灾难，如核事故。1986 年，苏联切尔诺贝利核电站发生爆炸，这是人类和平利用核能史上最大的一次灾难，造成 30 人当场死亡，8 吨多强辐射物泄漏，周围 6 万多平方千米土地受到直接污染，320多万人受到核辐射侵害，成千上万的人被迫离开家园，切尔诺贝利成了荒凉的不毛之地。10 年后，放射性仍在继续威胁着白俄罗斯、乌克兰和俄罗斯等国家约 800 万人的生命和健康。专家们说，切尔诺贝利事故的后果将延续一百年。对于这样的概率不能确定的灾难性的、不可逆转的工程风险要运用预防原则。

与预防可以以一定成本逆转的危害相比，应当采取更多措施预防后果是终局性的危害。如果一边是不可逆转的危害，另一边是可以逆转的危害，对"选择价值"的理解提示，花费一定数目保留未来的灵活性，通过支付溢价避免不可逆转的危害是值得的。②

判断不可逆转的损失是否值得真正注意，是否足以引发预防原则，不仅要依据不可逆转这一事实，还要取决于其严重程度等。

———————————

①　［美］纳西姆·尼古拉斯·塔勒布：《黑天鹅：如何应对不可预知的未来（升级版）》，万丹、刘宁译，中信出版社 2011 年版，第 208 页。

②　［美］凯斯·R.桑斯坦：《恐惧的规则：超越预防原则》，王爱民译，北京大学出版社 2011 年版，第 107 页。

第二节　工程风险的公共评估体系

　　风险评估是重大事故预防不可或缺的一个重要环节。有效的风险评估可以帮助人们识别工程的缺陷，发现各种可能的危险事件，进而采取相应的预防和补救措施，阻止事故的发生，或者将事故的影响降到最低。

　　人类还处于发展的低级阶段时就已经开始评估风险了，他们能意识到自己对死亡和自然灾害产生的恐惧感。随着商品交换关系的出现，风险逐渐成为一种经济范畴，风险评估的各种方法也逐渐完善。

　　将工作重心从应急处置与救援转移到预防与应急准备是世界各国有效治理工程风险的一条基本经验。20 世纪 80 年代的期刊"Risk Management"就曾进行过一项调查，发现"85％的安全风险管理人员表示风险识别和评估是他们关注的首要问题"。

　　美国和欧洲已经颁布了很多法令和法规，对可能出现危险的系统和行为强制进行各种类型的风险评估。在世界上的其他地区，情况也是如此。这一系列法律、法规、制度、办法、措施以及建立的相关机构等，已经形成了关于工程风险的评估的体系。[①]

一、技术风险评估

　　为了应对科技发展带来的负面效应，很多国家相继建立了科技评估制度。科技评估的必要性在各国的科研项目立项、科技风险管理和成果评测等方面均有体现。

　　（一）美国

　　1966 年，美国科学研究和发展委员会首次提出了设立技术评估机构的立法构想，并将提案提交到众议院进行审议。

　　1972 年，国会正式颁布了《技术评估法案》（Technology Assessment Act）。

　　1973 年，国会成立了技术评估办公室（Office of Technology Assessment，OTA）。它隶属于国会技术评估联席会议，属于决策咨询机构。

　　技术评估办公室的技术风险预警机制非常有效。1973 年成立之初，研发超音速飞机项目被建议叫停，因为经过评估发现其在飞行时排出的废气会破坏臭氧

---

　　① ［挪威］马文·拉桑德：《风险评估：理论、方法与应用》，刘一骝译，清华大学出版社 2013 年版，第 16 页。

层，使臭氧层过滤紫外线的能力下降，从而导致人类患皮肤癌的概率增加，并且会对自然生态系统造成无法逆转的影响，因此 OTA 叫停了该研究。

1994 年的选举过后，重组国会、减少预算、解雇人员成为当时的政治方针。1995 年，OTA 被停止拨款，从而终止了运作。在其存在的 23 年时间里，OTA 大大推动了技术评估的实践。

近些年来，美国又出现了一种重建 OTA 的呼声。①

（二）欧洲

受美国成立技术评估办公室这一事件的影响，欧洲许多国家的国会议员越来越感觉到，对于科学技术议题需要有一个均衡的（balanced）、全面的（comprehensive）、独立的（independent）研究分析，以便能够以一种更恰当的方式回应技术应用可能产生的正面和负面影响问题。这是欧洲许多国家成立议会技术评估（Parliamentary Technology Assessment，PTA）机构的出发点。1983 年，法国成立了欧洲第一个 PTA 机构。随后，1983 年丹麦、1986 年荷兰、1987 年欧洲议会、1989 年英国和德国纷纷设立了此类机构。②

1. 法国

法国政府把科技评估作为政府科技管理的重要环节。1985 年，法国政府就有相关规定，对尚未付诸的科研项目在没有进行系统的评估之前，不能予以启动。评估师对其所做的评估负法律责任。法国的科技评估体系层级比较完善，主要有以下三个层面：

首先，最高层面是国会科技选择评价局，由参议院和众议院中的部分议员组成专门委员会，主要负责评价国家宏观的技术发展走向，并为政府优选科技发展策略作论证。

其次，政府评估层次，主要是以国家研究评估委员会为主。国家研究评估委员会的主要职能是评估政府的科研政策、计划、项目、法规，评估公共研究机构，并为总统和政府相关部门提供咨询意见。被评估机构必须根据评估报告的建议采取措施。

最后，国内科研单位的内部评价体系，主要是对机构内部进行评估，评估内容主要包括：研发选题是否恰当，国家科研投入的情况，新的科研项目潜在风险有多大等，③ 此外，还包括评价机构的设置是否合理有效，研究人员是否称职尽责等。

2. 丹麦

丹麦的科技评估机构主要是丹麦技术委员会，它是一个独立机构，主要负责

① 刘淑娟、胡志强：《OTA 的出现与终结》，《自然辩证法通讯》2012 年第 3 期。
② 王再进、邢怀滨：《欧洲议会的技术评估及对我国的启示》，《自然辩证法研究》2015 年第 1 期。
③ 张道许：《风险社会的刑法危机及其应对》，知识产权出版社 2016 年版，第 145 页。

对国家科研项目的技术和风险评估，具体目标有：负责组织公正无偏私的科技评估；对科技项目的潜力与未来风险进行评价；启发民众的风险意识，塑造民众理性看待风险的态度；向国会和政府提出科技发展的建议。

（三）中国

我国技术评估工作起步较晚。2000 年，科学技术部颁布了《科技评估管理暂行办法》，这标志着我国技术评估规范化的开始。但这仅仅是一个部委的规章，目前还没有相关法律。

2019 年 1 月 21 日，习近平总书记在省部级主要领导干部坚持底线思维着力防范化解重大风险专题研讨班开班仪式上发表重要讲话时指出，科技领域安全是国家安全的重要组成部分。要加快科技安全预警监测体系建设，围绕人工智能、基因编辑、医疗诊断、自动驾驶、无人机、服务机器人等领域，加快推进相关立法工作。

2019 年 7 月 24 日，习近平主持召开中央全面深化改革委员会第九次会议并发表重要讲话。会议审议通过了《国家科技伦理委员会组建方案》。会议指出，科技伦理是科技活动必须遵守的价值准则。……要抓紧完善制度规范，健全治理机制，强化伦理监管，细化相关法律法规和伦理审查规则，规范各类科学研究活动。

2019 年 10 月，《中共中央关于坚持和完善中国特色社会主义制度推进国家治理体系和治理能力现代化若干重大问题的决定》发布，文件指出，要健全科技伦理治理体制。

二、工程的环境风险评估

欧盟国家的相关立法主要起源于职业污染防范和职业健康保护等领域，然后逐渐过渡到环境污染风险防范，2000 年欧盟通过了《关于风险预防原则的公报》，为环境风险评估制定了明确有效的指南。欧盟在 2006 年又出台了《化学品注册、评估、授权与限制法》，特别明确了化学品风险评估的责任主体、评估程序和信息交流等内容。[①]

美国的环境风险管理起源于 20 世纪 70 年代，开始主要是对人的健康风险的重视，90 年代以后逐渐拓展到生态环境风险领域。与此相关的法律法规主要有：《有毒物质控制法》《清洁水法》《清洁空气法》《应急规划和社区知情权法》《综合环境反应、赔偿和责任法》。

我国 1989 年和 2014 年两次颁布的《中华人民共和国环境保护法》都规定了"预防为主"的原则，虽未使用"风险预防原则"这一术语，但已经体现了风险预防原则的实质。

---

① 王鲁权：《环境风险评估制度构建的基本理论问题研究》，《大连海事大学学报（社会科学版）》2016 年第 6 期。

我国新颁布的《中华人民共和国环境保护法》第三十九条明确规定"国家建立、健全环境与健康监测、调查和风险评估制度",环境风险评估制度应该成为环境风险预防和管理领域的一项基础性制度,但是,目前在我国环境法体系中仍然存在大量空白。因此,迫切需要深入研究与此相关的理论,并在此基础上全面构建相关制度。

实际上,关于环境风险评估,我国已有十余年的实践经验积累。为了预防因规划和建设项目实施后对环境造成不良影响,促进经济、社会和环境的协调发展,2002年,我国制定了《中华人民共和国环境影响评价法》,并经过了2016年和2018年两次修订。该法对规划和建设项目实施后可能造成的环境影响进行了分析、预测和评估,提出了预防或者减轻不良环境影响的对策和措施,构建了进行跟踪监测的方法与制度。

2004年,原国家环保总局发布了《建设项目环境风险评价技术导则》,其中将建设项目环境风险评价纳入环境影响评价管理的范畴,提高了环境风险评价和审查工作的质量和效率。

2010年1月,环境保护部发布了修订后的《新化学物质环境管理办法》,实现了从新化学物质危害评估向风险评估的转变。

地方政府也制定了环境风险评估的办法,以防环境污染。例如,上海市是我国特大城市之一,其支柱工业产业是石油化工、精细化工、汽车、电子信息、钢铁、成套设备制造、生物医药制造,典型高风险产业类别是石油化工、精细化工,重点高风险区域有金山石化区、高桥石化区、上海化工区、吴泾工业区。根据这些特点,上海市制定了《上海市环境污染事件应急管理办法》,其中规定,上海市建立环境污染事件风险评估机制。① 加强环境污染事件的风险评估,可以有效预防环境污染事件的发生,这体现出环境污染事件预防为主的管理原则。该文件从建立环境污染事件风险评估长效机制的角度,对有关管理部门和可能发生环境污染事件的单位提出了风险评估的要求:要求市和区、县环保部门同有关部门每年对本辖区范围内发生环境污染事件的风险进行评估,发现可能导致环境污染事件的安全隐患,应当采取措施予以消除;要求可能发生环境污染事件的单位,定期检查相关污染源的情况,并采取有效措施做好环境污染事件的预防工作。

三、工程的社会稳定风险评估

社会稳定风险评估旨在对决策后果进行预评估,实现社会利益冲突的源头防

---

① 徐向华、孙潮、刘志欣主编:《特大城市风险防范与应急管理法律研究》,法律出版社2011年版,第43—46页。

治，缓解社会矛盾和冲突。①

美国等发达国家和世界银行等国际组织较早就开展了工程项目的社会风险评估。②

1969 年，美国颁布了《国家环境政策法案》（*The National Environmental Policy Act*，NEPA），要求联邦政府机构对"立法"的人类环境的影响进行评估。20 世纪 70 年代在福特基金会资助下，美国开始对联邦政府的社会政策和项目进行评估，超越了环境影响评估的范畴。20 世纪 80 年代联邦政府开始形成环境和社会影响评估两个体系。1994 年 5 月，美国专门颁布了社会影响评价的指导原则，形成了比较规范的环境和社会影响评价体系。

从 20 世纪 80 年代开始，世界银行作为重要的国际组织，在其资助的工程项目领域开始进行社会影响评估，对社会影响评估的发展起到了重要的推动作用。目前世界银行制定了关于移民安置、社会分析、社会评价等的专门手册，广泛应用于项目的分析和评价。

20 世纪 80 年代末至 90 年代初，与世界银行类似，亚洲开发银行、泛美开发银行、加勒比海发展银行等国际金融机构分别设立了社会发展部门，颁布了社会分析指南，使社会影响评价成为项目评价工作的重要组成部分。

我国的项目社会影响评价始于 20 世纪 90 年代。当时，原国家计划委员会投资研究所成立了专门的社会评价课题组，出版了《投资项目社会评价指南》和《投资项目社会评价方法》，在水利、民航、铁路、森林、煤矿、电力、公路、城市基础建设等领域的项目评价中增加了社会评价的内容。

2004 年，中国国际工程咨询公司在亚洲开发银行技术援助项目的支持下出版了《中国投资项目社会评价指南》。

一段时间以来，由于某些重大项目引发的群体性事件在我国频发，产生了较大的社会影响，以 PX 事件为例，不到十年时间发生了 6 起（见表 5-1）。

表 5-1　各地发生的 PX 事件③

时间	地点	反对强度	表现形式
2007 年 6 月 1 日、2 日	福建省厦门市	低	平和的游行示威为主，被称为"集体散布"
2008 年 5 月 4 日	四川省成都市	低	民众戴着口罩，默不作声，在市区"散步"
2011 年 8 月 14 日	辽宁省大连市	中	民众聚集在市政府前的人民广场示威集会

---

① 朱德米：《社会稳定风险评估的社会理论图景》，《南京社会科学》2014 年第 4 期。
② 郭秀云：《重大项目评价中应加入"社会稳定风险评估"》，《中国科技论坛》2012 年第 11 期。
③ 唐钧：《社会稳定风险评估与管理》，北京大学出版社 2015 年版，第 32—33 页。

续表

时间	地点	反对强度	表现形式
2012 年 10 月 22 日、26 日、28 日	浙江省宁波市	高	非法聚集，拦路堵车，围堵招宝山派出所、交警大队国家机关，殴打国家工作人员
2013 年 5 月 4 日、16 日	云南省昆明市	中	集会抗议、游行示威
2014 年 3 月 30 日	广东省茂名市	高	打砸公共设施，焚烧汽车，拦截救护车、消防车等

因此，有些地方政府从维护社会稳定的角度出发，开始探索重大项目建设的社会稳定风险评估。2005 年以来，四川、上海、浙江、贵州、江苏、山东等省市陆续开展了重大项目的社会稳定风险评估工作。

社会稳定风险评估的核心意思是从源头上预防和化解社会矛盾。凡是直接关系到人民群众切身利益且涉及面广、容易引发社会稳定问题的重大事项、重大建设项目以及其他对社会稳定有较大影响的重大决策事项，在作出决策前都要进行社会稳定风险评估。

2011 年，卫生部发布了《卫生部关于建立卫生系统重大事项社会稳定风险评估机制的指导意见（试行）》。该文件从建立评估机制的重要性、评估工作的基本要求、范围、重点内容、责任主体、基本程序以及考核监督七个方面提出了指导意见。

2012 年，中共中央办公厅、国务院办公厅发布了《关于建立健全重大决策社会稳定风险评估机制的指导意见（试行）》。该文件从指导思想和基本要求、评估范围和内容、评估主体和程序、结果运用和跟踪、责任追究、组织领导六个方面对开展重大决策社会稳定风险评估进行了部署。

2012 年，国家发展改革委制定了《国家发展改革委重大固定资产投资项目社会稳定风险评估暂行办法》。该文件指出：评估主体作出的社会稳定风险评估报告是国家发展改革委审批、核准或者核报国务院审批、核准项目的重要依据。评估报告认为项目存在高风险或者中风险的，国家发展改革委不予批准、核准和核报。

这些文件为各级党委和政府重大决策的制定和出台，以及国家发展改革委立项的重大工程项目的社会稳定风险评估提供了一定的制度保障。

2012 年 11 月 8 日，中国共产党第十八次全国代表大会的报告中提出，要建立健全重大决策社会稳定风险评估机制。

2013 年 11 月 12 日，中国共产党十八届三中全会发布了《中共中央关于全面深化改革若干重大问题的决定》，强调健全重大决策社会稳定风险评估机制。

2019 年 1 月 21 日，习近平总书记在省部级主要领导干部坚持底线思维着力防范化解重大风险专题研讨班上的讲话中，对当前防范化解重大风险的重点领域作出部署，其中包括防范化解重大社会风险，明确要求维护社会大局稳定。

这一系列方针政策和部署旨在促进社会稳定风险评估体系的发展和不断完善。中国防范化解重大社会风险、维护社会稳定的实践具有积极的启示意义。在全球风险社会的背景下，中国稳定、安全的社会环境，已经成为展现中国国家和社会治理能力的一张名片。

四、食品安全风险评估

随着近年来食品安全问题日益凸显，一些发达国家和地区如美国、欧盟、日本等开始在食品安全领域引入风险概念，对食品安全进行风险评估。[①]

（一）国际组织

（1）世界贸易组织（WTO，原关税及贸易总协定GATT），在1986年到1994年的乌拉圭回合多边贸易谈判中通过的《SPS协定》，它适用于所有可能直接或间接影响国际贸易的卫生与植物卫生措施，包括保护动物、植物和人类的生命和健康免受各种不同风险侵害（从有害生物传播到食品添加剂）的措施。

在它的附件A第4款中，风险评估被界定为：按照可能适用的卫生和植物卫生措施，评价虫害或病害在进口成员境内传入、定居或传播的可能性，并评价相关的潜在生物后果；或者评价食品、饮料或饲料中存在的添加剂、污染物、毒素或致病有机体对人类或劳动的健康所产生的潜在不利影响。

（2）食品法典委员会（CAC），是由联合国粮农组织（FAO）和世界卫生组织（WHO）共同建立的。它将风险评估界定为："评估食品、饮料、饲料中的添加剂、污染物、毒素或病原菌对人群或动物潜在副作用的科学程序。风险评估包括危害确定、危害特征描述、暴露评估和风险特征描述四个步骤，也可称之为危险性评估。"

（二）美国

美国是世界上最早把风险分析机制引入食品安全管理中的国家之一，从1906年美国第一部与食品有关的法规——《食品和药品法》开始，一个多世纪以来，美国政府制定和修订了三十几部与食品安全相关的法规，如《联邦食品、药品和化妆品法案》《公共卫生服务法》《食品质量保护法》等。2011年1月4日，美国时任总统奥巴马签署了《食品与药品管理局食品安全现代化法》，对1938年通过的《联邦食品、药品和化妆品法案》进行了大量修订，授予美国食品和药物

---

① 杨小敏：《食品安全风险评估法律制度研究》，北京大学出版社2015年版，第4页、第107页。

管理局（FDA）更大的监管权力。

2003 年 7 月 25 日，美国农业部宣布成立食品安全风险评估委员会，旨在促使美国农业部内各机构之间就有关风险评估的计划和行动加强合作与交流。新的风险评估委员会将联合美国农业部一些部门的专家意见，为管理和决策提供统一的科学依据。该委员会的主要职责包括：对风险评估划分优先顺序，确定研究需求等；规定实施风险评估的指导方针；确认外部专家和大学来帮助开展风险评估。

科学和风险评估是美国食品安全政策制定的基础。1997 年发布的总统《食品安全行动计划》，要求所有负有食品安全管理职责的联邦机构建立机构间的风险评估协会，负责推动生物性因素的风险评估工作。

（三）欧盟

欧洲共同体自 20 世纪 60 年代成立之初，就制定了食品安全政策以确保安全食品在成员国之间的自由流通。

20 世纪 90 年代，口蹄疫、疯牛病、禽流感等疫情频繁暴发，食品安全问题也屡屡发生，欧盟各国经济和贸易遭受了巨大损失。

2000 年 1 月 12 日，欧盟委员会先后发表了《欧盟食品安全白皮书》，提出建立欧洲食品安全局。该局相对独立，不受欧盟委员会及各成员国管辖，负责对输欧食品的安全性进行监控、跟踪和分析并提供科学的建议。该机构的建立完善了欧盟的食品安全监控体系，为欧盟对内逐渐统一各种食品安全标准、对外逐步标准化各项管理制度提供了科学依据。

2002 年 1 月 28 日，欧盟颁布了欧洲议会与欧盟理事会第 178/2002 号法规，正式建立了欧洲食品安全局，主要承担风险评估和风险交流工作。

2002 年，欧盟颁布了《统一食品安全法》。《统一食品安全法》第一章第三条明确指出，"风险"是对健康造成不利影响的可能性，这种严重的影响会产生相应的危险。"风险分析"是指由内部相互联系的部分组成的机制，包括风险评估、风险管理和风险沟通。依据《统一食品安全法》，欧盟还建立了专司食品安全风险评估的机构——欧洲食品安全局。

（四）日本

日本根据其国内以及国际上食品安全形势的发展需求，于 2003 年颁布了《食品安全基本法》，原有的《食品卫生法》和《健康增进法》也做了修改，涉及食品安全的各种法律和大量的相关配套规章也依据这些法律随之进行了修改和制定。根据《食品安全基本法》第 11 条至第 13 条的规定，日本政府制定与实施食品安全政策的基本方针是采用风险分析手段，而其中又以食品安全风险评估为核心。《食品安全基本法》要求，在制定食品安全政策时，应对食品本身含有或加入食品中影响人身健康的生物学、化学、物理上的因素和状态，进行影响人身健康的评估。需紧急防止、抑制对人身健康产生不良影响而不能事前进行食品影响健康评价的，也应在事后及时进行食品影响健康评估，不得延误。

根据《食品安全基本法》的规定，日本成立了食品安全委员会，专门从事食品安全风险评估和风险交流工作。

（五）中国

近些年来，食品安全事件在我国时有发生。毒奶粉、毒豆芽、过期肉制品等对公众的身体健康产生了很大的危害，拷问着食品行业的道德底线，冲击着我国的食品安全法律体系。《中国食品安全发展报告（2015）》指出，"我国发生的食品安全事件，75.5%是人为因素导致"。

2006年11月1日，我国开始实施《中华人民共和国农产品质量安全法》，其中明文规定，要对农产品质量安全实行风险评估。

2009年，我国颁布了《中华人民共和国食品安全法》，首次将食品安全风险评估纳入国家法制化轨道，并在第二章中作了详细规定，即"国家建立食品安全风险评估制度，对食品、食品添加剂中生物性、化学性和物理性危害进行风险评估"。该制度的确立意味着我国食品安全风险规制的重点以外在表面现象为主，深入食品内在的安全因素，由过去被动的、亡羊补牢、事后处理的旧思路转变为主动的，源头治理、预防为主的新思路。这样的规定是前所未有的，表明建立食品安全风险评估制度已经上升为国家需求。

自2015年10月1日起，我国施行了新的《中华人民共和国食品安全法》。该法在总则中增加了"食品安全工作实行预防为主、风险管理、全程控制、社会共治，建立科学、严格的监督管理制度"等内容，重新定位了该法的价值取向，表明我国食品安全管理理念开始从事后处置向事前预防转变。

《中华人民共和国食品安全法》将食品安全风险监测和评估作为一章单独加以规定。这样做，一方面是对总则第三条"预防为主、风险管理"的具体化，另一方面体现出国家对治理食品风险的重视。其中，第十七条规定了实施食品安全风险评估的主体。第十八条、第十九条规定了应当进行食品风险评估的情形。第二十一条规定了向社会公告不安全食品信息，停止食用、使用、生产经营不安全食品，制定、修订相关食品安全国家标准三项风险预防措施。

第六章 工程风险治理的协商机制

协商民主是当代西方一种新的民主理论与实践形态。20 世纪 90 年代前后，协商民主的实践逐渐形成了一种新型的治理范式——协商治理。协商民主指明了治理过程中各相关主体的行为方式——公共协商。

工程活动社会性地改变了世界的存在状态，不可避免地给公众、社会和自然带来了风险。协商治理为工程风险治理提供了一种切实可行的路径选择。

第一节 工程风险的政治属性

政治是人类历史发展到一定时期产生的一种重要社会现象。这里提到的政治是指上层建筑领域中各种权利主体维护自身利益的特定行为以及由此结成的特定关系。在这种意义上，工程风险具有政治属性。工程与人的需求领域以及由这些需求所引起的社会冲突有着直接的关系。贝克认为，人类在工业化进程中自我孕育出来的风险存在很明显的社会化特征……已经不可避免地成为一个政治问题。①

一、工程风险成为一个政治问题

1. 工程利益与风险分配的不对称

传统政治生活的目标一直是公正，因而政治学所追求的目标就一直是阐述和澄清公正的本质。事实上，现代技术的产生实际上与对"正义"的理解的转变相关——一种对统治的新隐喻方式……随后的问题就是现代技术的利益如何被公正、公平地分配，正如在工业革命时期摆在英国人面前的"社会问题"一样。然而，今天提出的问题多是关于技术成本和技术风险分配的。这种从关注利益的

---

① ［德］乌尔里希·贝克：《从工业社会到风险社会》，王武龙编译，载薛晓源等《全球化与风险社会》，社会科学文献出版社 2005 年版，第 65 页。

公正分配到关注成本和风险的公平分配的转变，又一次引起了技术进步的问题。技术进步这一明显的事实，曾在现代伊始就被应用于那些有助于使公正概念改变的争论中。现在的事实似乎是，我们采取的技术行为越来越少地考虑到子孙后代的利益，而是更多地考虑自身的或当前的某一群体的利益，而这些行为通常使得他人甚至包括我们的子女成为我们的技术行为风险的抵押品。①

我们生活在一个全球公有域里，不论是好是坏，在这个公有域里我们采取的行动影响着一般福利，然而由单个行动者实现的成本和收益，并不反映那些更为宽泛的因素。个体行动者们，不论他们是个人还是各种公共机构或者国家，都是在利己主义上行动，常常会以社会、生物圈乃至整个地球村和后代为代价。② 科技发展与工业生产所引起的风险成为公共问题。在核技术时代、化学技术时代、基因技术时代里的巨大风险和灾难，却不再有一定社会界限和社会范围，承担风险和蒙受灾难的人，将是不分阶级、不分等级、不分民族、不分种族、不分国家、不分政见的不存在"他人"这一范畴的全人类的所有的人。正是这一重大区别，开凿了特殊的、与那些巨大风险和灾难有密切联系的、新生的政治动力之源泉。这种政治动力是人们为了应付、为了防范和化解巨大风险和灾难而重新整合的社会发展之动力，它消除了民族国家内部和民族国家之间所存在的所有的政治保护领域和政治分层状态。③

在贝克看来，在现代性的第一阶段，工业社会主要涉及物质财富的分配。与之相反，新近出现的现代性的第二阶段——即所谓的"风险社会"阶段——则主要致力于风险或者灾害而非财富和社会地位的分配。贝克认为，这种转化象征着对"人人都想要的稀缺物质"的再分配，变成了对风险——人人避之不及但又大量存在——的分配。④

将效率与公平分两步来对待，可使复杂问题易于处理。先要得到最大的一块馅饼，然后再谈如何来瓜分它。假定结果将受制于一种补偿机制，据此赢者按照某种公平标准给予输者一些好处的话，那么效率是值得追求的。

一般情况下，技术的受益者与风险的承担者往往不是同一个群体。掌握资源的人继续控制着财富，却将风险留给了别的人，影响最大的往往是处于社会边

① ［美］卡尔·米切姆：《通过技术思考：工程与哲学之间的道路》，陈凡，等译，辽宁人民出版社2008年版，第135-136页。

② ［美］莱文：《脆弱的领地：复杂性与公有域》，吴彤，等译，上海科技教育出版社2006年版，中文版序。

③ ［德］乌尔里希·贝克：《从工业社会到风险社会》，王武龙编译，载薛晓源等《全球化与风险社会》，社会科学文献出版社2005年版，第103页。

④ ［加］迈尔克·梅赫塔：《风险与决策：科技冲突环境下的公共参与》，汤涛编译，载薛晓源等《全球化与风险社会》，社会科学文献出版社2005年版，第259页。

缘、政治上无权的群体和个体。多数技术风险是不被人接受的，它们是被强加于他人的，且常常是在未发出警告、未提供信息或补偿方法的情况下发生的。①

我们正处于这样一个社会中，这个社会在技术上越来越完善，它能提供的解决办法也越来越完美。但是，与此息息相关的后果影响和种种危险却是受害人根本无法直接感觉到的。此外，还有一点，就是受害者不再是工人自己，而是消费者，或者是那些与此根本没有关系的人员，他们生活在远离这些危险源头的地方，②而且它们有时候被传给了后代。未来一代是承受社会公害的最重要的主体。有些国家、地区和企业从风险的产物中获利，而其余的国家、地区和企业则发现，他们的经济现状连同他们的健康状况均受到威胁。在风险社会中，那些并未制造污染的人和并未制造污染的地区也不可避免地要"分配"到"一份"全球污染的后果。③

2. 对风险水平的判断在本质上是伦理与政治问题

人们围绕那些有可能带来巨大利益、同时又具有不可预料的巨大风险的尖端技术而展开的争论，将主要不是一个技术上的争论，而更多的是一个伦理、政治和决策方面的争论。

英国著名的人类学家玛丽·道格拉斯（Mary Douglas）在风险的文化理论方面著述颇丰，她曾经指出："对风险的理解在本质意义上是政治问题。当国会和议会把这些问题移交给风险专家时，他们也让出某些权限。公众有关风险的争论就是有关政治的争论。"

科学不再是没有结果的实验活动，技术不再是对安全知识的低风险运用。在进行实验的过程中，科学和技术制造了风险并因此把管理风险的重任压在整个社会身上……在依赖风险文化的同时，各种不同的策略结果应跟上对风险的处理。实业家们按照成本—效益原则评估风险；市场中的失败成了风险避免的重点问题。官僚统治按照对平民利益的假设定义判断风险，并寻找重新分配的办法来处理风险；这里主要的问题是管理机构制度上的整合。社会运动以可能涉及的灾难衡量风险，并寻求避免能对目前和将来的生活质量造成威胁的风险。这些各种不同的风险评估实际上的不可调和性把对可接受的风险的具体决策转化为权力斗

---

① ［美］罗杰·E.卡斯帕森：《人类风险的可接受性》，载［美］珍妮·X.卡斯帕森、罗杰·E.卡斯帕森编著《风险的社会视野（下）：风险分析、合作以及风险全球化》，李楠、何欢译，中国劳动社会保障出版社2010年版，第5页。

② ［德］乌尔里希·贝克等：《关于风险社会的对话》，路国林编译，载薛晓源等《全球化与风险社会》，社会科学文献出版社2005年版，第10页。

③ 李伯聪：《工程哲学引论》，大象出版社2002年版，第148页。

争。"问题不是风险，而是权力。"①

政府官员倾向于将公众参与视为一种手段——它是完成特定目标的一种方式。公众则倾向于将参与行为理解为一种终极目标，尤其当预期的参与者也是风险承担者时，参与过程就明显地包含了一场较量，不仅要较量何种等级的风险是合适的（或可承受的），更要较量如何在决策过程中规制权力，以及最终谁将拍板的问题。在这样的背景下，与风险承担者进行的风险沟通变成了政治斗争的一部分。②

从本质上讲，风险冲突是一种政治冲突。其中，对民族智慧和常识的诉求以及对历史优先性的考虑，比技术专家确定政治争论语言的方法以及规范这种方法的技术统治程序更有可能使广大民众感到满意。这种对待风险和公共政策的方法将封闭的规制环境转变为更为开放和有责任心的环境。③

风险是一个词语代码，它向社会警告社会秩序已经要求变化。个人和组织对流行秩序的变化有着不同的态度。在社会秩序中，风险议题被用作改变或维护现存模式的杠杆。④

正如韦博·比克、罗兰·保尔和鲁德·亨瑞克斯所言，当一个问题在实用意义上成为公共问题，引发了公众的关注和不安，它就成了政治问题。⑤

外行人对科学已经变得怀疑了，因为他们意识到科学已经产生了许多令他们忧虑的风险，而且有关风险的科学知识是不完整的和矛盾的，科学并不能解决它所制造的问题。因此，人们定然会经常应对不安全性与不确定性：传统社会秩序似乎在正在被破坏的旧的确定性面前土崩瓦解。人们对于风险的定义有着持续的争论，特别是在给出风险定义的人（主要是专家）与接受定义的人（外行的公众）之间。因此，在风险社会中，风险已经成为一个高度政治化的概念。⑥

---

① ［德］乌尔里希·贝克：《世界风险社会》，吴英姿，等译，南京大学出版社 2004 年版，第 108-109 页。

② ［美］罗杰·E. 卡斯帕森：《公众参与及其与风险沟通相关的六个命题》，载珍妮·X. 卡斯帕森、罗杰·E. 卡斯帕森编著《风险的社会视野（上）：公众、风险沟通及风险的社会放大》，童蕴芝译，中国劳动社会保障出版社 2010 年版，第 5 页。

③ ［加］迈尔克·梅赫塔：《风险与决策：科技冲突环境下的公共参与》，汤涛编译，载薛晓源等《全球化与风险社会》，社会科学文献出版社 2005 年版，第 268 页。

④ ［英］哈里·奥特韦：《公众的智慧，专家的误差：风险的语境理论》，载［英］谢尔顿·克里姆斯基、多米尼克·戈尔丁《风险的社会理论学说》，徐元玲、孟毓焕、徐玲，等译，北京出版社 2005 年版，第 232 页。

⑤ ［荷］韦博·比克、罗兰·保尔、鲁德·亨瑞克斯：《科学权威的矛盾性：科学咨询在民主社会中的作用》，施云燕、朱晓军译，上海交通大学出版社 2015 年版，第 185 页。

⑥ ［澳］狄波拉·勒普顿：《风险》，雷云飞译，南京大学出版社 2016 年版，第 55-56 页。

二、工程风险的治理需要更多的民主

1. 伦理道德的无力

技术进步伴随着风险，风险问题一旦成为政治问题，单凭技术手段的解决方案就显得力不从心了。然而应对风险的制度又非常薄弱，迄今已有很多竭力躲避这种责任的企图。于是很多人认为，要减少风险，就要提高伦理道德水平。如果考虑到可能会带来的巨大风险和灾难，各门科学和各门技术在其发展过程中都具有自身的独立性，如果考虑到各门科学和各门技术都与各种不同集团、不同群体的经济利益存在着错综复杂的内在联系，那么，如同希望用自行车的制动去刹住正在洲际航行的飞机一样，用新的科研道德伦理体系来避免种种不可估算的非人道的结果这一美好的愿望，就只能成为一种永远不可企及且注定无法实现的理想和奢望。①

2. 更多的民主

贝克认为，世界风险社会理论并不是主张或鼓励在风险和人为的不确定时代里恢复控制逻辑。这是现代化第一个阶段的简单措施。相反，在世界风险社会里，控制逻辑从根本上受到质疑。②

我们正生活在一个技术宿命论的时代，生活在"工业的中世纪"里，而要战胜这种技术宿命论，走出这个"工业的中世纪"，则必须依靠更多的民主；也就是说，必须依靠生产的可计算性，举证风险生产时所需费用额度的再分配，风险生产者与风险评估者之间权利的分割，在有关技术选择问题上的公开论争。这反过来对于科学与商业、科学与公共领域、科学与政治、科学与技术、科学与法律等来说，则要求采用不同的组织形式。③

就如同早期通过三权分立的社会分权原则对拥有至高无上之王权的君主进行合法超越一样，技术领域的垄断特权也将在社会分权原则面前被一一分解。一方面，对技术领域内部的科学家和工程技术人员而言，分解技术垄断特权意味着不能让极少数或极个别的科学技术专家垄断所有权力，而要让更多的科学技术专家了解有关情况，参与决策咨询过程。也就是说，为了避免导致巨大风险和灾难而进行的取证、评估、鉴别、裁决等各个环节的责任和权力，需要进行再次分解和细化并重新予以分配。另一方面，对技术领域以外的政治家和社会公众来说，分

---

① ［德］乌尔里希·贝克：《从工业社会到风险社会》，王武龙编译，载薛晓源等《全球化与风险社会》，社会科学文献出版社 2005 年版，第 89-90 页。

② ［德］乌尔里希·贝克：《世界风险社会》，吴英姿，等译，南京大学出版社 2004 年版，第 183 页。

③ ［德］乌尔里希·贝克：《从工业社会到风险社会》，王武龙编译，载薛晓源等《全球化与风险社会》，社会科学文献出版社 2005 年版，第 131 页。

解技术垄断特权，则意味着人们对神秘的技术权威所产生的崇仰、称颂和感激之情将会逐渐淡化和消失，人们可以自由地怀疑和质询科学技术方面的权威专家们就有关巨大风险和灾难问题而展开取证、评估、鉴别、裁决的具体过程与真实结果。……可见，对科学的不确定性特征的进一步揭示，则意味着在政治层面上、法律层面上以及公共生活层面上，政治家和社会公众将会从技术权威所拥有的技术垄断特权被逐渐分解的过程中，分享到对技术权威进行怀疑和质询的自由。因此，我们可以这么说，正是对科学之不确定性的进一步揭示和全社会对科学之不确定性的公开的普遍的认知，才使人们越过了技术统治时代的重重藩篱，最后冲破了由技术垄断特权所牢牢筑起的坚固城堡，从而艰难地踏上了人类历史上的技术民主化和生态民主化进程。①

3. 开放技术向工程转化的决策过程

作为社会政治问题的科技风险治理问题也必然包含了更广泛的社会伦理和价值诉求。现代民主政治的合法性前提就是要保证使所有受到决策影响的人、他们都具有有效的、平等的机会来参与这个决策的过程。②

风险社会不仅要求国家，而且要求私有公司和各门科学开放其决策过程。对风险冲突隐含的权利结构进行制度上的改革，这将促进环境的革新，并有助于构建一个更好的发达的公共领域，在这个公共领域中，人们可以讨论和判断支撑风险冲突价值的极为重要的问题。③ 那些过去可以关起门来通过实际的约束力量被进行磋商并付诸实施的事情（如垃圾处理问题，甚至是生产方法和产品设计），如今可能暴露在公众批评的交火面前。

可做的选择是重新考虑政府和政治，以便创造开放的政府和组织，这一点由很有见识的公众及具有社会意识的公司提出，而所有这一切都是在面对他们目前主要与之分离的行为后果时提出的。最近的情况诸如欧洲因为疯牛病而引起的政治混乱，显示了旧的风险评估方法给社会施以未受控制的和不能控制的实验的程度。

贝克特别强调"亚政治"。亚政治意即"直接"政治，即特有的对政治决策的个人参与，绕过代表性的意见形成的机构（政党、议会），往往缺乏法律保护。换句话说，亚政治意味着自下而上的社会形成。……重要的是，亚政治通过改变政治活动的规则和边界建立起政治自由，以致它对新的联合变得更为开放和敏感——同时能够被磋商和改造。亚政治化过程绝对不应当被认为是不合理的，

---

① ［德］乌尔里希·贝克：《从工业社会到风险社会》，王武龙编译，载薛晓源等《全球化与风险社会》，社会科学文献出版社 2005 年版，第 101 页。

② 毛宝铭，等：《科技风险民主治理的基本观念与原则》，《理论与改革》2006 年第 2 期。

③ ［德］乌尔里希·贝克：《世界风险社会》，吴英姿，等译，南京大学出版社 2004 年版，第 6 页。

因为它与推举代表的、各党派的国家议会民主相比，拥有所有共和政体的现代性标志。世界公司和国家政府的活动正在变得屈从世界公共领域的压力。在这个过程中，个人—集体参与全球行动网络是显著的和决定性的；市民们发现购买行动是他们总能以一种政治的方式使用的直接投票。通过抵制运动，一个活跃的消费社会因此在世界层面上与直接民主相结合并与其结盟。……它将是责任的一种全球联结，其中，个人——而不仅仅是其组织的代表——能够直接参与政治决策。这让我们立即理解了在美国普遍讨论的"技术公民身份"的意思，即基本民主权利的恢复，反对技术发展的"无人规则"。[1]

只有一场强有力的、充分的、用科学的论据"武装"起来的公众讨论，能够将科学的麦粒从糠壳中脱出，并让指导技术的制度——政治与法律——夺回自己的裁判权。[2]

三、协商治理提供了新路径

1. 协商民主

协商民主（Deliberative Democracy）是协商治理的理论来源。西方协商民主理论被称为"反思的民主"，它是对西方传统民主理论的批判性超越。

竞争式民主的最大困境就是政治参与数量的分配不均，政治参与多是由社会地位和经济地位较高的公民主导，分配不公会进而导致不公的政治影响力。然而协商民主却赋予了大多数公民参与公共事务的积极性，认为公民的政治参与不应该再局限于定期的投票和不定期的游行示威等活动中，公民应该在信息公开透明的条件下，依据一定的程序，自由而平等地参与到公共政策的制定和政府的日常运作中，从而提升民主治理的品质。

协商民主是当代西方一种新的民主理论与实践形态，简单地说，就是公民通过自由而平等的对话、讨论、审议等方式，参与公共决策和政治生活。

协商民主的技术价值在于，较好地实现了或探索实现了间接民主与直接民主的结合以及代议制理性、行政理性与公民参与理性的相互衔接，从而使自上而下的治理与自下而上的治理的结合成为现实的可能。它使西方的民主理论和民主实践更加适合全球化和信息时代的现实要求。

2. 协商治理

顾名思义，协商治理是"协商"取向与"治理"取向相结合的产物，是20世纪末协商民主理念与方法在公共领域治理实践中形成的一种新型治理范式。

协商治理顺应了当今历史发展的潮流，因而将会成为一个重要的公共治理范

---

① ［德］乌尔里希·贝克：《世界风险社会》，吴英姿，等译，南京大学出版社2004年版，第50-54页。

② ［德］乌尔里希·贝克：《世界风险社会》，吴英姿，等译，南京大学出版社2004年版，第92页。

式，为公共治理增加一个民主的发展路径。它作为兼具直接民主和代议制民主特点的新型民主治理，开辟了规避和化解风险的新视角、新路径。为将其转变为现实，既需要外在制度的规划设计，更需要协商主体具备必要的能力和素质。①

协商民主指明了治理过程中各相关主体的行为方式——公共协商，它在公共治理中至少有以下积极意义：①协商民主代表了一种公共无私的观点，平等地对待所有人的利益，有助于赢得治理的合法性；②协商民主充分调动起公民、社会组织的积极性和责任感，有助于处理日益复杂的公共事务；③协商民主可以重塑政府和公民之间的信任关系，使政府更加理解和尊重公众的意见，形成具有凝聚力的共同体。

协商民主与协商治理为工程风险的治理提供了新的路径。

第二节　工程风险治理的公众参与②

协商治理是一种基于公民理性参与的新型治理，主张发挥公众参与在公共事务治理中的作用。作为承担工程公共风险后果的主体，公众参与它的治理具有正当性。正如乌尔里希·贝克所说，应向风险承担者赋权，将原本是工程技术专家所垄断的权力，交还给其生死存亡系于此类风险和灾难的每个人。③

一、公众参与

公众参与是指一切生活领域的非专业化，以使"普通人"为他们自身的福利负责。公众包括自然人、法人或者具备法人资格的协会组织等。参与的方式既包括主动参与，也包括评价组织者的动员参与。在现代社会，人们对科学技术发展有了越来越多的批评和质疑，这种方法就是针对现代社会中不确定、不平等问题的一种新的互动式解决途径。它为利益团体、消费者、普通大众、专家以及政策制定者提供了交流的机会。

公众参与作为一种新的民主形式于20世纪60年代在西方产生。在发端于18世纪的代议制民主中，公民选出代表，再由代表来对公共事务进行商议和作出决定。

---

① 吴翠丽：《风险社会与协商治理》，南京大学出版社2017年版，第19页。
② 王耀东：《公众参与工程公共风险治理的效度与限度》，《自然辩证法通讯》2018年第6期。
③ ［德］乌尔里希·贝克：《从工业社会到风险社会》，王武龙编译，载薛晓源等《全球化与风险社会》，社会科学文献出版社2005年版，第92页。

自 20 世纪初以来，人们逐渐认识到代议制民主的缺陷，主要包括：选民被假设为理性的消费者，他们能够准确判断候选人宣传的施政计划；候选人的参选行为被假设是超出个人利益的，公共利益在他们的各种利益中占第一位；代议制民主实际上把公民政治权缩减到仅有的投票权。这样一来，一旦公民选出他们的代表，他们就没有其他权力参与公共政治，在国家政治生活里变成了"被动公民"。

20 世纪 80 年代以来，选民代表们的信任危机越来越严重，代议制民主的危机促使公众参与开始兴起。到了 90 年代，全球治理变革把公民参与提高到了一个更高的地位。公共治理理论的创始人之一詹姆斯·罗西瑙进一步提出，公共治理模式下政府已不是唯一的政治活动主体，公民扮演着重要的角色。戴维·赫尔德发表的《民主与全球秩序——从现代国家到世界治理》也强调了全球范围的、多层次的、民主参与的治理。联合国全球治理委员会 1995 年发表的报告把公民和私人组织放到了与政府平等的政治地位上，成为公共治理的直接主体。①

公众参与技术和工程发展的决策，这种合理性遵循的不是技术内在的发展逻辑，而是技术作为人类实践的历史的发展逻辑。公众参与已经成为欧美国家技术决策的重要内容，形成了一定的参与模式，并且出现了一些具有现实操作性的实施工具。这些发展使大多数有争议的技术领域都付诸公众讨论和磋商，并且讨论的结果在很大程度上直接影响技术决策的最终走向。

二、公众参与工程风险治理的困境

公众参与是针对不确定性问题的一种治理机制，它已成为当代社会应对风险和挑战不可或缺的重要组成部分。但是，对于工程风险这个专业性很强的领域，建立有效的公众参与并非易事。在工程实践中，人们对公众参与风险的治理有很多争议。公众参与工程公共风险的治理存在诸多困境，主要有以下几个方面：

1. 公众通常缺少理解专业性问题的能力

工程有自身的结构、自身的活动和发展规律。"工程问题求解"就是要在给定的初始条件和约束条件下制定一个能够从初始状态经过一系列中间状态而达到目标状态的操作程序。② 对工程的描述需要特定的概念和技术性语言，普通公众没有相关的知识和背景，通常缺少理解专业性问题的能力。公众对工程风险的认知具有感性的色彩，有时候还表现出情绪化。

因此，公众的不同意见往往被看成是非理性的。卡普斯认为："有时，公民组织会以过分戏剧化、夸张或者尖叫的方式表达他们经常提出的不满或抱怨。"

①　蔡定剑：《公众参与：欧洲的制度和经验》，法律出版社 2009 年版，第 7 页。
②　殷瑞钰、汪应洛、李伯聪，等：《工程哲学》，高等教育出版社 2013 年第 2 版，前言 V。

甚至有人将公众参与讨论和决定科学技术和工程问题讥笑为好似"以投票决定地球是否绕日运行"。① 所以，不具备专门知识的公众被认为无法了解技术和工程的复杂性而常常被排除在风险治理之外。例如，在核电工程领域，普通公民的意见被当作"非理性的抗拒"予以拒绝，他们的反应被看作是不具资格的，是以与能量安全和公共利益相对立的地方和私人的名义。② 在有关转基因工程安全性的争论中，也经常听到该领域的专家驳斥普通公众、社会科学专家和非该领域的研究者，说他们没有资格参与讨论。

2. 参与者往往只关注自己的角色定位

工程有自身的目标指向和价值追求，可能会影响甚至损害某些人的利益。如果这些受影响者仅关注自身利益，就可能导致更广泛的公共利益的缺失。有的学者指出，虽然公众参与是以伟大的设计开始的，但是"它经常演变为日常的讨价还价……这常常以损失更广泛的社会目标为代价"。③ 有些人则安于现状，不愿意工程扰乱他们原来的生活，因而顽固地抵制某些工程的开发和建设。近些年在工程项目建设中时常发生的所谓"不要建在我家后院"的"邻避现象"（Not in My Back Yard），反映了公众权利意识的提高，但在一定程度上也反映了参与者社会责任的淡化。例如，北京六里屯垃圾焚烧发电项目，由于公众普遍持有"我不反对焚烧垃圾，但反对在这里烧"，社区居民集体抗议，政协委员提案反对，最后该项目被迫停建。

另外，如果参与者并不具有所在区域人群的代表性，那么他们提供的信息可能失真。况且，在忙碌的现代社会，有的人整天操劳，忙于工作和生活，可能不愿意拿出额外的时间和精力来认识和思考工程，这部分公众由于不涉及自身的眼前利益而参与动机不足。因此，公众参与风险治理并不总是那么稳定和可靠。

3. 公众参与会造成低效率

广泛的公众参与会使风险治理的决策和实施复杂化，导致成本增加。公众有时候并不能及时和准确地理解专家的方案，甚至不能理性表达自己的诉求。这就需要专家、政府和公众的多次协商和讨论，从而影响公共决策的效率。④ 在很多情况下费时费力导致项目运作成本增加，却没起到多大作用，效率是低下的。甚至，如果分歧过大，不能达成一致意见，就违背了工程的时限性要求，造成工程

① Cupps D. S., "Emerging Problems of Citizen Participation", *Public Administration Review*, 1977, Vol. 37, No. 5, pp. 478–487.

② 蔡定剑：《公众参与：欧洲的制度和经验》，法律出版社 2009 年版，第 6 页。

③ Rydell R. J., "Solving Political Problem of Nuclear Technology: The Role of Public Participation", in Petersen J. C., ed. *Citizen Participation in Science Policy*, Amherst: University of in Massachusetts Press, 1984, pp. 182–195.

④ 蔡定剑：《公众参与：欧洲的制度和经验》，法律出版社 2009 年版，第 177 页。

活动的拖延或"流产"。正如加拿大学者迈尔克·梅赫塔所言："如果公众参与使管理者无法运用科学工具和科学思考模式作出'正确'选择的话，那么过多的公众参与将使国家和公共决策过程陷入瘫痪的困境。"①

如果民主磋商阻挠了任何或所有改革议程的话，它的发展趋势就不那么乐观了。② 所以，有一种观点认为，公众参与是一个延误决策、刻意维持现状的低效率治理机制。例如，厦门 PX 项目，曾号称"厦门有史以来最大工业项目"，规划年产 80 万吨 PX（对二甲苯）。2006 年 11 月正式开工，计划 2008 年 11 月投产。但由于部分学者和政协委员提案反对，市民广泛持续抗争，2007 年 12 月福建省政府不得不决定迁址建设。最终该项目落户漳州。

4. 公众参与与保护商业秘密有冲突

公众参与要求工程共同体向公众提供尽可能多的关于工程的信息，而工程中有些信息尤其是某些关键信息属于商业秘密，工程开发者认为是不能公开的。公众要求公开和工程开发者要求保密都具有正当性，这是工程提供商品或服务的过程中存在的两种权利，在现有的法律体系中都能找到依据。前者是消费者对商品信息的知情权，根据消费者权益保护法，消费者有权利知悉其购买、使用的商品或接受的服务的真实情况；后者是经营者对商品秘密的私有权，是经营者对其商业秘密所享有的一种专有权。商业秘密是知识产权的一种所有权形式，它可能是企业生产使用的方法、配方，也可能是软件程序等，它能够为经营者带来现实的或可预见的经济利益和竞争优势。这两种权利都是受法律保护的。

公众参与要求信息公开，保障了消费者的知情权，但可能因此泄露了生产经营者的商业秘密。例如，某种产品的物理和化学特性以及它的安全数据对于公众和环境保护团体的有效参与是十分必要的，但如果该信息公开或者被泄密，竞争者获得了商业利益，生产经营者的合法权益就会受到损害。嵌入植物基因后可通过基因工程分泌某种杀虫剂的 DNA 片段，显然会同时引起竞争者和担心广泛应用该植物的环境后果的相关主体的注意。③ 公众参与要求信息公开导致商业秘密泄露，会损害经营者的商业秘密私有权。

三、公众参与工程风险治理的效度

效度即有效性，面对公众参与工程公共风险治理的困境，我们需要从过程和

---

① ［加］迈尔克·梅赫塔：《风险与决策：科技冲突环境下的公共参与》，汤涛编译，载薛晓源等《全球化与风险社会》，社会科学文献出版社 2005 年版，第 268 页。

② ［美］约翰·克莱顿·托马斯：《公共决策中的公民参与》，孙柏瑛，等译，中国人民大学出版社 2010 年版，第 19 页。

③ 金自宁编译：《风险规制与行政法》，法律出版社 2012 年版，第 233 页。

结果两个维度综合考量公众参与的效度。从过程上看，公众参与的有效性，并非仅仅体现在公众参与成功地改变了风险治理的决策，更体现在原本在很大程度上被排斥在外的普通公众，成功地参与了工程的决策及风险的治理过程。从结果上看，公众参与可以成为工程公共风险治理的有利杠杆，为社会带来更多的积极收益。公众参与并不一定是决策过程的累赘，而是保证其有效性的重要因素。① 早期的公众参与可以避免冲突，它可能延长制定决策的时间，但却可以缩短实施决策的时间，而且有益于决策实施的持久性。

所以，应从公众、工程开发者、政府等多个主体而不是某个单一主体的立场上，兼顾当下和长远来评价公众参与的效度。

1. 公众参与可以提供工程风险的更多信息

风险可能产生多种影响，其中有些还具有协同效应。因此，工程带来的公共风险需要在一个宽泛的范围内考量潜在的后果，而不能仅仅依靠单一的风险技术度量。"被技术专家评估为微小的风险有时会造成巨大的公众反应，并会伴随以重大的社会和经济影响。"②

公众是一个巨大的资源库，对于工程风险的潜在后果，受影响的公众比专家们了解得更多，也更有体验。在很多情况下，是公众把某个项目的风险主题提上议事议程。不能简单地认为，公众"愚昧无知"和"感情用事"，相反，对风险认知的研究发现，在评估风险时，公众成员明显会比技术专家使用更广泛的方法。公民在数量相同的风险中进行质的区分，当他们的反思价值影响这些质的区分时，公民的判断值得尊重。③ 很多情况下，公众提供的信息和意见能够使专家和管理者的思考更加清晰。

信息畅通是成功的风险管理的润滑剂。风险来临时，如果决策者能够得到及时、可靠的信息，他们就有可能作出更好的决策。④ 比如，重庆中国三峡博物馆项目在决策论证时，就在全市范围内公开征求公众的意见和建议。

2. 公众参与有助于风险沟通

风险既是危险又是机遇，基于不同的知识背景和生活阅历，公众和技术专家

① ［英］巴鲁克·费斯科霍夫、莎拉·利希藤斯坦、保罗·斯诺维克、斯蒂芬·德比、拉尔夫·基尼：《人类可接受风险》，王红漫译，北京大学出版社 2009 年版，第 182 页。

② ［美］罗杰·E. 卡斯帕森、奥特文·雷恩、保罗·斯洛维奇、哈利纳·布朗、杰奎·埃米尔·罗伯·顾拜尔、珍妮·X. 卡斯帕森、山姆·拉梯克：《风险的社会放大：一个概念框架》，载珍妮·X. 卡斯帕森、罗杰·E. 卡斯帕森《风险的社会视野（上）：公众、风险沟通及风险的社会放大》，童蕴芝译，中国劳动社会保障出版社 2010 年版，第 81 页。

③ ［美］凯斯·桑斯坦：《恐惧的规则：超越预防原则》，王爱民译，北京大学出版社 2011 年版，第 106 页。

④ ［美］阿斯沃思·达莫达兰：《驾驭风险》，时启亮、孙相云、杨广鹏译，中国人民大学出版社 2010 年版，第 363 页。

会有不同的看法。普通公众和技术专家一样也具有风险知识。由于这两种知识的来源不同，形成机理也有差异，所以有时会发生冲突。但是它们在风险治理中分别有自己的优势，人们不应该厚此薄彼。例如，公众的风险知识对于价值选择具有正当性，而专家的风险知识对于事实判断则往往具有合理性。

公众参与有助于风险沟通，消解两种风险知识的分歧，增强工程供给与公众需求之间的相互适应性。一方面，有关风险以及福利的分配，风险评估和风险管理中存在的假设和推论都应当清楚、完整地向公众作出说明和解释，以帮助公众克服风险信息认知中的偏见或障碍。另一方面，公众参与让专家全面地了解公众的价值偏好，使风险规制目标的选择更加具有正当性。[①] 公众、专家、利益团体和政府借助一定的平台，进行持续的风险沟通，相关信息以及各种观点在各主体之间交换，收益、风险和不确定性都能展现出来。这些主体通过对话、协商和反思，以公共利益为最大公约数，最终作出具有约束力的决定。

通过公众参与和沟通，还可以发挥对公众的教育功能，促进公众批判性的反身性思考，使公众反思自己的风险观念，增强对技术、工程及其产品或服务的理解，改变自己的态度和行为，避免对工程的抵制。有效的公众参与作为一个公开和追求公正的解决机制，可以提高人们对于决策的接受度。执行自己参与的决策无疑是更容易接受的。

另外，通过公众参与可以提前获取某些可能产生对抗的信息，进而采取相应的措施，避免产生风险的社会放大效应。应当让公众的风险知识在法定框架内，以一种有序的方式融入风险治理中，从而疏导社会冲突并确保疏导的有序性和可控性，避免冲突脱离正常轨道。公众的积极合作，可以降低风险治理的成本。

3. 公众参与可以尊重多元价值

"无论在什么语境或者情况下，任何风险评估都应该有赖于对潜在结果赋予的价值，而非仅仅依赖于结果的概率。"[②] 在工程风险治理中，价值判断是一个不可回避的问题。在人文标准更加恰当、合理的时候，不能仍然秉承技术标准来管理工程项目。例如，对于人工智能以及 DNA 重组等人们正在研究开发的前沿技术来说，它们带来的风险挑战了人类传统的价值观。"对风险狭隘的定量描述遗漏了人们最为之感到不安的后果。"[③] 正如蒂伯尔等所指出的："管理者应将所有注意力放在部门内部的操作上，这样就可以更加经济和更加高效，这种观念已

① 沈岿主编：《风险规制与行政法新发展》，法律出版社 2013 年版，第 101 页。
② ［英］珍妮·斯蒂尔：《风险与法律理论》，韩永强译，中国政法大学出版社 2012 年版，第 27 页。
③ ［美］罗杰·E. 卡斯帕森、珍妮·X. 卡斯帕森：《工业事故中风险沟通的考量因素及原则》，载珍妮·X. 卡斯帕森、罗杰·E. 卡斯帕森《风险的社会视野（上）：公众、风险沟通及风险的社会放大》，童蕴芝译，中国劳动社会保障出版社 2010 年版，第 68 页。

经变得不合时宜了。"① 对于工程活动，不但要进行技术评价和经济评价，还要进行人文评价和社会评价。

公众是有着不同文化传统的群体，他们的关注和预期各不相同，可能提出许多看法和要求，这些意见大多来自那些尽责的公民，而不是非理性的捣乱者。法国社会学家加布里埃尔·塔尔德认为，公众是现代社会最卓越的组织形式。每一个人都要为他自身的福利负责，选择某项工程提供的产品或服务，就是在对自己的价值作出陈述，同时也参与了对工程的塑造。社会公众将把"我们希望怎样生存"这样一个生存标准应用到科学规划、科研成果及应对科学所导致的风险和危机等方面。② 因此，不能仅仅根据风险显性化为危害后的大小以及风险发生的概率来界定什么是可接受风险，技术专家仅仅凭借专业领域的知识确定它的临界值是不可靠的。"可接受性的判断将取决于个体希望如何处理和对待他们的生命以及国家会对个体的行为作出怎样的限制。"③ 例如，怒江大坝工程建设遭到公众和环保组织的反对，他们认为这会对流域自然生态环境的影响程度难以准确估量，应该保护在地球长期演化过程中形成的独特的自然资源，最终该项目被搁置。

公众参与是一种复杂的合作风险治理模式，它可以尊重多元价值。公众通过积极参与，承担社会责任以及环境责任。工程开发者们普遍把选址过程看作是一个当时当地、单一孤立的问题，而公众们则大多将其置于一个更长的历史跨度、更广的社会背景下来考虑。④ 公众参与意味着公共治理领域的非专业化，虽然看似增加了成本，但是它所需要的时间和资金的投入，是一种防止失误从而有利于长远效率的机制投入。公众参与还可以减少权贵们挟持公共组织牟取个人私利的机会，防止专家成为某些利益集团的代言人，从而防止社会整体利益遭受损害。

4. 风险面前公共利益优先于商业秘密

商业秘密是指不为公众所熟悉、能为权利人带来经济利益、具有实用性并经权利人采取保密措施的技术信息和经营信息。在实践领域，某些企业将管理信息也纳入到商业秘密进行保护。

商业秘密是能够给企业带来巨大经济利益的无形资产。这种无形资产带有一

---

① Tipple T. J. and Wellman J. D., "Herbert Kaufman's Forest Ranger Thirty Years Later: From Simplicity and Homogeneity to Complexity and Diversity", *Public Administration Review*, 1991, No. 51, pp. 421-428.

② ［德］乌尔里希·贝克：《从工业社会到风险社会》，王武龙编译，载薛晓源等《全球化与风险社会》，社会科学文献出版社 2005 年版，第 132 页。

③ 沈岿主编：《风险规制与行政法新发展》，法律出版社 2013 年版，第 169 页。

④ ［美］罗杰·E. 卡斯帕森、多米尼克·高尔丁、塞斯·图勒：《有害物质填埋场选址与风险沟通中的社会不信任因素》，载珍妮·X. 卡斯帕森、罗杰·E. 卡斯帕森《风险的社会视野（上）：公众、风险沟通及风险的社会放大》，童蕴芝译，中国劳动社会保障出版社 2010 年版，第 33 页。

定的垄断性，往往可以使企业在一定时间、一定领域内获得丰厚的回报。步入知识经济时代，商业秘密是现代企业财富和市场竞争力的核心体现，企业丧失或泄露了商业秘密，尤其是被竞争对手获取后，可能会对企业造成毁灭性的打击。

我国自 1993 年起，先后通过了《中华人民共和国反不正当竞争法》《中华人民共和国劳动法》《中华人民共和国刑法》《中华人民共和国合同法》等若干法律，对商业秘密进行规范和保护。1998 年，《国家工商行政管理局关于商业秘密构成要件问题的答复》规定："权利人采取保密措施，包括口头或书面的保密协议、对商业秘密权利人的职工或与商业秘密权利人有业务关系的他人提出保密要求等合理措施。"

商业秘密具有私益性，公众知情权具有公益性，商业秘密和知情权有着各自的权利保护倾向，二者之间存在天然冲突的因子。在法理的界定上，这两种权利的边界模糊，难以避免发生冲突。

对公众的知情权和商业秘密的私有权二者的相对取舍是一个利益评判衡量的过程，要在公众参与与保护商业秘密之间保持一种张力。从一些国家的实践来看，解决这个问题的关键要看是否存在公共利益，如果是为了公共利益，那么私权应当服从公权。如果工程的开发或提供的产品和服务会对公共安全产生严重危害，那么这些工程活动就超出了商业本身的领域，而进入公共领域。在这种情况下，公众就有权知悉该工程活动的相关情况以及可能带来的危害。工程开发者有义务向公众详细说明工程及其所提供商品或服务的有关情况。面对公众的质疑和指控，工程开发主体应承担举证责任，为工程的无害性辩护。[①] 公众可不必为自己的质疑承担举证责任。

四、公众参与工程公共风险治理的限度

公众参与工程公共风险的治理是有限度的，应视工程及其风险的不同情况，确定不同的参与程度，采取相应的参与形式。既要避免参与不足，又要防止参与过度，应保持在一个合理的区间。

1. 避免参与不足

工程要受多种因素的制约，在有些情况下，技术和经济上的规划已经把工程限制住了，公众参与无法将一个结构化的问题"解构"。公众和工程开发者的权力关系是极其不对称的。"风险制造者几乎总是具备高超的知识和丰富的资源来推广那些有潜在危害的技术。……那些惧怕风险的人所掌握的资源则很少，参与

---

① 王耀东：《工程风险治理的预防原则：困境与消解》，《自然辩证法研究》2012 年第 7 期。

决策的机会也有限或者被延迟。"① 在争论中，专家的意见容易受到重视，公众的意见和建议往往沦落为象征性的存在，成为一种摆设，实质上被排斥在风险治理过程之外，公众参与不足。例如信息发布会，这种参与形式只允许公众询问既有的内容，公众几乎没有机会影响决策，所能做的只是对已有的政策草案发发牢骚而已。

要避免参与不足，追求真实有效和深度的公众参与，公众的意见和看法不应被视为异质，而应相信公众能够在那些关系他们生活质量的工程公共风险治理中拥有影响力。当然，"如果有更多的具有较高专业水平和社会理解能力的参与者介入，我们就越有可能制定出更好的政策，从而获得更好的社会、环境效益"。②

应当通过认真的设计和监督来建立真正的公众参与，包括在问题定义的最早阶段让公众进行有实际意义的参与，让他们参与整个决策过程，并给他们提供技术支持。③

2. 防止参与过度

我们也不应对公众参与的潜力抱有天真的乐观主义态度，认为公众参与就可以解决一切风险问题。必须指出的是，公众参与能够带来很多收益，但也能导致严重的问题。比如公众过度参与的"邻避运动"，公众为规避某些工程项目的环境风险和生态风险，表达的方式从温和走向激烈，很多已经演化为街头和农田边的抗争，结果是绝大部分项目被取消或者无限期推迟。"邻避运动"是公民的私权对政府的治权和企业生产经营权的平衡，有时会严重到漠视甚至否定政府的治权，妨碍或冲击企业的生产经营权。有些人用他们认为合适的方式得出结论，他们做决定时可能不考虑逻辑和理性，这种行动不应该被赋予合法性。根据罗尔斯的正义论，人们不能只从自身利益去认知、决策和行动，否则就没有公正可言，民主政治也可能走向自己的对立面，演变为多数人的暴政。过度参与同样无法有效地将公众参与的功能发挥出来。

要防止公众的参与过度，公众参与并不意味着由公众进行决策，公众表达的意见即使是多数人的意见，也不一定是绝对合理的。现在人们不能简单地依赖于地方知识、传统、宗教信仰、习惯或遵照其他实践来处理他们的日常生活，正如他们在前现代和早期现代时期所做的一样。相反，他们必须主要依赖他们不认识

① ［美］罗杰·E. 卡斯帕森：《人类风险的可接受性》，载［美］珍妮·X. 卡斯帕森、罗杰·E. 卡斯帕森编著《风险的社会视野（下）：风险分析、合作以及风险全球化》，李楠、何欢译，中国劳动社会保障出版社 2010 年版，第 11 页。

② 王巍、牛美丽编译：《公民参与》，中国人民大学出版社 2009 年版，第 14 页。

③ ［英］巴鲁克·费斯科霍夫、莎拉·利希藤斯坦、保罗·斯诺维克、斯蒂芬·德比、拉尔夫·基尼：《人类可接受风险》，王红漫译，北京大学出版社 2009 年版，第 224 页。

的以及不大可能见到的专家为他们提供建议。① 在所有的社会中，技术专家、政治领导以及外行人之间的权利划分始终是冲突的来源。某种程度上平衡取决于各群体对问题的了解。人们通常倾向于将权利交给知识较多的群体。②

当公众成为决策的参与者时，他提出的意见和建议也要进行严密的审视。参与机制本质上是一种社会能量释放机制和纠偏机制。公众参与并非取代专家而单独决策，它提供多元视角并可以限制权力的滥用。

3. 保持在一个合理区间

从形式来看，公众参与的方式对工程风险治理的影响力是一个连续的统一体，从弱到强主要有：信息发布会、公众听证会、咨询委员会，根据特定项目成立的临时组织、有法定决策权的理事会或委员会等。区间内的这些参与形式不仅意味着公众可以发挥政策咨询的功能，而且可以参与到风险治理的行动中。

从内容上，公众参与可以获取工程的相关信息，可以评论部分正式方案，可以积极提出自己的意见与方案等。通过公众参与，公众能尽早地进入那些会对他们造成影响的工程决策及风险治理的过程中，清楚地了解自己可以有所作为的边界和领域，哪些是可以改变的，哪些是不可以改变的，决策是如何作出的。公众参与的效度并不是完全由公众意见被采纳的多少来决定，政府和工程开发者的反馈也是它的变量之一。公众得到了反馈，知道意见不被采纳的原因，并被通知治理进程以及最终结果，这样的参与同样是有效的。比如，很多城市的公共交通工程建设引入公众参与机制，主动征求市民建议，并进行互动，公众参与在合理的区间内进行，优化了公共资源配置，提高了社会整体福利效果。

综上所述，公众是工程提供的产品或服务的消费者，公众参与应成为工程公共风险治理结构中的关键组成部分。公众参与可以优化治理过程，促进建立公众与工程共同体共同生产的伙伴关系，实现公众群体的意愿表达和诉求，从而达到多方利益的平衡。公众参与也有利于克服经济理性片面追求经济利益的局限性，追求社会的公平与公正，有效化解工程开发和建设引发的社会矛盾。

要避免参与不足，防止参与过度，使公众参与成为工程公共风险治理的一种有效机制。公众的风险知识不能沦落为漂亮的民主符号，工程开发者和政府有责任向公众提供相关信息，增加公众工程知识的深度和广度，提高公众风险知识的理性化程度。同时需要公众具有公共精神，遵循公共理性。因此，有效的公众参与需要长期的积累，既需要制度的约束来加以保障，又需要文化的积淀来孕育。有效的公众参与根植于公众自身能力的提高，包括信息处理分析能力、知识与技

---

① ［澳］狄波拉·勒普顿：《风险》，雷云飞译，南京大学出版社 2016 年版，第 62 页。
② ［英］巴鲁克·费斯科霍夫、莎拉·利希藤斯坦、保罗·斯诺维克、斯蒂芬·德比、拉尔夫·基尼：《人类可接受风险》，王红漫译，北京大学出版社 2009 年版，第 180 页。

术的运用能力、沟通传播能力等。

第三节　工程风险治理的公共协商①

工程活动是一种既包括技术要素又包括非技术要素的以系统集成为基础的物质实践活动。它既不是单纯的技术活动，也不是单纯的经济活动，而是一种综合活动，是技术与社会、经济、文化、政治以及环境等因素综合集成的活动，它不但需要自然科学知识、技术知识，而且同样需要社会科学知识以及人文科学知识。

协商民主为工程风险治理提供了一种切实可行的路径选择。

一、公共协商的前提：信任

信任意味着某一个人或团体存在对另一个人、机构或社会和政治体系的某种程度的脆弱性。它包含承诺、胜任、关怀和可预期性四个组成部分。②

信任表达了对未来积极期望的心理状态，当面临不确定的忧虑时，通过寄予他人或系统以信心而回避与规制未来可能出现的风险。

信任是一种社会复杂性的简化机制。信任是一种不可或缺的社会资本。没有信任我们所认为的理所当然的日常生活就是完全不可能的，会陷入风险恐惧的形而上学。在风险社会里，"行动的可能性随着信任的增加而成比例地增加"。③

风险沟通的信息传达方是否能够获得信息接收方的信任，是协商是否取得成果的关键。工程风险的制造者和监管者能否将公众视为可信赖的伙伴，对于沟通和协商的有效性具有决定性的影响。如果一味采取 DAD（Decide（决定）、Announce（宣布）、Defend（辩护））等模式进行沟通，那么双方很难建立真正的信任。

需要指出的是，信任虽然需要经过长时间的共同努力才有可能建立，但是却可以十分容易地遭到破坏。失去信任，沟通将变得难以进行。缺乏信任是风险管理失败的一个关键因素。

---

① 王耀东：《技术向工程转化的公共协商》，《自然辩证法研究》2009 年第 11 期。
② ［美］珍妮・X. 卡斯帕森、罗杰・E. 卡斯帕森：《跨越边界》，载［美］珍妮・X. 卡斯帕森、罗杰・E. 卡斯帕森编著《风险的社会视野（下）：风险分析、合作以及风险全球化》，李楠、何欢译，中国劳动社会保障出版社 2010 年版，第 210 页。
③ 潘斌：《风险社会形上阐释》，上海人民出版社 2018 年版，第 206 页。

二、专家确立初始条件

技术专家和工程师对工程风险治理具有不可替代的作用，他们是工程活动的设计者，置身于技术发生的第一现场，他们确定了初始条件。这个初始条件是公共协商的前提和基点，如果没有这个初始条件，协商就无从谈起了。

另外，由于该初始条件主要是由技术专家和工程师设定的，在专家和普通公众之间就存在严重的信息不对称。因此技术专家和工程师要承担向公众的知情权负责的义务，他们有义务主动向社会公众介绍和传播相关知识，主动提升公众对技术和工程问题的认识程度和敏感度，帮助公众理解技术和工程。

1992 年，英国医学协会调查组的报告《我们的基因未来：基因技术的科学与伦理》指出，无论是学术界的还是企业界的科学团体，都有责任以非专业人士能够理解的方式使普通公众了解在基因改进领域的新进展。学校、广播、电视以及图书、杂志和报纸的出版发行单位在向这一目标迈进的过程中同样扮演着重要角色。

农业技术推广应当是真正的交流或互惠的对话，而不是仅仅由农学专家向农民颁发"公报"。所以，技术推广工作人员必须接受"浪费时间"以便与那些"推广"知识的最终使用者进行积极对话。①

吉登斯提出了现代社会中专家处境的悖论："一方面，面对现代社会的风险与不确定性，大众只有求助于经长期专业化训练的专家知识，借助对'专家系统'的'信任'，才能构筑起'本体性安全'；另一方面，在现代社会中，一切科学结论本身已经成为一种'假设'，需要不断地加以'证伪'。"② 吉登斯认为，过去被人们所崇拜的知识权威在如今已经不复存在。由于风险社会的知识环境不断发生变化，所谓的"专家"也在不断接受着挑战。在当今社会中，有越来越多的风险是专家或政府无法预见、无法感知也无法独立解决的，普通公众给风险的解决提供了启发性的思路和经验。

依靠单个专家的知识和能力已经难以适应现代社会日益复杂的问题的决策。群体之间知识互补和智力互补的群体决策机制已替代个体决策。在这一过程中，科学家的角色也在发生着变化，从真理的代言到决策者的幕僚，进而成为决策的参与者。③

① ［美］德尼·古莱：《发展伦理学》，高铦，等译，社会科学文献出版社 2003 年版，第 111 页。

② ［英］安东尼·吉登斯：《现代性的后果》，田禾译，译林出版社 2000 年版，第 77—81 页。

③ ［美］戴维·雷斯尼克：《政治与科学的博弈：科学独立性与政府监督之间的平衡》，陈光、白成太译，上海交通大学出版社 2015 年版，总序第 2 页。

三、企业提供动力机制

在现代社会中，企业是进行现代工程活动和生产活动的常见主体和基本组织形式。企业可以提供或撤销资源，按自己的意愿规定技术的目的，使技术的使用和工程的建构符合自己的意愿，并使自己的利益最大化。

在过去的几十年，几乎所有行业都加强了风险责任。例如，约翰路易斯合伙公司 2011 年年度报告作出如下陈述：我们产品的可追溯性和安全性及组成成分，这些都是建立客户对我们的信任不可或缺的内容。我们建立严格的采购政策、检验和农场保证体系，这将有利于确保在整个供应链中达到最高标准的质量、安全、环境和动物福利。专门的技术部门与我们的购买团队共同合作，确保我们销售的每一个产品是使用安全的，并确保所有我们的自有品牌产品符合相关消费法规和安全标准。

四、公众和社会设立边界条件和约束条件

在技术向工程的转化中，工程共同体成员间以及工程共同体与社会其他成员间的不同目标诉求会带来利益冲突，同时在一个价值观多元化与利益分化的社会中，同一项工程在不同的社会群体那里可能会得到不同的价值判断。利益和生存的博弈是推动技术向工程转化的动力，人们在这种情境中如何行动已不再是专家所能决定的。每个人都为自己决策：什么是可以容忍的，什么是不能容忍的？这些为技术向工程的转化设置了边界条件和约束条件。例如，厦门 PX 项目原本计划建在厦门市海沧南部区域，在 2007 年 3 月的全国政协会议上，中国科学院院士、厦门大学教授赵玉芬等 105 名全国政协委员联名签署提案，认为该项目的实施可能导致厦门遭受严重的环境污染，建议该项目迁址。

人类越来越难以预见自己构建的系统的所有行为，包括灾难性的后果。由此，要求工程成为一个更加密切的、与社会互动的过程，伦理学家必须参与对话，从伦理维度加以审视，为技术向工程转化设立边界条件和约束条件。伦理学家应同经济计划者和其他解决发展问题的人员一样，有权通过参与对需求社群的行动或咨询，就发展问题发表理论性和规范性的观点。伦理学家比其他发展问题专家更加自觉和有意识地需要实行专业态度革命或转化，断绝与精英价值观的关系以及对它的忠顺，转向尊重和顺应那些因资源转移的"正常"运作而处于无权无势的人们的价值观。①

外行人依赖于专家知识，在回应专家知识的时候，个体发现并运用自反性，

---

① ［美］德尼·古莱：《发展伦理学》，高铦，等译，社会科学文献出版社 2003 年版，第 14-15 页。

自反性主要是对专家知识系统的回应，而不是提供自己对世界的经验来产生自己的风险知识。因为作为"非专家"，他们还缺乏理由和机遇去挑战专家知识，即使专家知识是不确定的或者冲突的。①

童工在某些方面比成人劳工更有"效率"，但当使用童工被认定为是不道德的时候，人们在考虑更有效率的劳工的可能来源时，儿童便被排除在外。儿童会被重新定义为学习者与消费者，而不是劳动者。②

五、政府协调

政府起着基础性动力的作用。在政府的推动下，社会组织、企业、公众协调互动。

政府和社会力量具有各自的特点和优势，可以实现功能互补，因而具有合作的必要性。例如，日本在这方面的做法很成功。为了保证突发事件发生时民间团体参与救援，实现相互合作，日本通过实施指定管理者制度和灾害救援合作协定制度，发挥了独立法人、私有企业和非政府组织等的巨大作用。③

政府协调治理明确界定了政府的角色，即"协作者"，具有协调和合作两重职能。在工程风险治理中，政府的权限职责不仅限于管理风险或危机事件，更需要引导、规约、协调治理网络，实现多元主体之间的互动合作。④

协调是一种缓解冲突、消弭分歧、引致合作的行为；协调是同一系统、同质系统和异质系统之间的互动关系；协调规定了不同主体或者不同系统之间的权责边界。⑤

缺乏协调的无序个人动机往往导致较差的结果，外部性只是其中一项表征。受本性驱使，人们为了蝇头小利而趋于竞争，殊不知如果选择硬币的另一面——合作，能带来更大的福祉，甚至惠及全世界。⑥

---

①　[澳]狄波拉·勒普顿：《风险》，雷云飞译，南京大学出版社2016年版，第89页。

②　[美]查尔斯·E.哈里斯、迈克尔·S.普理查德、迈克尔·J.雷宾斯、雷·詹姆斯、伊莱恩·英格尔哈特：《工程伦理：概念与案例》，丛杭青、沈琪、魏丽娜，等译，浙江大学出版社2018年第5版，第71页。

③　徐向华、孙潮、刘志欣主编：《特大城市环境风险防范与应急管理法律研究》，法律出版社2011年版，第26页。

④　金太军、赵军锋：《风险社会的治理之道：重大突发公共事件的政府协调治理》，北京大学出版社2018年版，第51页。

⑤　金太军、赵军锋：《风险社会的治理之道：重大突发公共事件的政府协调治理》，北京大学出版社2018年版，第40页。

⑥　[美]约翰·H.米勒：《复杂之美：人类必然的命运和结局》，潘丽君译，广东人民出版社2017年版，第153页。

六、协商形成公共理性

工程活动是集体活动，而集体活动必然能提出对其成员进行协作或协同的要求，于是，协作或协同就成了工程活动的不可缺少的机制。

生活在一个人为制造的不确定性的全球时代，我们还缺乏足够的理性。复杂的现实几乎为每个视角提供了经验证据。结果，社会中的参与者经常选择最能服务于他们利益的视角而忽视与他们的利益相对立的那些视角。专业人员的价值会不会引起利益冲突取决于他们是否有能力抛开自己的价值去维护那些无知的公民的利益。①

"专家"这个术语在风险管理中的含义在很大程度上不同于其他领域，也许专家具有专业知识，但对风险来说，没有人了解其对现在和将来社会和自然的全部影响。那些掌握系统运作理论知识的人，可能并不了解系统的实际运作。即使有人既掌握理论知识又掌握实践知识，他们却可能并不了解系统运作与相关的社会和环境系统之间的相互作用。当专家们必须超出有限的数据而凭借直觉进行决策时，对待他们的观点应该像对待外行人的推测一样谨慎。夸大个人专业知识的广度就像夸大其深度一样危险。②

高度发达的技术理性和经济理性等都是专家理性，在很大程度上表现为工具理性，是不完全理性或者有限理性，难以开出在风险陷阱中行动的处方。我们应该洗耳恭听那些在政策决策过程中通常被忽略的团体——穷人、哲学家、艺术家等——期望他们生活的经历能够提供一些具有启发性的东西。即使专家在技术上具有垄断性，他们并不需要垄断所有的观点，他们自己也许受到了根深蒂固的学科局限性之危害。③ 在多元社会里，模糊风险状况问题不可避免地会引发讨论，比如过去对核能、农业生物技术、胚胎干细胞的技术讨论。这类问题需要人们的广泛参与，不仅要纳入直接利益相关者，还要纳入一般大众。咨询的目的在于确定共同价值观，建立对矛盾观点的理解，并找到既可践行自己的"美好生活"愿景又不损害他人利益的选择。④

专门的科学咨询建议已经难以满足不确定的模糊风险状况对信息的需求。在

① ［英］巴鲁克·费斯科霍夫、莎拉·利希藤斯坦、保罗·斯诺维克、斯蒂芬·德比、拉尔夫·基尼：《人类可接受风险》，王红漫译，北京大学出版社 2009 年版，第 88 页。

② ［英］巴鲁克·费斯科霍夫、莎拉·利希藤斯坦、保罗·斯诺维克、斯蒂芬·德比、拉尔夫·基尼：《人类可接受风险》，王红漫译，北京大学出版社 2009 年版，第 179 页。

③ ［英］巴鲁克·费斯科霍夫、莎拉·利希藤斯坦、保罗·斯诺维克、斯蒂芬·德比、拉尔夫·基尼：《人类可接受风险》，王红漫译，北京大学出版社 2009 年版，第 180 页。

④ ［荷］韦博·比克、罗兰·保尔、鲁德·亨瑞克斯：《科学权威的矛盾性：科学咨询在民主社会中的作用》，施云燕、朱晓军译，上海交通大学出版社 2015 年版，第 193 页。

不确定状况中，非科学的信息也是必要的。[1]

在对象世界内部，一个人确实能够找到关于对象属性的某个局部的最优设计以及某个对象在特定领域的适当行为的最优设计。我们可以认为算法的完美性在一个对象世界内是可能的。然而就总体的设计而论，现在考虑我们设计工作所面对的项目或公司的语境，最优设计是不可能的。没有参与者的建议、主张和要求的协商，就没有达成完美性设计的有效性综合。各种偏好以及技术的偏好，都可以参与对象世界的协商。[2]

公共协商的行为主体、理性形式，主要角色具体如表6-1所示。

表6-1　公共协商

行为主体	理性形式	主要角色
技术专家 工程师	技术理性	确立初始条件
企业家 投资人	经济理性	提供动力机制
社会公众 利益相关者	伦理理性	设立边界条件 及约束条件
政府	政治理性	提供基础性动力

公众、利益相关者的观点、意见和知识要与科学家、工程师的专业知识相互融合。这就需要技术专家、工程师、企业家、投资人、利益相关者以及社会公众的公共协商。具有不同宗教信念、哲学思想、文化背景的主体，都采取一种理性的态度与沟通方式，在自由、平等、公开、公正的基础上，共同进入一个公共的世界，经过交流、讨论、批判、博弈和协调后，取得"重叠共识"，形成一种新理性，即公共理性。公共理性属于公民的理性，是共享平等公民身份的人的理性。[3]

公共理性的形成如图6-1所示。

通过公共协商，人们努力获取尽可能完备的信息，减少或克服有限理性的局限性，在较为充分的信息环境中，理性地作出判断。最大程度地获得信息，并不意味着一定要遵循"多数原则"，而是要注重在公共讨论和相互交流中形成公共价值理念。

① ［荷］韦博·比克、罗兰·保尔、鲁德·亨瑞克斯：《科学权威的矛盾性：科学咨询在民主社会中的作用》，施云燕、朱晓军译，上海交通大学出版社2015年版，第195页。

② ［荷］路易斯·L.布希亚瑞利：《工程哲学》，安维复，等译，辽宁人民出版社2008年版，第168页。

③ 陈嘉明：《个体理性与公共理性》，《哲学研究》2008年第6期。

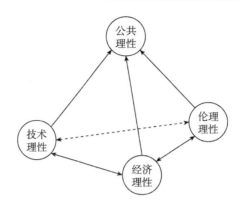

图 6-1 公共理性的形成

协商能够有效回应文化间对话和多元文化社会认知的某些核心问题。它尤其强调对于公共利益的责任、促进政治话语的相互理解、辨别所有政治意愿，以及支持那些重视所有人的需求与利益的具有集体约束力的政策。

各理性主体应对该工程可能带来的各种正面、负面效应进行分析比较，在自然、社会和人的存在的各方面确立各种特征目标，并且不限于使用单一的货币标准来表示成本和效益，有的特征目标甚至不限于使用数量标准来加以评价。通过对经济合理性、技术可行性、生态平衡性、伦理公平性等进行综合考虑权衡，最终可形成公共理性。

通过公共协商形成的公共理性是一种利益整合的能力和机制，它把无数分散的甚至相互对立的"利益因子"整合于人类整体的、长远的利益取向，从而确定工程风险是否可以接受，以及该如何治理。例如，农业生物技术的前途和未来发展，要在类似多元主义民主理论（Pluralist Democracies）的议程下，由消费者、投资者、生物技术企业、技术使用者（如农民）、食品加工者和销售商、选民（公民）和政府部门来共同作出决定。①

第四节 工程风险协商治理的主要形式

传统的公众参与方法是比较简单的，公开咨询、公众会议和公开听证是最为

---

① ［瑞士］托马斯·伯纳尔：《基因、贸易和管制：食品生物技术冲突的根源》，王大明、刘彬译，科学出版社 2011 年版，序言第 7 页。

普遍的且为大家所熟悉的公共协商方式，这些协商方式总的来说是缺乏深度的。20 世纪 80 年代中期以后，发达的民主国家进行了新的民主形式的探索实践，公众参与呈广泛发展之势，到了 90 年代，很多国家在实践中创造了诸多新的、各具特色的参与方式。公共协商形式呈现多样化和专业化，其作为一种民主制度正日趋完善和成熟。本书在这里简要考察几种主要形式。

一、公共协商的几种形式

1. 共识会议

共识会议（Consensus Conference）这一术语最早起源于美国，它的目的在于为现有的问题寻找解决方案。1977 年，美国国家卫生研究院（NIH）举办了首次关于乳腺癌筛检的共识会议。但是会议讨论小组基本上是一个专家小组，因而会议得出的共识也基本上是一个专家共识。

将共识会议发展成一种被广泛采用的公众参与形式的是丹麦技术委员会（Danish Board of Technology，DBT）。它承袭了美国国家卫生研究院共识开发计划的部分组织形式，并同样在会议结束时公开发表反映会议共识的声明"成果文件"。例如，1989 年举办了关于食品辐射的共识会议，丹麦开始禁止以这种方式保存食品。同一年还举办了关于人类基因图谱的共识会议。

丹麦风格的共识会议还产生了世界范围的影响。全球另有多个国家举办了多次共识会议。例如，2000 年新西兰关于植物生物工程的讨论；1998 年韩国关于转基因食品的安全与伦理的讨论；等等。

2. 公民评议会

1998 年 6 月 20 日和 21 日，法国举行了首次公民评议会。这次会议有 14 名法国公民参加，采用类似民意调查程序选出，会议的主题为农业和食品领域的转基因植物使用问题。这 14 名代表经过两次培训后公开向基因工程、农业生产、食品安全、医疗卫生、环境生态及消费者保护等领域的专家提问。整个会议持续十多个小时，有大量记者列席旁听。经过 20 小时的闭门讨论后，公民小组形成了对主题的意见，并于 6 月 22 日上午向媒体公布。最终的结论是，尽管转基因技术目前仍有许多不确定性因素，但没有必要设置一个全面禁止转基因植物种植和销售的宽缓期。公民小组建议同时采取多种谨慎措施，如禁止从事增强生物抗病害能力的转基因实践，以防止某些抗生素药物对人类失去疗效，推进基因工程领域的科学研究等。

以几乎随机方式选出的，普通公民在客观、全面获取相关信息后也能够与专家开展对话。由普通民众组成的集体小组具备理解、分析异常复杂的科技、社会问题的智识和政策觉悟能力。

3. 愿景研讨会

愿景研讨会从新科学技术的社会应用和调节开始。这种解决方案可以是技术的、规则的，也可能是一种新的组织或调节方式。愿景研讨会是一个参与者能够产生行动效果的领域，他们有机会影响所有尚在形成中的决策。讨论议题必须是与社会相关的，并且有凝聚当地共识的必要性。通过专家知识与公众经验的交流，也将产生新的知识。

4. 协商民意调查

协商民意调查（Deliberative Polling）是由美国斯坦福大学的詹姆斯·费什金（James S. Fishkin）教授在 1988 年提出的一种关于协商民主的制度设计。这种方法采取随机抽样的方式，选取一部分公民作为样本，并让这些公民聚集在一起，在讨论中权衡对立的观点，收获更令人尊重的见解。

协商民意调查主要的目的并不只是在于预测民意，更重要的是一个实践协商民主的过程。这个过程提供了一个普通公众面对面协商、讨论的场所，让公民审慎地思考。

5. 公民评审团

公民评审团（Citizens' Jury）是由美国和英国开发出的一种公众参与形式。最初推动这种形式的杰斐逊中心（Jefferson Center）是美国的一个非营利、无党派的民间组织。他们将公民评审团作为一种新的民主模式加以推广。陪审团进行协商后，会产生一份决议或提出建议，并以报告的形式提交至委员会。

6. 咨询委员会

咨询委员会模式近似于协调模式，只是它非常依赖于科学和技术专业知识。在此模式下，决定作出者任命一个由无利害关系的专家组成的委员会，就技术问题给行政机构提供咨询。专家根据科学规范深思熟虑，分析科学报告，争论科学数据的适当解释及推论，最终就如何解决问题向决定作出者提出建议。在这里，公开程序可能仍会运用对抗或适当考虑的模式，但专家建议对行政机关的最终决定总是产生举足轻重的影响。

在公众参与的频谱上，咨询委员会模式的位置接近排他模式。只有具有可信资格的专家才被邀请加入咨询委员会，选择专家时不必反映不同的科学观点。

7. 专题小组

专题小组又称焦点组，是由与该议题有关联的和知晓该议题的人员组成，成员可能包括利益集团、支持者的组织或者监督者，人数最多不超过 25 人，而且参与者不是随机抽样产生的，而是由当地公共部门和非政府机构指定。

由于缺乏专家参与，公民掌握的知识有限，协商之后难以形成高质量的决策建议。

除以上几种形式之外，还存在其他公共协商的形式。

二、不同风险状况的协商形式不同

实际上，并不是所有的风险状况都是相同的，对于不同的风险状况，人们往往会采取不同的协商形式。一些学者根据风险问题的不同特征将其划分为四种类型，分别描述管理和参与风格（见表6-2）。

表6-2　四种风险状况及相关的管理和参与风格

风险问题的特征	管理策略	适当的工具	咨询（参与）的本质
简单	基于惯例	采用"传统的"决策工具 ·风险—收益分析 ·风险—风险权衡 ·试错法 ·技术标准 ·经济刺激 ·教育、标记、信息 ·自愿协议	工具性讨论（相关权力机构的工作人员）
复杂	风险指引	描述已有证据 ·通过德尔菲法和共识会议等寻求专家共识的工具 ·元分析 ·情境构建 ·适于惯例操作的结果	科学性讨论（相关权力机构的工作人员、外部专家）
不确定	基于预防	平衡潜在收益和危险的满意化方法 ·抑制法 ·ALARA（最低剂量原则） ·BACT（最佳可行控制技术）	反思性讨论（相关权力机构的工作人员；外部专家；利益相关者，即行业和其他相关社会群体）
模糊	基于讨论	达成共识或忍受风险的冲突解决法 ·吸收利益相关者参与以达到目标 ·强调沟通和社会讨论	参与性讨论（相关权力机构的工作人员；外部专家；利益相关者，即行业和其他相关社会群体；一般公众）

资料来源：［荷］韦博·比克、罗兰·保尔、鲁德·亨瑞克斯：《科学权威的矛盾性：科学咨询在民主社会中的作用》，施云燕、朱晓军译，上海交通大学出版社2015年版，第190-191页。

第七章　工程风险治理的复杂性机制

传统的风险理论描述了世界"应该是"怎样的，而非实际上是怎样的。传统的假设认为，因素是恒定的、随机性是温和的、极端事件是少见的、预测是有意义的、事件是彼此孤立的、市场是理性的、但这些都已经过期失效了，传统模型的线性结构过于简单化，要寻求更复杂的方式来描述相互关联与反馈的动态变化。为了在不确定环境中生存壮大，我们需要一种非传统的方法。①

复杂性研究为工程风险治理提供了新的范式。

第一节　复杂性治理范式的兴起

一、复杂性科学的影响

从 20 世纪 60 年代起，科学界掀起了探索复杂性的热潮。比利时物理化学家普里高津提出了耗散结构理论，揭示了耗散结构形成、稳定和演化等过程和性质，并将其推广到经济社会领域。

德国物理学家哈肯创立了协同学，研究了有序结构的形成和演化机制。协同学适用于非平衡态中发生的有序结构或功能的形成，也适用于平衡态中发生的相变过程，其被推广应用到社会科学领域，如舆论的形成、人口动力学、社会管理等。

德国学者艾根创立了超循环理论，该理论以生命科学为基础，研究了分子自组织进化现象，认为在生命起源和进化的两个阶段，化学进化和生物进化阶段之间，还有一个分子自组织进化阶段。

---

① ［美］弗雷德里克·芬斯顿、史蒂芬·瓦格纳：《风险智能：企业如何在不确定环境中生存和壮大》，德勤中国企业风险管理服务部译，上海交通大学出版社 2015 年版，第 26 页。

还有突变论、复杂巨系统理论、混沌理论、分形理论等关于复杂性的科学。复杂性科学被誉为"21 世纪的科学"，代表着科学发展的新方向。

随着复杂性科学的兴起和发展，其影响逐渐跨越具体的学科领域，走向了一般的科学方法论。1984 年，诺贝尔物理学奖获得者盖尔曼、安德逊和诺贝尔经济学奖获得者阿瑟等，创立了圣塔菲研究所，进行复杂性的跨学科研究。

把复杂性思想引入管理，既是当今时代社会经济发展的需要，也是当代管理理论和实践发展的必然要求。管理学家比尔认为："旧世界的特点是管理事务，新世界的特点是处理复杂性。"①

二、简单性治理理论遇到的挑战

20 世纪七八十年代，社会科学的某些范式出现危机，而最主要的危机在于各个学科领域原有的范式已经没有足够的能力描述和解释现实世界。②

人们遵循的大多是以控制复杂性为内容的线性治理范式，所采用的简单模型不可能解释或预测复杂系统内相互作用的结果。

风险管理是如此之复杂，以至于没有任何个体、群体、机构、学科或者研究方法能提供需要的所有答案或者最好的答案。③

单独一种方法无法提供对风险的社会经验的有效全面的理解。对物理后果的认知，个人与群体对风险信息的处理，风险起因与影响的社会文化含义以及结构组织因素塑造了风险的社会经历。④

必须有一种综合的思维方式，一种整体的观念。这种观念不是建立在统治的基础上，而是像自然的生命过程中那样，立足于协作和伙伴关系，起关键作用的不是量，而是质。在这种观念下，所有生命都是一个生态共同体的成员，通过相互依存的网络联结在一起。⑤

三、工程风险治理的复杂性范式

工程所创造的人工客体，本质上是一个具有复杂结构和功能的整体，而且这

---

①　麻宝斌等：《公共治理理论与实践》，社会科学出版社 2013 年版，第 6 页。

②　麻宝斌等：《公共治理理论与实践》，社会科学出版社 2013 年版，第 4 页。

③　［英］巴鲁克·费斯科霍夫、莎拉·利希藤斯坦、保罗·斯诺维克、斯蒂芬·德比、拉尔夫·基尼：《人类可接受风险》，王红漫译，北京大学出版社 2009 年版，第 180 页。

④　［英］哈里·奥特韦：《公众的智慧，专家的误差：风险的语境理论》，载［英］谢尔顿·克里姆斯基、多米尼克·戈尔丁《风险的社会理论学说》，徐元玲、孟毓焕、徐玲，等译，北京出版社 2005 年版，第 200 页。

⑤　［德］格塞科·冯·吕普克：《危机浪潮：未来在危机中显现》，章国峰译，中央编译出版社 2013 年版，第 394 页。

个整体又有众多的子结构及其要素。每一个子结构及其相应的要素都有它自己对初始条件的敏感性程度区间。重要的是，这些不同维度之间在规律、状态、对初始条件的感应上都存在着非线性相互作用。那么，要把这种不同维度的状态，按照某一特定的目的进行整合，就要权衡和恰当处理极其复杂的非线性作用关系。①

生活在 21 世纪，我们依赖着数不清的复杂系统，它们深刻地影响着我们的生活——从输电网络到净水处理工厂，从交通系统和交流网络到医疗保健。但有时候，这些系统让我们陷入困境。②

复杂机构中一个部门能够导致所有部门陷入危险之中，在既定时刻看似安全的相互依存关系可能在将来发展成为不安全的连锁反应。③

简单性范式不但无法实现工程风险的有效治理，反而会导致风险治理能力的下降。这需要我们从简单性治理范式走向复杂性治理范式。对全球风险社会治理的本质、逻辑及机制等问题展开研究，从不确定性中寻找内在的联系，系统地设计治理方案，优化治理结构，能够很好地帮助我们认识现代社会系统的特征，解决现代社会诸多重大风险问题。复杂性治理已成为全球风险治理理论的最新研究范式。④

复杂性治理范式通过运用系统性、动态性、协同性、工程性方法，关注系统的环境条件、问题结构以及多元治理主体之间的复杂性联系与影响。⑤

第二节　工程风险中的耦合

复杂系统的耦合会引发工程风险。耦合不仅容易导致事故，而且也使事故更难以预测和控制，这又反过来使得风险更难以估计。

一、耦合

耦合是系统元件相互之间关联强度的量度，分为紧密耦合和松散耦合。

---

①　汪应洛、王宏波：《工程科学与工程哲学》，《自然辩证法研究》2005 年第 9 期。

②　[美] 克里斯·克利尔菲尔德、安德拉什·蒂尔克斯：《崩溃》，李永学译，四川人民出版社 2019 年版，第 4 页。

③　[美] 霍华德·昆鲁斯、迈克尔·尤西姆：《灾难的启示：建立有效的应急反应战略》，何云朝、李险峰、兰花，等译，中国人民大学出版社 2011 年版，第 142 页。

④　范如国：《"全球风险社会"治理：复杂性范式与中国参与》，《中国社会科学》2017 年第 2 期。

⑤　范如国：《复杂网络结构范型下的社会治理协同创新》，《中国社会科学》2014 年第 4 期。

1. 紧密耦合

紧密耦合系统的子元件之间彼此有着显著的影响。如果一个系统是紧密耦合的，则它的各部分之间很少有松动或者缓冲。一部分出现的失误很容易影响其他的部分。在紧密耦合的系统中，保证大体上正确是远远不够的，输入的数据必须精确无误，它们需要按照特定的顺序和时间框架耦合，一般不存在做错后返工这个选项。

安全措施显然有其诱惑力。它们能防止一些可预见的失误，所以人们往往倾向于尽可能多地使用这些措施。但如果安全措施本身变成了系统的一部分，它的存在就增加了工程系统的复杂性。当复杂性增加时，我们便更容易因为始料未及的原因遭遇失败。① 因此安全措施也会降低安全性。

如果一个系统是复杂的，我们就无法正确地理解它如何运作，也不太可能准确知道它内部发生了什么，而这样的认识失误很可能以令人费解的方式与其他失误耦合，于是紧密耦合造成的崩溃往往令人始料不及。②

例如，2010 年 4 月 20 日，墨西哥湾的英国石油公司租赁的越洋钻探公司"深水地平线"钻井平台发生了猛烈爆炸，导致 11 名工人死亡。钻井平台沉没，原油在离海面 1 英里的水下迅速扩散。9 月 18 日，英国石油公司（BP）决定永久关闭该钻井平台。此时已有大约 500 万桶石油流入墨西哥湾，最终流到了美国的路易斯安那州、阿拉巴马州和佛罗里达州等地的湿地、沼泽和海岸。这个事件被称为美国历史上最糟糕的石油泄漏事件。

BP 或者越洋钻探公司对于风险的举措或许适用于一个更为简单的系统，如沿岸钻探作业的日常操作。在这种情况下，强调工人事故率，注重对诸如磨损的螺栓一类细节，或许足以应付局面。但深水地平线是一个复杂的远洋钻井平台，它的操作深陷系统崩溃的危险区。③

2. 松散耦合

如果一部分的变化对另一部分的影响很小，或者每种变化发生得都非常缓慢，这个系统就不是紧密耦合，而是松散耦合。松散耦合各部分之间有许多松动的地方，因此一部分有漏洞，系统的其他部分通常可能幸免于难。④ 对于松散耦

---

① ［美］克里斯·克利尔菲尔德、安德拉什·蒂尔克斯：《崩溃》，李永学译，四川人民出版社 2019 年版，第 94 页。

② ［美］克里斯·克利尔菲尔德、安德拉什·蒂尔克斯：《崩溃》，李永学译，四川人民出版社 2019 年版，第 29 页。

③ ［美］克里斯·克利尔菲尔德、安德拉什·蒂尔克斯：《崩溃》，李永学译，四川人民出版社 2019 年版，第 55 页。

④ ［美］克里斯·克利尔菲尔德、安德拉什·蒂尔克斯：《崩溃》，李永学译，四川人民出版社 2019 年版，第 26 页。

合的系统，有许多时间和较大的灵活性处理这类问题，而这一事件不会对系统的其他部分造成损害。

例如，邮局是一个松散耦合的系统，没有那么多复杂的互动，系统的各部分之间大多以线性的方式相互关联，而且各部分之间的关系很容易理解，并不经常以不可预料的方式互动，也就是说，某一部分的故障不太可能导致邮局停止运营。如果一个邮局不再运转，通常也是源自易于理解的故障。[1]

紧密耦合和松散耦合的主要区别如表 7-1 所示。

表 7-1　紧密耦合与松散耦合系统的主要区别

紧密耦合	松散耦合
流程中不可能出现延迟	流程中可能出现延迟
事件顺序不能改变	事件顺序可以改变
只有一种方法可以实现目标	可以使用多种方法
在供给、设备和人员方面几乎不留余地	各种资源都留有余量
可能会有缓冲和冗余，但是必须进行精密设计，不存在灵活性	有大量的缓冲和冗余
可以有后备供给、设备和人员，但是数量有限，并在计划之中	各种资源都有丰富的后备

资料来源：［挪威］马文·拉桑德：《风险评估：理论、方法与应用》，刘一骝译，清华大学出版社 2013 年版，第 12 页。

二、正常事故理论

1979 年查尔斯·佩罗在参加美国总统顾问委员会调查哈里斯堡三里岛核电站事故的时候，提出了正常事故理论。佩罗后来在文章中指出，某些社会技术系统自身拥有一些自然会引发事故的特性。他发现两个重要的系统特征会导致复杂系统更容易发生重大的事故，分别是交互复杂性和紧密耦合性。像三里岛核事故这样的事故，必须被看作是社会技术系统中的复杂相互作用和紧密耦合性导致的"正常"后果。因此，佩罗的理论被称为正常事故理论。

在复杂系统中，小错误是不可避免的，而一旦事情恶化，会产生令人困惑的症状。无论我们多么努力，判断的过程都将非常艰难，甚至会因为只能解决非主要问题而让整个局势更加糟糕。如果这个系统同时也是紧密耦合的，我们便无法制止多米诺骨牌一个接一个地倒下，失误将迅速扩散，无法控制。佩罗认为：

---

① ［美］查尔斯·E.哈里斯、迈克尔·S.普理查德、迈克尔·J.雷宾斯、雷·詹姆斯、伊莱恩·英格尔哈特：《工程伦理：概念与案例》，丛杭青、沈琪、魏丽娜，等译，浙江大学出版社 2018 年第 5 版，第 119 页。

"有些地方，人人都努力尝试保证安全，但由于相互作用的复杂性，还是在无法预料的情况下出现了两个或多个故障，并因为紧密耦合而造成崩溃。"三里岛事故提醒我们，在合适的条件下，微小的差错能够造成极大的损害。复杂性和紧密耦合性创造了一个危险地带，在这个地带中任何微小的差错都可以转为崩溃。①

核电站事故、国家输电网事故、石油泄漏事故、化工厂爆炸事故等，以及其他不当行为都有共同的基因。复杂性和紧密耦合性更容易导致失败，也增强了与失败之间的逻辑必然性，而我们的头脑和组织并没有处理这类系统的天然结构。为了防止复杂系统的崩溃，我们必须像在大海里捞针那样去寻找可能出现的差错。

当系统变化时，我们对系统的管理方式也必须随之变化。正常事故理论并不意味着我们无能为力或无事可做，而是将预防的重心转移到系统自身的属性上，而不是关注所有者、设计者或操作员运行系统时犯下的错误。②

减少复杂性、增加松动空间的方法可以帮助我们避开危险区。它可以成为一种有效的解决办法。③

三、混沌理论

正常事故理论中定义的一系列潜在关系是难以理解的。虽然如此，问题的可能性模式还是可以通过审慎的方式观察到。混沌理论的基础是假设因果逻辑、线性均衡以及还原论等方法，这些方法已远远不足以理解紧密耦合系统中离散特征交互作用可能的无数种方式。作为这些明显因果关系思考方式的替代品，混沌理论重点强调了这些概念作为未预料到结果的小变化和频率的影响。④

其实在混沌理论提出之前，人们就认识到，极少有灾难会突然出现，许多灾难都是一些结局并不是很糟的小事发展到极点。最后的不幸也许是罕见的，但造成不幸的那些事却不罕见。⑤ 比如，海因里希三角形。

1. 海因里希三角形

1931 年，海因里希（Heinrich）在研究铁路事故的时候，发现了海因里希金字塔法则（见图 7-1）：

① ［美］克里斯·克利尔菲尔德、安德拉什·蒂尔克斯：《崩溃》，李永学译，四川人民出版社 2019 年版，第 28-29 页。

② ［挪威］马文·拉桑德：《风险评估：理论、方法与应用》，刘一骝译，清华大学出版社 2013 年版，第 130-131 页。

③ ［美］克里斯·克利尔菲尔德、安德拉什·蒂尔克斯：《崩溃》，李永学译，四川人民出版社 2019 年版，第 35 页。

④ ［美］T. L. 塞尔瑙、R. R. 乌尔默、M. W. 西格、R. S. 利特尔菲尔德：《食品安全风险交流方法——以信息为中心》，刘强，等译，化学工业出版社 2012 年版，第 124 页。

⑤ ［美］H. W. 刘易斯：《技术与风险》，中国对外翻译出版公司 1994 年版，第 45 页。

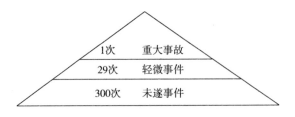

图 7-1　海因里希三角形

这个图形也被称为海因里希三角形、海因里希金字塔或者海因里希冰山。使用冰山这个比喻的目的，是警示我们冰山 90%的体积隐蔽在水下还没有被人们发现，重大或者死亡事故实际上只是整个冰山露出水面的一角，而"隐蔽"的部分还可以分为若干个层次，底层就是一些无法报告或者人们"视而不见"的意外情况。[①]

特纳仔细分析了英国的 84 起重大事故，指出这些事件很少是由单一原因引起的。总有好几种不利因素多年来日积月累，没人注意，或没有充分理解，他称这一过程为灾难孵化器。[②]

2. 蝴蝶效应

英国石油公司（BP）在墨西哥湾的石油泄漏、日本福岛的核灾难，以及全球金融危机，它们似乎源于不同的问题。但从本质上来说，这些灾难的根源惊人地相似。这些事件有着共同的基因。系统的能力更强了，但同时它们也变得更复杂，要求更高，结果造成了那种小失误便可酿成大错的局面。[③] 事故的起因都是小事，但事故的进展快得不可思议。

彭加莱是第一位了解并解释方程具有局限性的伟大数学家。他引入了非线性特征的概念，提出小的事件可以导致严重后果的思想，即混沌理论。他的全部观点在于非线性特征对预测造成的局限性。[④]

20 世纪 60 年代，麻省理工学院的气象学家爱德华·洛伦兹再次独立地发现了彭加莱的理论，同样是偶然的一次机会。他建立了一个天气变化模型，并对一个天气系统几天后的情况进行了模拟预测。后来他进行重复模拟，他认为输入的

---

① ［挪威］马文·拉桑德：《风险评估：理论、方法与应用》，刘一骝译，清华大学出版社 2013 年版，第 67 页。

② ［英］彼得·泰勒-顾柏、［德］詹斯·O. 金：《社会科学中的风险研究》，黄觉译，中国劳动社会保障出版社 2010 年版，第 94 页。

③ ［美］克里斯·克利尔菲尔德、安德拉什·蒂尔克斯：《崩溃》，李永学译，四川人民出版社 2019 年版，第 4 页。

④ ［美］纳西姆·尼古拉斯·塔勒布：《黑天鹅：如何应对不可预知的未来（升级版）》，万丹、刘宁译，中信出版社 2011 年版，第 180 页。

是相同的参数，但得到的结果却大相径庭。他后来发现，结果的巨大差异不是来自计算错误，而是来自输入参数的小小的四舍五入。这就是著名的蝴蝶效应。①蝴蝶效应有各种不同的说法，比如一只在巴西热带雨林里的蝴蝶扇动一下翅膀就会引起得克萨斯州的龙卷风。正反馈对微小、偶然事件具有放大作用，会导致强者越强、弱者越弱的结果。

三里岛事故是史上严重的核事故之一，却无法归咎于明显的人为失误或重大的外部冲击。或多或少，它就是以离奇方式出现的许多小灾小难的组合。

对于一个复杂系统来说，我们无法一进去就能对混乱危险的局面一览无余。在大多数情况下，我们需要依赖间接的指示器评估形势。例如，在核电站中，我们无法直截了当地派一个人去查看反应堆堆芯到底发生了什么。我们需要通过许多杂乱的信息拼出完整的图像，我们的判断很容易出错。复杂系统内部充满着难以察觉的相互依赖关系和非线性反应，复杂系统的这种特性往往会引发失控的连锁反应，导致重大事故的发生。现代世界的技术性知识可能会不断增加，同时也会使事情变得更加不可预测。

然而当各个部分存在着复杂的相互作用时，细小的变化也可能产生严重的后果。在三里岛核电站中，一杯不含放射性的水让1000升放射性冷却剂失效。这就是混沌理论中的蝴蝶效应，我们的模型和测量永远无法准确到能够预测蝴蝶扇动翅膀引发的结果。佩罗论证的观点就与此点类似：我们根本无法完全了解复杂系统，因此也就不能准确预测任何一个小小的错误可能引起的所有后果。

因此，我们应从小失误出发，找到重大威胁发源之所在。脆弱是可以衡量的，但风险却是无法衡量的。这为塔勒布所说的"黑天鹅"问题提供了一个解决方案，因为我们原本就不可能计算出重要的罕见事件的风险，也无法预测其何时会发生。但事物对波动性所致危害的敏感性是可观察的，这比对造成危害的事件进行预测更容易。②

一件看起来那么无伤大雅的事都会触发一连串问题，导致灾难的发生。复杂系统，无论有意与否，在我们的世界中发挥着越来越重要的作用。虽然我们可能无法完全控制这一系统，但也许可以减缓它们带来的消极后果，通过巧妙地引入类似于防火带的机制，比如金融市场中的熔断机制。③

风险的复杂性和差异性在增加。现实生活远比我们记忆中的生活更加错综复

---

① ［美］纳西姆·尼古拉斯·塔勒布：《黑天鹅：如何应对不可预知的未来（升级版）》，万丹、刘宁译，中信出版社2011年版，第183页。

② ［美］纳西姆·尼古拉斯·塔勒布：《反脆弱：从不确定性中获益》，雨珂译，中信出版社2014年版，前言第16页。

③ ［美］约翰·H. 米勒：《复杂之美：人类必然的命运和结局》，潘丽君译，广东人民出版社2017年版，第59页。

杂——我们的头脑倾向于将历史以更平稳和更线性的状态呈现出来，这导致我们低估了随机性。当你寻求秩序，你得到的不过是表面的秩序；当你拥抱随机性，你却能把握秩序，掌控局面。①

3. 自组织

所谓自组织，就是指该状态的形成主要是由系统内部组织间的相互作用产生，而不是由任何外界因素控制或主导所致。

自组织在宇宙中随处可见，甚至平常得往往会被我们忽略。② 通过运用简单的规则与反馈机制，蜜蜂找到新的地方筑起蜂巢。寻找筑巢点的侦察蜂发现潜在的新地点后，会通知其他侦察蜂。然后，群蜂会自发地迅速转移到它们认为的最佳地点，无须统一指挥。③ 技术的进步使人能够把在生物中各个不同点上运作的组织原则转移到由人类本身所产生的技术装置里去。④

普里高津的耗散结构理论认为，通过达到一种复杂的自组织水平，远离热力学平衡的系统能自动抵消熵的影响，这种自组织过程能够带来复杂结构的进一步演化。社会运动的参与成员，自发地组成了一个关键的共同体，呈现出共同的特征和行为。许多互动系统的主体间会进行合作，复杂行为一旦产生，就会让主体有机会朝新的领域改变。⑤

进化方式的核心在于处在多维空间的基因型网络的自组织性。自组织性是生命绚烂光彩背后的支持者，它是隐藏的生命建筑师。⑥ 工程创新和自然进化有许多共同之处。在技术创新中，自组织是一个关键的综合性概念，通过自组织，社会技术系统，特别是网络组织，能够克服环境障碍，或者创造/抓住新的机遇取得技术创新的成功。⑦

在研究与复杂技术创新有关的基于网络的社会技术系统时，没有什么概念能比自组织让我们获得更多的见识。自组织是指某些系统通过自我重组，从而具有

① ［美］纳西姆·尼古拉斯·塔勒布：《反脆弱：从不确定性中获益》，雨珂译，中信出版社 2014 年版，前言第 14 页。

② ［美］安德烈亚斯·瓦格纳：《适者降临》，祝锦杰译，浙江人民出版社 2018 年版，第 60 页。

③ ［美］约翰·H. 米勒：《复杂之美：人类必然的命运和结局》，潘丽君译，广东人民出版社 2017 年版，第 13 页。

④ ［德］阿诺德·盖伦：《技术时代的人类心灵：工业社会的社会心理问题》，何兆武、何冰译，上海科技教育出版社 2003 年版，第 19 页。

⑤ ［美］约翰·H. 米勒：《复杂之美：人类必然的命运和结局》，潘丽君译，广东人民出版社 2017 年版，第 8 页。

⑥ ［美］安德烈亚斯·瓦格纳：《适者降临》，祝锦杰译，浙江人民出版社 2018 年版，第 226 页。

⑦ ［美］罗伯特·W. 里克罗夫特、董开石：《复杂性挑战：21 世纪的技术创新》，李宁译，北京大学出版社 2016 年版，第 73-74 页。

前所未有的复杂结构的能力。[①]

灾难通常发生在组织无法谨慎地考虑所有可用的迹象的时候。只有在灾难或者分歧之后，两个元素的问题的交互作用才能被观察到。接下来，奇异吸引体在自组织的过程中被拉在一起，通过相关实体之间，他们的价值结构之间，以及他们的根本目标之间的不间断相互作用，从而恢复秩序。在这个相互作用中，风险交流是最为重要的。[②]

第三节 工程风险的适应性治理

一、脆弱性、弹性与适应性

1. 脆弱性（Vulnerability）

脆弱性是物体无法抗拒危险事件的影响，也无法在事件发生之后恢复初始的功能状态。脆弱性是一种系统属性，会影响到危险事件发生的后果。因此，降低脆弱性实际上可以降低危险事件的风险。

2. 弹性（Resilience）

弹性在很多情况下可以理解成脆弱性的反义词，指在没有重大故障的情况下适应变化的能力，以及平稳吸收冲击的能力，也指在受到压力之后恢复到初始形状或者回到初始位置的能力。一个系统如果有弹性，那么它在经受冲击和干扰时，仍可维持其本质上相同的功能、结构、反馈，以及自我认同的能力。弹性是一种能从打击中复原的能力，或者从技术层面上来看，是一种在不利影响发生后能够迅速恢复原状和功能的能力。

危机不一定只会带来负面影响，也可能促进变革。具有较好弹性的公司能够把危机转变为机遇，变得比以前更好。不要把弹性当作另一种保险方式，而是要将其看作一种投资，这种投资能够让组织更好地应对未来，促进组织发展，不管未来出现什么状况。[③]

弹性能够使企业在逆境和负面事件的影响中求生存。灵活性能够让企业躲避

---

① W. Mitchell Waldrop, *Complexity*: *The Emerging Science at the Edge of Order and Chaos*, New York: Simon and Schuester, 1992, p. 102.

② ［美］T. L. 塞尔瑞、R. R. 乌尔默、M. W. 西格、R. S. 利特菲尔德：《食品安全风险交流方法——以信息为中心》，刘强，等译，化学工业出版社 2012 年版，第 133 页。

③ ［英］艾瑞卡·塞维利亚：《弹性组织》，钱峰译，东方出版社 2018 年版，第 169 页。

和对抗逆境，抓住机遇。美国竞争力委员会（U. S. Council on Competitiveness）认为，对于企业、社区和国家来说，弹性正在成为一种竞争优势。

21 世纪的挑战在于创建能够很好地应对未来的组织，它们不仅需要具备经历重重变化考验的内在能力，而且需要能够在这样的环境中发展的能力。组织必须能够积极主动识别并应对可预料的危机，同时培养应对不可预料事件的能力。组织还应该能够发现运行环境中的各种变化，迅速领会这些变化对组织而言意味着什么，同时能够灵活采取策略应对。这样，组织才能在未来变化迅速的环境中取得发展。任何组织都能够积极培养这样的弹性能力。①

一个企业不仅能通过更好的事前准备、应对和恢复能力提高对已知事件的弹性，还能提高对未知事件甚至不可知事件的弹性。②

一个实体必须兼备弹性和灵活性，必须平衡弹性和灵活性，以确保他们既能经受住不利影响的考验，又能保持足够的灵活性来充分利用机会。已退休的杜邦公司首席工程师、工程与运营副主席吉姆·波特（Jim Porter）说过：最终，弹性就是成功应对意外状况的能力。弹性就是用可持续的方法做正确的事。

弹性和灵活性在一定程度上取决于实体的大小。实体越大，它就可以吸收更多的冲击力，从而恢复或接近原状。但大的规模也有其局限性，大型破产企业已经一再证明，企业规模会影响灵活性。规模较小的企业没有足够的弹性应对不利影响（因此它们的失败率很高），但往往能够更好地躲避不利影响和威胁，并且更能在机会到来时及时抓住。

态势感知这个说法最初源自军事用语，指的是能够搞清楚现状，知道事物的变化趋势，以及这对于未来而言意味着什么。③组织要想保持弹性，就需要良好的态势感知能力，从而能够在故障初见端倪时发现它们。

3. 适应性（Adaptability）

适应性是指一个系统内的行为主体通过其有意和无意的行为、互动增强弹性（韧性）的能力。适应性的基础乃是反应的多样性，即行为主体通过反应、酝酿、准备、先发制人等各种行动和步骤，不断接受各种内在和外来的挑战并进行调整。④

适应性依赖于人们随时准备冒险进入陌生环境开展行动与尝试，以及应对不断变化的环境。美国制度主义经济学家道格拉斯·诺斯（Douglas North）把适应

---

① ［英］艾瑞卡·塞维利亚：《弹性组织》，钱峰译，东方出版社 2018 年版，第 5 页。

② ［美］弗雷德里克·芬斯顿、史蒂芬·瓦格纳：《风险智能：企业如何在不确定环境中生存和壮大》，德勤中国企业风险管理服务部译，上海交通大学出版社 2015 年版，第 11 页。

③ ［英］艾瑞卡·塞维利亚：《弹性组织》，钱峰译，东方出版社 2018 年版，第 103 页。

④ ［德］韩博天：《红天鹅：中国独特的治理和制度创新》，石磊译，中信出版社 2018 年版，第 21-22 页。

能力视为发展的核心。他指出，无论是政治体系还是经济体系，那些能让行为主体尝试不同方法的制度和规范，不管是正式的还是非正式的，都会提供行为主体的适应能力。突破发展瓶颈、化解突发危机以及把握新的机会，这些都需要有充分可行的备选方案。①

二、工程风险的适应性治理

在风险的治理中，折中权衡的本质就是适应性治理，我们无法预设理想的治理形态，只能根据环境的变化来不断调整。

纳西姆·塔勒布为适应性治理提出一种新的解释，他认为，制度创新能力的高低并不取决于其所处系统的特性，而是取决于该系统能提供多少"最大限度反复试错"的机会。无论在什么样的真正经济体中，反复试错都需要有一种开放的态度，允许适时在制度、过程及行为主体等诸多层面尝试不同的做法，以发现解决问题的新颖方法。

1. 大自然的启发

如果大自然有什么事情你不理解，那么它在超乎你理解能力的更深层面上一定是合理的。所以，自然生物有其自身的逻辑，远远优于我们所能推导的逻辑。要推翻大自然，我们需要拿出令人信服的充足证据。

大自然各组成部分之间的互动会以合理的方式进行调节，以使整个系统永续生存。因此，这个磨合了千百万年的机制所诞生的，一定是强韧性、反脆弱性和局部脆弱性的奇妙结合，局部的牺牲是为了让整个自然更好地运作。小规模的破碎永远存在，这往往是为了规避影响广泛的大规模灾难。②

查尔斯·达尔文（Charles Darwin）提出了著名的观点"物竞天择、适者生存"，从论述宇宙万物的竞争、选择开始，探讨了万物间的适应性，他认为："生存下来的物种并不一定是最强大、最聪明的，而是最能适应变化的。"

从达尔文的思想延伸到控制论，阿什比（Ashby）的必要多样性定律指出，环境中多样性和复杂性需要多样性来应对。环境的多样性和复杂性越高，不确定性就越大，在此环境中求生存和发展需要的多样性也就越高。③

从某种程度上来说，是现有技术的局限性迫使生命与机械联姻，为我们提供有益的帮助。由于我们自己创造的这个世界变得过于复杂，我们不得不求助于自

---

① ［德］韩博天：《红天鹅：中国独特的治理和制度创新》，石磊译，中信出版社 2018 年版，第 22 页。

② ［美］纳西姆·尼古拉斯·塔勒布：《反脆弱：从不确定性中获益》，雨珂译，中信出版社 2014 年版，第 300 页。

③ ［美］弗雷德里克·芬斯顿、史蒂芬·瓦格纳：《风险智能：企业如何在不确定环境中生存和壮大》，德勤中国企业风险管理服务部译，上海交通大学出版社 2015 年版，第 12–13 页。

然世界以了解管理它的方法。①

2. 多元化

复杂系统的一个基本特点是，我们无法通过单纯地思考它们的情况来找到所有的问题。复杂性能够引起如此复杂与罕见的相互作用，人们不可能预见将会出现的大部分错误链。②

当我们负责某项事务时，我们会漠视他人的看法，这是一种危险的倾向，因为更大的权威并不一定等于更高明的洞察力。一个复杂的系统或许会揭示即将到来的线索，但那些警示信号不会遵从层级结构。它们经常出现在底层工作人员眼前，而不是在高高在上的大人物阔气的办公室里。③

1994 年，美国国家运输安全委员会（National Transportation Safety Board，NTSB）发表了一项 1978 年至 1990 年间因航班机组错误造成事故的研究。这项研究揭露了一个令人瞠目结舌的发现，差不多 3/4 的主要事故发生在机长驾机期间，而当不那么有经验的飞行员驾机时旅客更为安全。

在重大事故中，最普遍的失误是副机长没有质疑机长的错误决定。然而反过来，当副机长驾机时系统能够工作得更好。机长提出问题，指出错误，帮助驾机飞行员理解复杂的形势。

在人们实施了一个叫作机组资源管理（Crew Resource Management，CRM）的培训计划之后，这种情况有所改变。通过这一计划得到革命性改造的不仅是驾驶舱文化，还有整个行业的文化。它确定了安全是整个团队的责任这个提法，让所有机组人员，包括机长、副机长和航班空服人员，取得了更为平等的地位。质疑上级的决定不再是无礼的行为，而是正式的要求。

CRM 取得了巨大的成功。自从它被引入美国民航业以来，航班机组人员由于错误造成的总事故率急剧下降。

这一计划能够奏效，是因为它给每个人——从行李员到机长一种使命感。它传递的信息是：每个人都能对安全做出重大贡献，而且每个人的观点都是重要的。这一方式给了人们一种使命与自治的感觉，往往也是驱动人们的最有效方式。④

---

① ［美］凯文·凯利：《失控：全人类的最终命运和结局》，张行舟、陈新武、王钦，等译，电子工业出版社 2016 年版，第 3 页。

② ［美］克里斯·克利尔菲尔德、安德拉什·蒂尔克斯：《崩溃》，李永学译，四川人民出版社 2019 年版，第 157 页。

③ ［美］克里斯·克利尔菲尔德、安德拉什·蒂尔克斯：《崩溃》，李永学译，四川人民出版社 2019 年版，第 179 页。

④ ［美］克里斯·克利尔菲尔德、安德拉什·蒂尔克斯：《崩溃》，李永学译，四川人民出版社 2019 年版，第 184-186 页。

在一个简单系统中，鼓励人们说出问题或许并非如此重要。小失误通常不会造成大崩溃。但在一个复杂的系统中，任何个人都只能有限地了解正在发生什么。如果这个系统同时也是紧密耦合的，怀疑意见就是关键，因为犯错误的代价实在太高。在危险区内，不同意见不可或缺。①

多元化有助于我们在复杂世界中避免失败。如果小错误是致命的，会导致灾难，我们就不应该因为证据不足而忽略它们。我们应该做的是保持怀疑态度，并进一步调查。多元化在处理复杂问题时非常有价值。②

我们的系统变得越复杂、耦合得越紧密，圈内人就越容易遗漏一些事情。1986年1月，一个寒冷的上午，"挑战者号"航天飞机发射后不久，即升空爆炸，这次事故广为人知。由于严寒，帮助航天飞机进入轨道的固体火箭推进器上密封接缝的密封圈未能正常工作。工程师知道低温会影响密封圈，但在发射前一天晚上召开的紧急会议上，他们仍然决定发射。

按照传统的解释，出于期限和压力，美国国家航空航天局（NASA）管理者催促发射。但社会学家黛安·沃恩研究了挑战者号事故，并发现了一个更为微妙的解释，她称这种解释为异常正常化。多年来NASA与航天飞机计划的复杂性搏斗的过程中，哪种风险是可以接受的，这个定义悄悄地、逐步地发生了变化。随着一次又一次的发射，过去不曾预计到的问题越来越能够预计到了，最终变得可以接受了。管理人员和工程师经常把系统的某个部分定义为有风险的，固体火箭推进器的接缝就是其中之一，但接着他们免除了接缝的风险地位，于是航天飞机可以在这个问题未经解决的情况下发射。③

组织网络是应付复杂性的一个办法，因为组织网络有效集结了具备创新职业和技能的个人和团队。尽管参与复杂技术创新的多数个人和团队来自企业，但他们经常与政府、大学的专家，乃至中间机构（专业协会、贸易组织、知识库、游说团体等）的人员发生密切联系。无论网络的组成是怎样的，它们都具备独特的适应性。④当你面临艰难决策时使用结构化决策工具；从较小的失败中吸取教训，避免大的失败；建立多元化的团队，倾听怀疑者的声音；还要建立透明的系统，让其中带有大量松动空间。

---

① ［美］克里斯·克利尔菲尔德、安德拉什·蒂尔克斯：《崩溃》，李永学译，四川人民出版社2019年版，第185页。

② ［美］克里斯·克利尔菲尔德、安德拉什·蒂尔克斯：《崩溃》，李永学译，四川人民出版社2019年版，第203页。

③ ［美］克里斯·克利尔菲尔德、安德拉什·蒂尔克斯：《崩溃》，李永学译，四川人民出版社2019年版，第239页。

④ ［美］罗伯特·W.里克罗夫特、董开石：《复杂性挑战：21世纪的技术创新》，李宁译，北京大学出版社2016年版，第26页。

3. 深度防护

深度防护是一种合理的安全哲学，但其成功有赖于对其设置的正式评估（大多超出当前公司的能力），还需要公司愿意为安全进行大量的投资，设立警觉的监测和执行系统。深度防护要同时包括人员和工程安全体系的冗余储备。①

核电行业的安全战略就是深度防护。按照美国核标准委员会的观点，深度防护是一种设计和运营理念，即核电设施需要多层保护，以避免事故、减轻事故影响。保护的方法包括控制、多层物理安全栅防止辐射外泄、冗余和多种关键安全功能、紧急响应措施等。例如，在辐射材料和周围环境之间建立大量的安全栅，这些安全栅同时失效的概率非常低，所以能够尽量避免事故发生。深度防护现在已经成为法律要求，只有在遵循所有法律规定的情况下，我们才能认为一座核电站是"足够安全的"。

4. 冗余

"奥卡姆剃刀"（Occam's Razor，Ockham's Razor）是 14 世纪英国修道士奥卡姆的威廉（William of Occam，约 1285 年至 1349 年）提出的。这个原理称为"如无必要，勿增实体"，即"简单有效原理"，也就是说，万物本质应当由最少的事实作为支撑，切勿浪费。它让人相信普世的科学理论往往形式简约。

奥卡姆剃刀不仅是出于美学或者哲学层面的追求，也是工程师制造机械时的追求，虽然他们在工程学已经有了更接地气的座右铭：KISS，即"还可以更精简，你个蠢货"（Keep It Simple，Stupid）。在工程学里，它还有着经济方面的考虑。量产一台机器的每个零件都需要成本，更少的零件意味着更低的成本，而降低成本是每个工厂老板都希望看到的。另外，装配过程复杂的机器也更容易出现安装错误。对于制造一台机器而言，精简主义大有裨益。②

然而，生命在很多方面似乎都是复杂得没有必要。调节昆虫体节分化为 14 段的调控环路中有数十种分子，不过科学家从很多年前就了解到，只需要这数十种分子中的两种就可以实现同样的功能。③

优胜劣汰、效率为先的大自然保留了许多看似浪费的复杂性，实际上却是因为应对各种不同的环境留下的后手。对于生物而言，高度的复杂性也就意味着对不同环境的高度适应性。层层冗余正是自然生态系统集中管理风险的显著特征。

① ［美］罗杰·E. 卡斯帕森、珍妮·X. 卡斯帕森、克里斯托弗·霍恩艾姆瑟、罗伯特·W. 凯茨：《企业健康与安全风险管理：当前实践与必要的研究》，载［美］珍妮·X. 卡斯帕森、罗杰·E. 卡斯帕森编著《风险的社会视野（下）：风险分析、合作以及风险全球化》，李楠、何欢译，中国劳动社会保障出版社 2010 年版，第 59 页。

② ［美］安德烈亚斯·瓦格纳：《适者降临》，祝锦杰译，浙江人民出版社 2018 年版，第 218 页。

③ ［美］安德烈亚斯·瓦格纳：《适者降临》，祝锦杰译，浙江人民出版社 2018 年版，第 219 页。

如果不发生意外的话，它似乎就是一种浪费。①

维持安全边际似乎与某些有效的管理理念相冲突。例如，精益生产和其他精益流程试图去除所有的浪费和流程不需要的材料、活动和资源，目标是通过即时制造、即时存货管理流程在内部或外部客户需要时立即交付产品。

精益技术旨在使用更少的投入——包括人力、生产空间、工程设计和设备装配时间——获得更多的利润。这一技术显然可以通过减少准备时间、改进工作流、减少存货、优化生产水平来降低成本。但精益与弹性是相悖的。企业越精简，它对突发干扰的抵抗力就越弱。②

将安全边界消减得过低，不允许有什么犯错空间或未能对未知事件预留缓冲可能会对企业造成严重的后果，直至威胁它的生存。

我们需要建立冗余、安全边际，避免优化，以减轻甚至消除我们的风险敏感度中的不对称性。③

5. 好奇心

如果没有好奇心，人们就不可能设想出理想状态或前进的道路，正是好奇心赋予了人们应对无法预测的未知事物的力量。好奇心属于高度自适应性应对机制，有助于避免冷漠、被动接受与绝望，是积极高效参与行为的重要推动因素。好奇心对于在模棱两可、充满高风险的情形下取得积极结果而言非常关键。④

———————————

① ［美］纳西姆·尼古拉斯·塔勒布：《反脆弱：从不确定性中获益》，雨珂译，中信出版社 2014 年版，第 15 页。

② ［美］弗雷德里克·芬斯顿、史蒂芬·瓦格纳：《风险智能：企业如何在不确定环境中生存和壮大》，德勤中国企业风险管理服务部译，上海交通大学出版社 2015 年版，第 138 页。

③ ［美］纳西姆·尼古拉斯·塔勒布：《反脆弱：从不确定性中获益》，雨珂译，中信出版社 2014 年版，第 329 页。

④ ［英］艾瑞卡·塞维利亚：《弹性组织》，钱峰译，东方出版社 2018 年版，第 127 页。

第八章 工程风险治理的责任机制

"风险"这个概念强调人类的责任并认为通过采取某些行动可以防止不幸的发生。① 本章通过对以往工程风险分配及其不合理性进行分析，探讨责任分配机制，建立一个分析框架，阐明不同主体的责任。确立伦理原则能为处理工程风险问题提供根据，从理论和对策上解决"有组织的不负责任"的问题。

第一节 工程风险的责任属性②

一、工程风险的责任难以确定

工程给自然、社会和人的健康带来了风险，这已经成为我们这个时代的常态现象。根据矫正正义原则，如果有人伤害了别人，那么他应该给受害人提供补偿。然而，正如乌尔里希·贝克所指出的："在威胁和危险就要变得更加危险和更加显而易见时，我们却处于两难的境地，越发不能通过科学的、合法的和政治上的方法来确定其证据、归因和补偿。"③"工程风险的责任"已成为一个值得关注的伦理和社会问题，伦理学原则的常规应用在它面前失去效力，人们很难在传统的四极张力关系中追究工程风险的责任，即谁为什么在谁面前按照哪些标准承担责任？④

首先，确定行为人——"谁"很困难，这造成工程风险的责任主体虚位。

---

① ［澳］狄波拉·勒普顿：《风险》，雷云飞译，南京大学出版社 2016 年版，第 24 页。

② 王耀东：《论工程风险的责任：基于公共安全的视角》，《自然辩证法通讯》2016 年第 6 期。

③ ［德］乌尔里希·贝克：《风险社会再思考》，郗卫东编译，载《马克思主义与现实》2002 年第 4 期。

④ ［德］奥特弗利德·赫费：《作为现代化之代价的道德》，邓安庆、朱更生译，上海译文出版社 2005 年版，第 15 页。

在我们这个社会，对责任主体的认定是谁造成灾难谁担负责任。但是由于许多破坏具有累积效应和总和效应，而且损害往往会失却时空限制而成为全球性的和持续性的，所以几乎不再有可能为这样的损害去责备特定的个人。① 很难确定工程风险的责任者，例如，当下中国面临着雾霾之痛，却找不到确定的责任者。

其次，确定因果联系——"为什么"很困难。矫正正义要求恶行必须造成了伤害，行为者的后果或者已经被看到或者能够被看到，他才能为自己行为导致的后果承担责任。但是工程风险是隐性的，具有不确定性，它是处于安全与毁坏之间的一种中间状态，危害可能发生也可能不发生，这样归因的逻辑链条断裂。另外，风险成为影响当前行为的一个参数，当人们意识到风险之后，可以主动采取一些措施来规避或减少危害的发生。行为、风险、危害之间的因果关系极其复杂，难以进行归责判断，这就造成明明有重大风险，却无法追究责任的窘境。

再次，难以确定承受者——"在谁面前"，很多情况下工程风险通常不存在特定的受害者。在传统社会的条件下，风险或者危害往往只局限于一个或几个相邻的地域，受害者及受到影响的人数量有限，比较容易确定。但是在当代全球化进程加剧的条件下，工程及其产品或服务在全球范围内传播和分布，其导致的风险和后果已超越地域、民族和国家的限制，蔓延到全球。同时，其在时间上向未来持续，工程风险的受害者，他们中的一部分人生活在未来。

最后，度量——"哪些标准"也很模糊。风险的技术分析视角往往会对风险进行预测，对损失进行客观的度量。一般认为，风险等于损失程度乘以概率。然而对工程风险，这种方法却难以奏效。风险以决策为先决条件，这些决策曾经靠那些将手段和目标，或者原因和结果联系起来的固定的可计算的标准提纲，而这些标准正是被"世界风险社会"归于无效的东西。低概率但高效果的未来各种形式的风险，是不可计算的。事实上，大多数引起争论的技术，比如遗传工程，是没有个人保险的。② 贝克还进一步指出，在技术工业发展过程中产生的威胁既不可计算也不可控制。正常的标准、测量的程序和危险计算的基础均被破坏；没有可比性的实体被拿来比较，而计算变得模糊……谁污染谁治理的原则失去了灵敏性。③

面对难以清晰界定的工程风险的责任，已经不能机械地应用已有的规范了，需要改变工程风险的责任这一概念的分析框架。

---

① ［德］乌尔里希·贝克：《世界风险社会》，吴英姿、孙淑敏译，南京大学出版社 2004 年版，第 46 页。

② ［德］乌尔里希·贝克：《世界风险社会》，吴英姿、孙淑敏译，南京大学出版社 2004 年版，第 4—5 页。

③ ［德］乌尔里希·贝克：《世界风险社会》，吴英姿、孙淑敏译，南京大学出版社 2004 年版，第 183 页。

二、丰富工程风险责任的含义：多种责任形式

传统伦理学认为，行为的目的与结果之间存在必然的因果联系，并且这种因果联系是可逆的，既可以从行为主体的动机和目的向后推导出行为的结果，也可以反过来，从行为的结果向前追溯到行为主体的动机和目的，这是一种线性的机械因果模式。这种模式下的责任多关注过失性责任，即行为主体对行为本身及其实际后果造成的过失承担责任，这是事后的追溯性责任。这种传统的以追究过失为主要任务的责任概念过于狭隘，是一种简单性思维，无法应对和解决具有复杂因果关系的工程风险问题。

面对日益凸显的工程风险问题，我们需要改变对责任的单向度的理解，将视角拓展到更广阔的关系背景，充分认识人作为复合、立体、动态的存在，克服过于窄化的责任概念，丰富工程风险责任的含义，拓展工程风险责任的边界。

（一）责任

一般认为，责任主要有两种含义，第一种含义是分内应做的事，第二种含义是没有做好分内应做的事，因而应当承担的过失。① 第一种含义实际上是一种角色义务，它与主体的社会角色密不可分。第二种含义就是前面所述的传统的追溯性责任。在认识和解决工程风险的责任时，这两种含义都需要进一步深化和扩展。

为了深入理解责任的含义，可以将责任按照不同的标准划分为不同的类别：①按照责任的主体，可以分为个体责任和集体责任；②按照责任的对象，可以分为自我责任和社会责任；③按照责任的约束力来源，可以分为法律责任与道德责任；④按照责任产生的时间，可以分为事后责任与事前责任，或称为追溯性责任与前瞻性责任；⑤按照行为的后果，可以分为积极责任和消极责任等。

（二）工程风险责任的属性

与科学相比，工程和技术需要担负更多的责任。工程化生存，使得个人或群体的行为对自然、社会和他人的影响力大大加强了。工程已经导致了人类能力范围的扩大，在积极和消极的意义上，人现在能够做的事，要远远多于他以往能够做的。人的行为的作用范围超越了整个地球……人能够以决定性的方式改变（也许是损害）地球的状态、地球上的生活世界的状态、人的状态和大气层的状态……责任的各种从前根本没有过的向度就被打开了。在以前，人甚至伦理学家根本无须为很多事情绞尽脑汁，因为这些事根本就不在人类能力的范围之内。②

在技术的推动下，责任概念的内容逐渐地开始改变了——虽然开始时几乎难

---

① 中国社会科学院语言研究所词典编辑室：《现代汉语词典》，商务印书馆 2005 年第 5 版，第 1702 页。
② ［德］汉斯·约纳斯：《技术、医学与伦理学》，张荣译，上海译文出版社 2008 年版，第 249 页。

以觉察。责任的概念在不断扩展并且不断与技术提供的越来越多的可能性相适应。在这种背景下，不合作的人即使不是完全有罪的话，也至少会显得不负责任和可疑。①

《人类责任宪章》也指出，鉴于人类行为可能造成的后果和各社会之间的日益加强的相互依赖性，对责任作出广义的界定是重要的。因此，要丰富工程风险责任的含义，它表现为多种责任形式。

1. 工程风险的责任既有自我责任又有社会责任

每个个体在自身的发展和价值的实现方面都对自身负有责任，这就是自我责任。人们在享受着工程所带来的广受欢迎的产品或服务的同时，也面临着同样新奇的威胁和烦恼。在风险社会中，不明的和无法预料的后果成为社会的强有力的变量，人们必须从风险角度对今天的抉择进行反思，为了得到某种特定的好处而决定容忍将来可能发生的风险。人们在选择某个商品或做出某项行为的同时，也就不可避免地要对自己选择的后果承担起更大的个人责任。换言之，个人在评估和管理风险方面承担了更大的责任。②

同时，个体是社会的一员，既是社会的组成者，又是社会的受益者，应当承担起与其社会角色相对应的责任，这就是社会责任。无论行为主体扮演何种角色，都应承担自己的社会责任。伟大的希勒尔（Hillel）在被一个怀疑论者奚落并要求他一只脚站立着详细说明所有犹太法律的原理时，他说："凡你认为可恶的，不要强加给你的同伴：这就是全部的法律，余下的都是对此的说明。"这就是所谓的黄金法则（Golden Rule），它可以在大多数宗教信仰的教义中找到不同的形式。其基本的有益意义在于提供了社会建立的基础……只有当存在某种有利于集体利益的行动时，社会才能存在下去。③

人们对工程带来的风险负有社会责任，工程化时代个体有意或无意的行动所引起的后果可能会极大地伤害自己和他人。过去人们普遍接受的"知识就是力量"，指的是个人为自己获得利益的力量。现在人们必须认识到知识是人们要一起承担的责任。④

温纳认为，在哲学家和环境政策拥护者中，有一些著名的尝试……这些新视

①　［英］芭芭拉·亚当，等：《风险社会及其超越》，赵延东、马缨译，北京出版社 2005 年版，第 197 页。

②　［英］彼得·泰勒-顾柏，等：《社会科学中的风险研究》，黄觉译，中国劳动社会保障出版社2010 年版，第 133 页。

③　［美］西蒙·A. 莱文：《脆弱的领地：复杂性与公有域》，吴彤，等译，上海科技教育出版社 2006年版，第 231 页。

④　［美］杰里米·里夫金：《第三次工业革命：新经济模式如何改变世界》，张本伟、孙豫宁译，中信出版社 2012 年版，第 249 页。

角要求一种与现代思想中通常观念相比较更严格的对生物圈和社会的个人责任感。①

工程风险的责任既包含对自己负责，也包含对他人和社会负责，强调对群体或者对社会共同体的关怀。

2. 工程风险的责任既有事后责任又有事前责任

传统意义上的责任主要是一种事后责任，认为行为的不良后果就是由行为者过去的过错或失职而造成的，行为者应对其行为负责，又称追溯性责任、因果行为责任、过失性责任。这种责任往往被限定在某一行为者身上，人们依据后果去追究他的过失。这是一种最一般的责任形式，而且往往牵涉到法律责任。当工程风险显性化，变成了危害，就要追究风险诱致主体的这种责任。

责任也始于它经常尚未被履行的地方，这就是另一种意义上的责任，即作为前瞻的、导向未来的事前责任，又称前瞻性责任。这种意义上的责任意味着，人们有一种为他人、为社会、为自然界而行动的义务。前瞻性责任是一种新型的责任模式，倡导者主要有汉斯·尤纳斯（Hans Jonas）、约翰·莱德（John Ladd）等。人们在享用工程带来的产品和服务时，有责任考虑工程是否会对未来的人们带来风险和危害。

3. 工程风险的责任既有道德责任又有法律责任

道德责任是行为主体对责任的自觉认识和行为上的自愿选择，它源自于人内心的道德感，主要依靠行为主体精神上的自制力来实现。这种责任是照顾别人和对别人展现善意的义务。

公共生活领域的伦理秩序不可能仅仅依赖人的道德自觉，还应诉诸法律手段等外在的约束与强制。法律责任是由于侵犯法定权利或违反法定义务而引起的，它是"底线伦理"。对那些作为人格体的理性人而言，在能够寻找、依循规范时却没有相应的行为从而诱致了风险，刑法可以对之作出否定性评价的理由就在于他可以被期待合法的行为，却没有果然合法地去行为，而实施了不法行为。这不是一种道义责任，而是法律责任。②

工程风险的责任既有道德责任也有法律责任，道德责任比法律责任更具有根本性，范围也更加宽泛。

4. 工程风险的责任既有积极责任又有消极责任

根据莱德的观点，责任可以区分为积极责任和消极责任。积极责任的概念与许多哲学思想是一致的。大多数哲学理论认为这是合理的。积极责任可以在各种经典理论或现代理论中找到根据。例如，密尔的"为最大多数人提供最大好处"

---

① ［美］兰登·温纳：《科学技术的大叙事：危机时代》，《科学技术哲学研究》2010 年第 2 期。
② 焦旭鹏：《风险刑法的基本立场》，法律出版社 2014 年版，第 154 页。

的集体后果论，或者亚当·斯密提出的社会福利的提高源于个体有益于社会的良好行为的个体后果论。无论用哪一种伦理学理论来论证积极责任，积极责任的焦点都在于应该做什么，而不是因为失责行为而责备或惩罚当事人。① 责任不是人们宁可推卸的重负，而将成为一种无人能剥夺的乐趣。②

事前责任关注的是积极预防，因此是积极责任。风险是未来取向的，风险"与虽然还没有发生但存在威胁的破坏作用有关……风险意识的核心不在于现在，而在于未来"。③ 风险意识是一种对未来的责任意识。因而工程风险的责任首先是积极责任。

当风险变成了危害，就要追究过失责任，也就是事后责任。事后责任关注"消极救济"，工程风险的责任要讨论工程给公众带来的负面影响时，需要确定责任的归属和责任的分配，也就是追究工程风险的消极责任。

积极责任不具有排他性，它不寻求单一的责任者，而消极责任寻求一个或几个责任者，一旦找到这个责任者，其他人就免除责任了。

三、拓展工程风险责任的边界：共同的责任

工程风险的责任是复杂责任，如果试图找出一个确定的责任者，那么它存在的复杂性就被简化了。科层制的单向或纵向责任机制必须被多层次、多维度的复合公共责任所代替。所谓复合公共责任，就是多重公共责任：首先，每个社会主体都要对自己负责，对自己负责是社会主体行动的根本激励机制；其次，为了自己的生存和发展也要对其他所有的利益相关者负责。④ 因此，应当拓展责任的边界，重置各主体存在的合理位置和责任。

风险是目的实现过程中的必然现象，工程风险是与工程的目的性实现相关联的。因此没有根本性的办法去消灭风险。只要我们选择了工程，选择了工程的产品或服务，我们也就选择了风险。火力发电会产生温室气体，带来环境风险，核发电则有核辐射风险。技术既不负责巨大的幸福，也不负责巨大的不幸，却可能负责既有更多选择又有更多风险的生活……为了赢得自由，技术文明以损失无忧无虑与无所操心来支付。⑤

① Bynum T. W. and Rogerson S. , *Computer Ethics and Professional Responsibility* , Oxford：Blackwell Publishing Ltd，2004，pp. 114.

② ［德］奥特弗利德·赫费：《作为现代化之代价的道德》，邓安庆、朱更生译，上海译文出版社2005年版，第259页。

③ ［德］乌尔里希·贝克：《风险社会》，何博闻译，译林出版社2003年版，第34—35页。

④ 杨雪冬：《风险社会理论与和谐社会建设》，《国外理论动态》2009年第6期。

⑤ ［德］奥特弗利德·赫费：《作为现代化之代价的道德》，邓安庆、朱更生译，上海译文出版社2005年版，第113页。

尤纳斯认为，原子弹的刹那间的毁灭性灾难可以通过理性相对容易地予以避免，我们更应该注意那种慢性的、长期的以及日积月累的问题，它表面上体现为一种和平的、建设性的全球技术力量的应用，这种应用使我们通过不断增加的产品、消费品等作为不可避免的受益者被拴在一起，然而这种威胁解决起来更为困难。①

尤纳斯创立的责任伦理学是集体的，他认为，"我"将被"我们"、整体及作为整体的高级行为主体所取代。里夫金也认为，第三次工业革命改变了我们对责任的看法，开始以集体的思维方式进行思考。②

责任的主体即谁来为工程风险承担责任是复杂的。一个大的工程，设计者、领导者、合作者、投资者、鉴定者、决策者等都是有份儿的。例如，在一台电子计算机所带来的风险中，程序员和硬件制造者有份儿，使用者也同样有份儿；当计算机目标设计等成果投入生产，成为责任主体的人就更多。因为对风险的诱致来说，行为人的具体行为往往只是风险诱因体系作用链条上的单独一环，其他的环节若不在场，风险或许既不能被创设，也无法被实现。行为人正是作为风险场域主体才与其他背景性风险诱因协同作用诱致了风险，而我们根本无法设想会存在某种无任何背景因素的"裸"的单独风险行为。③

对于普通公众来说，正如尤纳斯所指出的，我们当中没有一个人可以说，在事物的发展过程中某种很重要的东西会因而发生改变。但是在最后结果中，我们大家都有份儿，即便在单纯的消费中甚至什么事都没有做。由于我们参与到这一系统的成果中，在塑造世界和未来的过程中，我们大家也都是因果性力量。④ 因此，如果风险会影响未来的发展，那么现在的一代人就有责任去采取补救措施。

工程风险的责任是具有整体性的全新的复合责任形态。有必要确立一个完全改变了的模型，这个模型就是一个共同责任模型，它将恰好按照每个人对于系统所能起到的积极的或消极的影响，来分配它相应的责任。⑤

四、工程风险责任的分配

（一）在不同主体间分配责任

必须认识到工程风险责任主体的多元结构以及责任分配的重要性，而以前那

① Jonas H., *The Imperative of Responsibility: In Search of an Ethics for the Technological Age*, University of Chicago Press, 1985, p. 1.

② ［美］杰里米·里夫金:《第三次工业革命:新经济模式如何改变世界》，张本伟、孙豫宁译，中信出版社 2012 年版，第 231 页。

③ 焦旭鹏:《风险刑法的基本立场》，法律出版社 2014 年版，第 153-154 页。

④ ［德］汉斯·约纳斯:《技术、医学与伦理学》，张荣译，上海译文出版社 2008 年版，第 224 页。

⑤ ［德］H. 波塞:《技术及其社会责任问题》，邓安庆译，《世界哲学》2003 年第 6 期。

种完全指望技术发明者或政府作为责任主体的策略是不恰当的。德国哲学家赫费（Otfried Häffe）提出了一种新式的社会责任类型——"责任链"，在这个责任链中，没有哪个环节承担单独的责任，每个环节都是责任的一部分，而这部分的责任又不得不与这个环节对整个行为所承担的责任相联系。[1]

工程风险的责任分散在很多不同的行为者中间。社会成员、企业、国家机构、政治家都应该对工业化所造成的风险负有责任。风险的社会根源阻碍了将风险责任进行细化和具体化的过程。[2] 比如瘦肉精，我们难以确定谁是责任主体，也难以确定这类技术责任的真正开端，毋庸置疑，工程师及其共同体应该承担责任，因为是他们把瘦肉精发明出来并不断更新换代，但是，如果没有政府对该项技术的支持、没有企业家的投资、没有养殖者的使用、没有消费者对瘦肉的追捧和偏好，就不会有瘦肉精的生产和使用，也就不会产生目前的危害结果。可见，各主体之间发生着这样那样的联系，从技术到产品的过程中产生的责任问题不能简单地归咎于工程师或制造商，而应视情况不同作出详尽的分析，将责任具体地分配到不同的主体身上。

首先要按照每个肇事人的责任逐步承担，其次是按照个人承担部分责任的原则，每个人分担由于复杂社会进程而无法寻源的损害责任。[3]

企业、技术发明者、工程师、政府、利益相关者、媒体等按照社会伦理学的分级负责原则负有责任：科技工作者在自己的知识、判断能力和行动能力允许范围之内对技术革新的环境和人权价值负责，如果超越了科技工作者个人的能力和权限，工业企业就必须负责，这应成为企业文化的当然组成部分。但各个工业企业像科技工作者个人一样，也会在知识、判断能力和行动能力方面受到局限，这时就需要国家机关从协调知识、澄清目标和健全相关法规等方面提供帮助。[4]

还应注意的是，风险社会理论还关涉更大范围内责任从体制向个人的转移。[5] 对于社会公众来说，选择产品或服务就意味着参与建构了某项工程。因此，社会公众要承担辨认什么是技术社会所面临的重大抉择的责任。对此尤纳斯告诫人们，在每个人的意志对象中，当前的选择应该考虑到人类未来的整体。[6]

① ［德］奥特弗利德·赫费：《作为现代化之代价的道德》，邓安庆、朱更生译，上海译文出版社2005年版，第72-73页。

② ［德］乌尔里希·贝克：《从工业社会到风险社会》，王武龙编译，载薛晓源等《全球化与风险社会》，社会科学文献出版社2005年版，第65页。

③ 单继刚、甘绍平、荣敏德：《应用伦理：经济、科技与文化》，人民出版社2008年版，第290页。

④ ［德］G. 罗珀耳：《让全社会为技术后果评估负责》，逸菡译，《国外社会科学》2000年第6期。

⑤ Mythen G., "Employment, Individualisation and Insecurity: Rethinking the Risk Society Perspective", *The Sociological Review*, 2005, Vol. 53, No. 1, pp. 129-149.

⑥ Jonas H. *The Imperative of Responsibility: In Search of an Ethics for the Technological Age*, Chicago: University of Chicago Press, 1985, p. 11.

人们有责任根据道德要求来合理筹划自己的行为，抵制自由主义和个人主义对自我利益的不合理欲望。人们有责任从自己与世界的合理关系中应当的位置，为维护关系双方和整体利益之目的，不断地规划行为、预知后果、持续地检讨问责和反思修正行为后果。[①]

（二）承担责任的多种方式

工程风险的责任是一个多重关系的结构性概念，是多重复合关系范畴，不同的主体表现出不同的责任角色。贝克认为，应把制造风险并从中获益的人，与众多的因同样的风险而遭受折磨的人区分开来。[②] 因此，要在两类主体之间作出区分：一类是那些至少在因果关系上要对问题负责或那些理应受谴责的主体，主要是企业、技术发明者、工程师，有时还包括政府、媒体、利益相关者等；另一类是那些既不必在因果关系上负责，也不应受谴责的主体，主要是消费者和其他社会公众。这两类主体分别负有不同形式的责任。

不同主体各自要为工程风险承担的责任，不可能以定量的形式予以明确。本书以积极责任和消极责任作为分析框架，来探讨工程风险责任的分配。本书认为，第一类主体不但负有积极责任而且负有消极责任，第二类主体则主要负有积极责任，具体如表8-1所示。

表8-1　工程风险责任的分配

主体	积极责任	消极责任
企业	√	√
技术发明者	√	√
工程师	√	√
利益相关者	√	√
政府	√	√
消费者	√	√
媒体	√	
其他公众	√	

1. 消极责任

基于不同的工程及其风险形态，寻找一套固定的责任模式是不切实际的，需要根据不同情况加以区分。

对于工程风险已经显性化即变为危害并且因果链条简单明确的情况，第一类

[①]　江庆心：《人在世界中的位置及其责任》，中央编译出版社2011年版，第134页。
[②]　[德]乌尔里希·贝克：《世界风险社会》，吴英姿、孙淑敏译，南京大学出版社2004年版，第20页。

主体中的相关主体对危害结果负责。

对于工程风险已经显性化即变为危害，而因果链条较为复杂的情况，第一类主体中的相关主体在没有履行其注意义务，存在过失时，才对造成的危害负责。

对于因果链条极其复杂，难以精确地追踪复杂的因果关系，尤其是危害结果并不能够以某种可测量的方式得到确认的情况，或者工程风险还没有显性化变为危害，只是工程本身被认为包含了风险的情况，第一类主体中的相关主体要提供抗辩理由以证明自己没有过错，否则他就被推定为有过错并为其负责。

以上几种情况的第一类主体作为风险诱致者，不仅应当对自己在不具备能力的情况下仍然作出实施某项工程行为的选择负有道德责任，而且要视后果的严重性承担相应的法律责任。

2. 积极责任

第一类主体和第二类主体都应承担积极责任。第一类主体承担积极责任是不言而喻的。对于第二类主体中的消费者来说，正是他的消费行为客观上参与建构了工程风险，因而普通消费者也成了风险诱致主体。由于没有主观故意和过失，并且自身还可能成为受害者，所以消费者只为后果负责承担小部分消极责任，但应负有积极责任。

每个个体都应在自己所处的位置力所能及地发挥行为能力而承担自我的道德责任，并将履行自我责任的要求统一于作为群体组织、人类整体成员的集体责任之中，将对个体主体的责任要求与对群体和整体的责任要求辩证统一，为人类整体能够在当今全球化和技术化的时代应对全球的伦理问题，提供合理化程度最高的可能性选择。[1] 每个个体可能无法对事物的进程起本质性的作用，但正是每一个微不足道的个体构成了人类社会，人们不能因为自身力量的微弱而放弃自己的责任。如果没有足够多的人采取同样的行动，少数人的积极行动可能也无济于事。因此，生活在当下的人们有一种非福利主义的义务去避免参与到那些给未来的人们带来伤害的行为之中。[2]

专家是一个特殊的社会公众群体，负有特殊的社会责任。伦理学家和应用科学技术专家，仅凭自己的专业知识和信息，都难以成功应对新的伦理问题。例如，引起广泛争论的转基因技术风险，它的不确定性知识具有零散性和片段性，它的确定性是有限的。[3] 古斯塔夫森认为，专家们应当走出各自的领域，彼此开

---

① 江庆心：《人在世界中的位置及其责任》，中央编译出版社 2011 年版，第 149 页。

② ［美］埃里克·波斯纳、戴维·维斯巴赫：《气候变化的正义》，李智、张键译，社会科学文献出版社 2011 年版，第 138 页。

③ 欧庭高：《转基因技术风险社会化的反思与安全走向》，《山东科技大学学报（社会科学版）》2016 年第 4 期。

放，借助于各学科和领域的知识和信息的交叉、渗透与互动，通过各学科和不同领域的自我反省、相互批判与支持，尽可能全面、综合平衡与协调具体伦理问题涉及的多维价值，更全面认识和理解伦理问题及其价值冲突。[1]

从科学、技术和工程发展的历史来看，合理地冒险不应当被诋毁和排斥，否则创新会受到遏制。但是冒险者应当为冒险行为承担责任，这样人们才会权衡工程的利益和风险，在"为"和"不为"之间保持一种必要的张力。

第二节 工程风险治理的工程师责任

要实现对风险问题的源头治理，就要探讨工程师的责任问题。风险责任伦理就是要通过强化人类的风险意识和责任意识，来对人类的行为进行内在约束控制的准则。现代工程师从事的是一种高技术、高投入、高风险和高回报的事业，要求从业者具有高素质、高视野、高理念和高责任的对称性。

一、工程师的积极责任

群体心理学创始人，法国社会学家、人类学家古斯塔夫·勒庞，在1895年出版的著作《乌合之众：大众心理研究》中认为，全心进行客观研究的科学家，没有义务去关心自己的研究会损害谁的利益。

阿诺德·盖伦认为：科学研究不能使自己接受道德的评价；研究者本人就被剥夺了他的道德自律性，因为他既不规定问题，也不"决定"（像外行人所想的那样）他的发现都拿去做什么用。[2]

20世纪的科学发展史可以说是决定论和确定性一步步"丢城失地"的历史。许多在20世纪初时仍然像机器一样真实、客观和确定的东西，到了20世纪中叶，已经变得像幻象一样不可预测、主观和不确定了。20世纪初用来定义科学的那些性质，如预测能力、清晰的主客观区别等，都不能再定义科学了。[3]

从建构主义的视角来看，科学知识抑或任何其他知识从来不是与价值无涉的，而一直是某种观察方法的产物。因此，风险不是一个静态的、客观的现象，

---

① Gustafson J. M. , *Intersections*： *Science*， *Theology and Ethics*， New York：Pilgrim Press， 1996.

② ［德］阿诺德·盖伦：《技术时代的人类心灵：工业社会的社会心理问题》，何兆武、何冰译，上海科技教育出版社2003年版，第63页。

③ ［美］布莱恩·阿瑟：《复杂经济学：经济思想的新框架》，贾拥民译，浙江人民出版社2018年版，第270页。

而是作为社会互联网络和意义构成的一部分被构建和商榷的。风险"专家"的判断，不像在科学技术文献中被描述的那样是"客观的"和"中肯的"，并且因此是"无偏见的"判断，而是与普通人的判断一样，都是通过暗含的社会和文化过程构建的。①

虽然很多研究者现在仍然选择坚持相信为了科学而科学的价值无涉理念，但是科学实践已经在过去一百多年间发生了巨大变化，价值无涉原则已经成为一个不太可能实现的"理想"。面对社会大众的信任和尊重，科学家群体必须意识到现代科学已经不是伴随人类现代工业文明诞生的那个"呱呱落地的婴儿"。如果现代科学持续受到不恰当社会价值观的影响而变得过于贪婪，科学有可能对人类、对我们的生活的地球造成巨大威胁。现在的科学界应该立刻行动起来，一起共同讨论思考如何发展"好的科学"，让科学更好地服务于社会公众，造福于人类社会。②

在工程学中有这样一个事实：工程学中解决问题的许多方案自身会产生一系列的问题，而这些问题的解决方法又需要到工程学中去寻找。这是一个有趣的事实，你可以把它看作工程学最大的特点，也可以看作是工程学的阿喀琉斯之踵。③力量越大，责任就越大。技术的力量使责任成为伦理学中必须遵循的新原则，特别是对未来的责任。④科技工作者的职务行为所产生的影响往往比其他行业更大，因而要承担更多的责任。工程师作为一种专业角色有其角色—责任，它又可分为义务—责任和过失责任。义务—责任指工程师有义务按照基本伦理准则所规定的责任从事专业活动的义务。义务—责任是积极的、向前看的责任。⑤"将公众的安全、健康和福祉置于首位"无疑是工程师首要的义务—责任。

人们期待科学家要效忠知识、理论或者应用，而对工程师来说，他们首先要效忠的不是知识、理论或者应用，而是人类福祉。

如果我们检查一部典型的工程伦理章程，就会发现其中许多条款的要求比仅仅需要尽责的要求高得多。例如，章程要求帮助在雇用期间的工程师完成继续教育，或者要求他们所作的任何公开陈述都要客观而真实。这些章程还没有到100年。在它们被采纳之前，一个工程师仅仅需要道德上是诚实的（正直的），以及技术上熟练地完成所有人们合理期望的事情。那时候，工程师在法律、市场和

①　[澳]狄波拉·勒普顿：《风险》，雷云飞译，南京大学出版社 2016 年版，第 24 页。
②　徐淑英，等：《负责任的管理研究：哲学与实践》，北京大学出版社 2018 年版，第 34—35 页。
③　[美]马歇尔·布莱恩：《工程学之书》，高爽、李淳译，重庆大学出版社 2017 年版，第 224 页。
④　[美]卡尔·米切姆：《技术哲学概论》，殷登祥，等译，天津科学技术出版社 1999 年版，第 101 页。
⑤　[美]哈里斯，等：《工程伦理：概念与案例》，丛杭青，等译，北京理工大学出版社 2006 年版，第 16 页。

（普通）道德要求之外没有责任。①

但是，今天人们已经认识到，工程师当然还有章程以外的职业责任。工程师不但自己应该遵守职业章程，他们还应该鼓励他人遵守章程或对不遵守章程的人进行批评、排斥或其他形式的责问，以此来间接地支持职业章程。②

二、工程师的消极责任

工程师的消极责任是指工程师对工程风险显性化后产生的消极后果应承担的责任。它的出现是基于工程产生了的消极后果，它是过失—责任，就是说如果他没有履行这些义务性的责任，则将可能受到责备。这基本上是一个消极的和向后看的责任。

工程师是以一定水平的专门知识和技能为人类服务的职业，与从事其他职业的人相比，工程师的责任重大。"他不能像医生那样把工作的失误埋在坟地里，也不能像律师那样靠巧舌善变或谴责法官来掩饰错误；他不能像建筑师那样种植树木花草来掩盖失败……工程师无法否认他所做过的事，一旦他的工作失败了，他将一辈子受到谴责。"③

技术确实是有代价的，没有人声称技术是全能的、至善的。技术是社会的一部分，它必须和其他因素一起运作。工程师们不能为所欲为地去做一切事情。

尽管人们采取各种手段，但风险依然可能发生。风险体现了人们控制未来的一种努力，这种努力仍然无法根本消除风险，甚至可能会带来新的风险。风险和责任是有内在关联的，技术应当承担这种责任及因此产生的代价。之所以高度强调责任是因为，风险是一种危险或灾难的可能性，出于对负担（或利益）公平处理的目的，同时也是出于实用主义的风险控制需求。因为当风险的生产者不需要对风险的控制或减少承担责任的时候，就不大会有限制风险生产的动机。

早在公元前 1780 年，古巴比伦的《汉穆拉比法典》中就包含了对工程师的所谓"伤害类推"的惩罚性内容。比如法典的第 229 条指出：如果一个建筑师建造了一所房子，房子倒塌了，并导致屋主死亡，那么造房子的建筑师应被处死。

罗马人要求工程师必须在他们建造的桥下待上一段时间。

胡佛写道："与从事其他行业的人相比，工程师的最大责任在于：他的行为是完全公开的，任何人都可以看得到。他的作为，一步一个足印，实实在在脚踏实地……如果他的作品无法运作，就会受到人们的谴责。"

邦格的"技术律令"指出："你应该只设计和帮助完成不会危害公众幸福的

① ［美］迈克尔·戴维斯：《像工程师那样思考》，丛杭青译，浙江大学出版社 2012 年版，第 63 页。
② ［美］迈克尔·戴维斯：《像工程师那样思考》，丛杭青译，浙江大学出版社 2012 年版，第 99 页。
③ ［美］维西林等：《工程、伦理与环境》，吴晓东，等译，清华大学出版社 2002 年版，第 31 页。

工程，应该警告公众反对任何不能满足这些条件的工程。"①

爱因斯坦曾为原子弹的制造和投放懊悔道："假如在 1939 年我确实知道德国人还不能制造原子弹，我不会给罗斯福提那个建议。"他认为，在我们这些把惊人力量释放出来的科学家身上有一个重大的责任，有为使原子能用于为人类的福利而不用于破坏的责任。他还说："假如我们这些制造了这个炸弹的自然科学家不能获得对它的禁令，我们就给自己，给科学定了罪。"

工程师必须面对现实的约束，必须为他们的决策承担责任。严厉的管理制度会让工程技术人员的工作像"戴着枷锁的舞蹈"，但这却是必要的。

直到现在，科技仍被视为我们所依赖的、面对自然而克服自身弱点的手段。在经济发达的国家，科技成果转化为现实生产力并取得规模效益的比例高达 60%～80%。各个国家为了发展经济，提高科技对经济的贡献率，纷纷采取措施，推动高新技术成果向产业化发展，制定了促进科技成果转化的法律措施。但是对技术带来的风险和危害却没有相应的法律措施。

到今天，技术要为由它们自身所创造的风险负责。科学家和工程师应当尽量避免由于个人的私利、自欺、无知和视野的狭窄以及团体的怠惰或疏忽等引起的各种过失，并对由此所造成的伤害而负有不可推卸的责任。②

以瘦肉精为例。传统的"瘦肉精"一般是指盐酸克伦特罗，它原本用于人类疾病——哮喘，它对舒张支气管有很好的疗效。但它也有很多副作用，包括肌肉震颤、恶心、呕吐、头痛、心悸等，因此逐渐被其他药物所取代。20 世纪 80 年代，美国 Cyanamid 公司意外发现，它具有明显的促进生长、提高瘦肉率及减少脂肪的效果，于是盐酸克伦特罗等 β-兴奋剂被命名为"营养重分配剂"或"促生长剂"。它曾经被认为是成功的技术创新，用到猪身上三个星期到四个星期可以增加至少 10% 的蛋白质。这 10% 的蛋白质，是一个搞畜牧的育种专家一辈子都无法培育出来的。

以盐酸克伦特罗为代表的"瘦肉精"，早在大规模引进中国之前，已在国外出现过大面积的中毒事故，并被多个国家禁止。欧共体已经于 1988 年 1 月 1 日起禁止使用盐酸克伦特罗当作饲料添加剂。1991 年，美国食品和药物管理局（Food and Drug Administration，FDA）禁止非法销售和使用盐酸克伦特罗。

这些负面信息却未被我国相关专家们重视，反而踊跃引进。这里有的人是出于专业研究之需，有的人却不乏利益驱动。鉴于盐酸克伦特罗在国际上引致的安全性问题，1997 年 3 月，农业部发文严禁 β-肾上腺素类激素在饲料和畜牧生产中使用，盐酸克伦特罗名列禁单第一位。虽已明文禁止，但近些年养殖行业中使

① ［加］M. 邦格：《科学技术的价值判断与道德判断》，吴晓江译，《哲学译丛》1993 年第 3 期。
② 张锋：《高科技风险与社会责任》，《自然辩证法研究》2006 年第 12 期。

用这种"瘦肉精"仍是普遍存在的现象，导致中毒事件频繁发生。2006年，上海发生了大规模的"猪肉精"中毒事件；2009年，"瘦肉精"引致广州70人中毒；2011年，在中央电视台"3·15"晚会上曝出河南孟州等地添加"瘦肉精"养殖的有毒生猪，顺利卖到双汇集团旗下公司双汇集团济源公司。

更加让人头痛的是，多种被叫作"新型瘦肉精"的化学药物，也在养殖业中被使用，这些新型兴奋剂，更容易逃脱监管部门的检查。在双汇济源"瘦肉精"事件中，河南一些被检查的生猪，就因尿液莱克多巴胺阳性而被判定使用了"瘦肉精"。然而此前的检查中，莱克多巴胺不在检查的范围内。[①]

"瘦肉精"屡禁不止的一个重要的原因是充当工程师角色的科研人员没有承担相应的法律责任，那些研究出"瘦肉精"，并向市场推广的专家没有受到惩处。因此，与制定促进科技成果转化的法律措施相对应，也应制定相关法律，追究技术发明者和工程师在技术向工程转化中产生的公共风险的法律责任。他们要在法律上负责，要因伤害而受到惩罚，对伤害作出赔偿。

第三节　工程风险治理的企业责任

在现代社会中，企业是进行现代工程活动和生产活动的主体和基本组织形式。责任已成为推动企业风险治理的强大力量。

一、企业的积极责任

（一）企业不是道德无涉的

经济领域曾被认为是可以不受伦理制约的特殊领域。在这个领域中，起作用的是经济规律，衡量企业成功的标准是利润和货币而非伦理。"看不见的手"通过个人放手追求私利，而使其结果自然有利于社会公利。这一观念成为人们放手追求利润最大化的道德依据。其实，从经济活动的目的、方式和影响来看，创造利润的经济活动并不是与道德无关的。伦理价值、伦理关系、伦理责任是现实生活中从事经济活动的人和组织所无法回避的。单纯追求经济利益，只会产生不合理的结果。

有的学者认为，作为一种社会理论，资本主义是不充分的。从根本上说，它是生产、交换和协调的一种经济学理论，它不重视社会行为和政治组合的重要方

---

① 苏岭、温海玲：《"瘦肉精"背后的科研江湖》，《南方周末》2009年4月9日第A01版。

面，在协调理想中，把自由和效率变成了唯一的指导行为的价值，因此要求对资本主义进行社会和伦理规范，使其能满足人们对本质生活的追求。[1]

效用论原则只在不涉及任何人利害得失的特殊情况下才可以优先使用，而在牵涉两人及以上得失的权衡的案例中，基于道义原则或权利原则的考虑应该优先于效用论的考虑。[2]

经济发展并不是人类文明的终极价值，它只是人类持续生存的必要条件。工程造福人类的价值也常常会在唯经济论的社会发展目标下，丧失自己的社会责任和终极使命。

第二次世界大战后，技术向工程转化的加速激化了单纯以利润最大化为目标的经济活动与社会之间的矛盾。这种矛盾激化到这种地步：除非顾及经济活动所赖以存在的社会的利益，否则这种活动本身就不能再合法地继续下去了。[3]

一个不会赚钱的企业家不是合格的企业家，一个只会赚钱、抛弃公众利益的企业家绝不是真正的企业家，最终也会被消费者所抛弃。如果某种产品含有某种毒物的消息突然在大众媒体中被揭露和公开化（考虑到在日常生活中危险往往不易被觉察这一事实，信息政策和大众媒体覆盖率是至关重要的），那么整个市场可能崩溃且投资资金和努力会立即贬值。它不得不以其经济存在为损害和它的"不负责任状态"付出代价。

经济和道德，似乎是矛盾的，好像要追求利润就不要讲道德。然而，二者实际是统一的，经济要依附于道德，人们已经越来越认识到这一点。作为企业家，如果守不住社会道德这条底线，短期可能会赚到一部分利益，长期不可能获得利润，更谈不上企业的长远发展。

（二）企业的社会责任

从社会现实来看，企业的社会责任的外延不断拓展，已经从原来的提供合格产品到以合理的价格提供产品和服务，甚至延伸到各种公正性问题、生活质量问题、种族问题、性别问题等，从与经营行为直接相关的守法、诚信、就业与安全扩展到与经营行为非直接相关的资源与环境、文化继承、社会发展等。关于企业的社会责任，国际上比较普遍认同的定义是："一个企业在创造利润、对股东利益负责的同时，还需承担对员工、消费者、供应商、社区和环境等的社会责任，包括遵守法规和商业道德、保障生产安全和职业健康、保护劳动者合法权益、保护环境和自然资源、支持慈善公益、保护弱势群体等。"[4]

① 陆晓禾：《和谐社会、市场经济与伦理规范》，《理论与现代化》2008年第1期。
② 田冬霞：《第四届全国生命伦理学学术会议综述》，《医学与社会》2011年第5期。
③ 贾玉娇：《社会建设：双向运动中的中国利益格局重建》，《甘肃理论学刊》2012年第3期。
④ 经纬：《我国企业履行社会责任面临的问题和对策》，《阅江学刊》2011年第4期。

经过近一个世纪的发展，公司已经成为成功的企业组织形式。公司力量的增长突出了社会对公司责任的期望。另外，公司组织也使传统企业的社会性质发生了变化，公司不是赚钱的工具而是社会公民；公司是道德行为者，负有经济、社会和环境责任。①

（三）面对风险的积极责任

企业面对风险要履行积极责任。

由于风险往往是被强加的而不是主动接受的，风险制造者有责任证明确实存在对该技术的需求和该技术的风险状况。

当今时代，风险社会已经来临。"工业企业随时都可能遭到公众的控告。公众怀疑它制造的产品或怀疑它根本不会遵循自己所许诺的安全诺言。这种怀疑几乎已是普遍现象。在听到任何好消息时，我们都会预料到最糟糕的情况。风险感觉紧跟着进步的喜讯，就像影子紧跟着光一样。"②

在环保和民权运动之后，美国的企业广泛地实施了社会责任计划。其他国家大多也先后实施。2008 年 1 月，我国国务院国资委出台了《关于中央企业履行社会责任的指导意见》，要求企业在社会可持续发展、消费环境安全与生活质量等方面承担起应有的责任。

承担社会责任也在企业界引起了共鸣。例如，2008 年 9 月，三鹿奶粉事件发生后，全国人大代表、万向集团董事局主席鲁冠球致信所属各单位负责人。信中说：奶制品事件再次教育了我们，任何私利都不能凌驾于公众利益之上，企业经营要以德为本，损人利己即自取灭亡。另外，发展不能超越自己的能力，安全永远比速度重要。从古至今，谁都不能脱离社会责任谈发展，社会责任是企业存在的前提，是企业价值的体现，是市场信誉的积累，更是我们创建世界名牌企业的基石。此信件经媒体发表后，在社会上引起了广泛反响。

企业承担社会责任，从短期来看，可能会增加企业的管理成本和负担，但从长期来看，企业主动承担社会责任，将会赢得股东、合作伙伴、员工以及消费者等社会各界的信任，使企业获得良好的声誉，降低交易成本，增强企业的市场竞争力，企业也就会获得更为旺盛的生命力。③

二、企业的消极责任

有关风险的争论，被施加的政治压力主要是反对置他人于风险的境地。因

---

① 廖娟：《论区域经济合作中大型企业集团的法律规制思路》，《经济法研究》2013 年辑刊。

② ［德］乌尔里希·贝克，等：《关于风险社会的对话》，路国林编译，载薛晓源等《全球化与风险社会》，社会科学文献出版社 2005 年版，第 37 页。

③ 宁向东、吴晓玲：《企业为什么要有社会责任》，《管理学家》2006 年第 9 期。

此，这种压力更集中指责大机构而较少指责个人。①

一家公司在一种产品被普遍认为安全的时候生产了它，因为如果不安全，政府有关部门是不允许生产的，但后来又发现它并不安全，那么该公司也应对其生产的产品负责任。

企业是市场经济的主体，技术创新已经成为企业生存与发展的根本所在。革新的回报主要归于企业，不归于发明者个人。回报的获得取决于革新在商业上的成功。由于商业上的成功又取决于企业的制造和销售方式，所以只有企业才能获得革新的回报，而不能由有新想法的个人获得。发明者个人有时也组建企业，但通常的情况是，发明者获得企业的一部分股份，或者通过与其他合伙人达成协议来得到一部分回报。在有些情况下，有新思想的个人通过专利权获得奖励。不过，从制度的意义上看，西方奖励的是发明，而不是思想，因此，通常受惠的是企业，而不是有新思想的个人。② 代表组织所有成员的企业法人，享有同自然人在法律意义上的平等主体权利，权利与义务或责任是相对应而存在的，所以企业也应承担相应的责任。对此，法律已有明文规定，商业经理对于行使其职责的方式负有越来越多的民法和刑法的责任。

例如，《中华人民共和国民法通则》第一百二十二条规定："因产品质量不合格造成他人财产、人身损害的，产品制造者、销售者应当依法承担民事责任。运输者、仓储者对此负有责任的，产品制造者、销售者有权要求赔偿损失。"《中华人民共和国产品质量法》对产品质量作出了更为准确的规定，其中第二十九条规定："因产品存在缺陷造成人身、缺陷产品以外的其他财产损害的，生产者应当承担赔偿责任。"

以国外的药物"反应停"为例。1953 年，瑞士的一家名为 Ciba 的药厂（现药界巨头瑞士诺华的前身之一）首次合成了一种名为"反应停"的药物。1957年 10 月 1 日，当时联邦德国一家名为 Chemie Gruenenthal 的公司将"反应停"正式推向了市场，用于治疗孕妇妊娠呕吐，宣称是"孕妇的理想选择"。

1961 年，澳大利亚悉尼市皇冠大街妇产医院的麦克布雷德医生发现，他经治的 3 名患儿的海豹样肢体畸形与他们的母亲在怀孕期间服用过"反应停"有关，他随后将自己的发现和疑虑以信件的形式发表在了英国著名的医学杂志《柳叶刀》上。

1961 年 11 月底，因为发现了越来越多类似的临床报告，Chemie Gruenenthal公司不得不将"反应停"从联邦德国市场上召回。

① ［澳］狄波拉·勒普顿：《风险》，雷云飞译，南京大学出版社 2016 年版，第 39 页。

② ［美］内森·罗森堡、［美］小伯泽尔：《西方现代社会的经济变迁》，曾刚译，中信出版社 2009年版，第 206 页。

1970 年 4 月 10 日，Chemie Gruenenthal 公司同意向控方支付总额 1.1 亿德国马克的巨额赔偿金。1971 年 12 月 17 日，联邦德国卫生部利用 Chemie Gruenenthal 公司赔偿的款项专门为"反应停"受害者设立了一项基金。此后数年间，联邦德国有 2866 名"反应停"受害者得到了应有的赔偿。

在印度发生的博帕尔事件中，涉事企业也理所当然地被追究了责任。1989 年 2 月 14 日，终审法院作出判决，联合碳化物公司和印度政府之间达成了协议，最终确定临时赔偿为 4.70 亿美元。① 1991 年 1 月 7 日，印度国会通过了公众责任保险法案，该法案要求所有厂家对事故引起的死亡、损伤或财产损失进行投保，并且还必须对永久性或部分残疾作出赔偿。此法案主要是为了保护目前没有受到任何其他补偿法律保护的周边居民而设立的。②

当工程风险变成危害，造成严重后果，如有人员伤亡时，企业还负有刑事责任。例如 2006 年，国际知名杂志《福布斯》公布评选的"中国顶尖企业百强"，三鹿集团位居乳品行业第一位，中国品牌资产评价中心评定其品牌价值达 149.07 亿元。但在三鹿奶粉事件中，由于在奶源中添加对人体有害的三聚氰胺，造成 6 名婴儿死亡，超过 30 万名婴儿患病。这一重大恶性事件导致三鹿集团破产，多名管理人员被判刑入狱。法院最后以生产、销售伪劣产品罪，判处原三鹿集团董事长田文华无期徒刑，以生产、销售伪劣产品罪，判处原三鹿集团副总经理王玉良有期徒刑 15 年，还有多名相关人员被判刑。

第四节　工程风险治理的媒体责任③

媒体在工程风险治理中负有积极责任。媒体的商业实践和公共生活实践存在本质差异。一方面，媒体拥有自己的经营目标，有固定的资源和严格的期限，要争夺受众和广告商；另一方面，它与单纯的盈利企业不同，它必须对社会和公众承担和履行一定的责任和义务。二者有不同乃至矛盾之处，但服务于社会公益是媒体的基本功能。媒体作为社会公器，其权力是公众给予的，它承担社会责任是它的天性使然。媒体的活动，在更大程度上受到公共性和公益性的制约。它表达

---

①　周永平：《博帕尔事故及其生产安全中的法律问题》，《中共中央党校学报》2006 年第 4 期。

②　[美] B. 博文德、珍妮·X. 卡斯帕森、罗杰·E. 卡斯帕森：《博帕尔事件之后印度的工业风险管理》，载 [美] 珍妮·X. 卡斯帕森、罗杰·E. 卡斯帕森编著《风险的社会视野（下）：风险分析、合作以及风险全球化》，李楠、何欢译，中国劳动社会保障出版社 2010 年版，第 129 页。

③　王耀东、刘二中、马有才：《技术向工程转化中媒体的社会责任》，《河南师范大学学报（哲学社会科学版）》2011 年第 3 期。

的自由权不仅源于个体性，而且要符合公共利益。公共利益是社会的"最大公约数"，是理性、长远的利益诉求和体现，是最大多数人的根本利益，与社会各阶层和每一位公民息息相关。

媒体不能仅仅充当科学信息的传播者和解说者，而是要充当人类公共利益的捍卫者。媒体应主要为社会公众而存在，而不应主要为技术专家、企业家或广告赞助人而存在。具体来说，媒体在工程风险治理中的积极责任，就是为公众提供关于工程风险的及时准确的信息以及对信息全面深入的阐释和分析，并形成一个代表民意充分表达的意见平台。

一、媒体要提供真实的信息

（一）媒体向公众传播的信息应该全面

如前所述，技术向工程转化具有多重价值属性，媒体既要报道技术工程化后的正价值，也要报道负价值和潜在的负价值。以转基因技术为例，它能培育多抗、优质、高产、高效新品种，大大提高品种改良效率，并可降低农药、肥料投入，在缓解资源约束、保障粮食安全、保护生态环境、拓展农业功能等方面潜力巨大。对此正价值，媒体要向公众广为传播。同时，对其负价值和风险问题也要给予高度关注和充分报道。例如，转基因作物存在怎样的生态风险乃至社会风险，转基因技术是否真如某些转基因研究者所想象和描述的那样完美，人们的担忧是什么等。

许多个人和群体作决定的时候没有关于所选行动潜在后果的合适信息。这一点对科技风险相关决定或行动显得尤为正确。① 媒体是公共信息的渠道，是克服非理性风险规避的手段。因此，媒体应向公众传播真实、客观、多样化的信息，让公众解读。公众会依据自己的资源储备来解读特定的媒体文本，形成技术向工程转化的合理认知和态度，以便能使之更好地参与事关自身利益与社会整体利益的抉择。

（二）媒体的报道要有深度

20 世纪 90 年代，人们对媒体的认识发生了重大改变，侧重客观性、理性和准确性的古典路径遭遇了巨大的挑战。这一路径的根本假设是媒体应提供客观信息，帮助公众作出适当的判断。然而这一假设遇到了问题：这样的客观知识常常根本不存在。因此，媒体不但要以非专业人士能够理解的方式传播技术和工程的相关知识，而且要通过对技术及其工程的深度报道，促进公众的思考与讨论，从而引起公众对技术和工程相应的判断，形成强大的舆论力量。例如，对转基因技

---

① ［英］谢尔顿·克里姆斯基，等：《风险的社会理论学说》，徐元玲，等译，北京出版社 2005 年版，第 59 页。

术和工程的报道不应仅局限于相关信息的事实陈述上，还要深度报道转基因食品是否存在安全性问题，争论的焦点在哪里，转基因新品种产业化的某些积极推动者是否与自己利益攸关等。媒体应提升反思性的报道自觉，在批判和分析中有更深的洞察，在不失客观平衡的报道中，用具有穿透力的文字驱散表象的迷雾，将与公众利益攸关的事实凸显出来。

（三）媒体的报道应该严肃

媒体通过社会放大效应，可将技术或产品污名化。污名（stigma）一词最早来源于古希腊，指刻在人身上，表示恶名和耻辱。现在通常指不信任或贬低的人、地域、技术或产品的异常、有瑕疵、有缺陷或不受欢迎的属性。媒体应以严肃、公正、客观的态度对待技术工程化后的负作用和风险，不能将其"娱乐化"，不能以低俗来换取"眼球"和利润，更不能以造假来博取所谓的轰动效应。

有些媒体在利益的驱动下，传播内容呈现浅薄化、刺激化、煽情化的倾向，致使公众在信息不对称的情况下陷入恐慌之中。某些宣传炒作行为通过对技术横加诋毁以引起公众的注目。实际上，只产生微不足道危害的某些现象和技术，因为新闻媒体采用耸人听闻的报道方式，会造成大众过度的恐惧和歇斯底里。1989年春天，由于媒体报道"爱乐"致癌（当时果农将其作为一种生长调节剂），结果上百万的美国消费者拒绝购买苹果和苹果制品，果农眼睁睁地看着苹果批发价格下降了1/3。美国癌症学会评论这种现象时说："公众关注环境中的致癌风险，通常是聚焦于未经证实的风险或处境，而其实它们中受到曝光的已知致癌物的含量水平如此之低，以致风险微乎其微。"①

二、媒体应成为各种意见的交流平台

媒体不是工程风险治理的审判官和决策者，而应成为一个信息流通与观念交锋的平台，在这里，专家的意见、公众的各种看法都应得到呈现和交流。

（一）媒体要充分报道专家的观点

专家的意见当然是重要的，因为公众对技术向工程转化的机制和过程等这些十分重要的问题并不了解。技术专家和工程师是技术向工程转化的发起者，他们确定了技术向工程转化的初始条件。② 媒体对此要有充分的报道。这一点没有太大的问题，信任专家是20世纪的惯常做法，通常情况下专家往往占据着话语的制高点。人们对专家的权利和能力往往有一种未加反思的设定，人们相信专家意

---

① ［美］欧阳莹之：《工程学：无尽的前沿》，李啸虎，等译，上海科技教育出版社2008年版，第344页。

② 王耀东：《技术向工程转化的公共协商》，《自然辩证法研究》2009年第11期。

见的有效性是理所当然的。专家话语的权威是得到了极大增强的。①

值得注意的是，媒体一定要做到观点的多元表达，对同一领域和不同领域专家的不同意见也要予以报道。例如转基因技术，有的生物学家提倡大力发展，有的则对其工程化的后果表示担忧，有的甚至表示反对。伦理学家则大多从另外的角度给予关注。媒体的报道应为异议者开启一定的话语空间。在思想观点的领域里，重大创新总是容易引起抵触。有价值的思想观点在首次被提出时可能是粗糙的、站不住脚的，甚至是危险的。除了需要有基于其最终价值而存活下来的机会之外，它们还需要有通过自由的批评来获得发展的机会。② 19世纪英国哲学家约翰·斯图亚特·米尔曾强调说："假如全人类都意见相同，而只有一个人持有反对意见，即使在这种场合，人类也没有迫使这个人沉默的权利……迫使意见沉默带来的弊害在于，这种做法剥夺了人类的权利，不仅是现代人的权利，而且包括他们子孙的权利。如果这种意见是正确的，那么反对的人们就会失去抛弃谬误、服从真理的机会；如果这种意见是错误的，他们则体验不到由真理和谬误的冲撞所带来的对真理的鲜明直觉和印象。"③

因此，必须善待与技术研发专家相左的观点和态度，如果这些观点值得公众注意，就必须将其呈现出来。

（二）媒体应充分尊重公众的意见

媒体不能压制公众的意见，使社会性的话语处于边缘和从属地位，公众的看法需要认真对待。在技术变革的速度即便没有实际增加但至少看起来是在不断增加的世界里，要想生存下去，我们就必须学会以自我保护的方式与世界共存。对可能的后果追寻更多的信息，是我们自我保护并与世界共存的重要一步。④ 专家们以一种狭隘的技术的维度定义风险，公众却持更加丰富和复杂的观点，这些观点综合了包含价值因素的考虑，如公正、灾难的可能性以及可控性。⑤

其实，人们在他们自己的生活中都是专家，而且作为社会角色，公众成员与其他成员和机构共事，从而形成了独一无二的知识体系。虽然就技术和工程本身而言，专家们懂得最多，但在很多情况下尚未探索的未知变量总是多于已有的控制技术。对于工程的真正影响或潜在影响，则是受影响团体了解最多。媒体要突

① ［美］丹尼尔·李·克莱曼：《科学技术在社会中》，商务印书馆2009年版，第26页。

② ［美］新闻自由委员会：《一个自由而负责的新闻界》，展江，等译，中国人民大学出版社2004年版，第4页。

③ Mill John Stuart, *On Liberty*, New York: F. S. Crofts and Co., 1947, p.16.

④ ［美］约瑟夫·皮特：《技术思考——技术哲学的基础》，马会端，等译，辽宁人民出版社2008年版，第158页。

⑤ ［英］谢尔顿·克里姆斯基，等：《风险的社会理论学说》，徐元玲，等译，北京出版社2005年版，第166页。

破传统话语权力的分配，给公众提供表达观点和看法的空间。

（三）媒体应成为专家和社会公众互动的重要渠道

复杂的现实几乎为每一个视角提供了经验证据。结果，社会中的参与者经常选择最能服务于他们利益的视角而忽视与他们的利益相对立的视角。① 专家知识和公众知识是有条件的，各自反映了根本的社会关系和各种行动者的暗含的假设。就某一具体技术而言，它是否可以工程化，不同群体的看法可能会大相径庭。沟通是解决技术向工程转化问题的有效途径。在沟通过程中，如果媒体只反映部分专家和权威的意见，没有全面深入地呈现各种专门知识和利益诉求，就不可能取得良好的沟通效果。媒体应该为伦理学家和技术专家之间的对话创造条件。② 媒体还应该使专家和公众之间的信息交流摆脱过去的单向的讲话模式，提供一个平等交流、讨论的平台。正如美国科学促进会前主席彼特·阿格瑞所言，过去十年中，当科学的进展和理论与某种文化价值观或宗教信仰发生冲突时，我们看到了社会和科学之间出现了相当严重的紧张关系。解决这类紧张关系的最好办法是在这些事情上与公众沟通，寻找双方可以达到的共同点。这一方法需要科学家仔细聆听公众的担心并对之做出反应，给公众讲解相关的科学进展。③

来自专家和公众的技术信息、价值观念、信仰和情感等因素经过互动，并经过充分表达，反复讨论，逐渐形成共识，从而决定技术向工程转化的命运和进程。媒体应切实履行这一社会责任，成为技术专家、伦理学家和公众之间沟通和交流的重要平台。

第五节　工程风险治理的公众责任

工程深度塑造了现代社会的面貌，土木工程、机械工程、水利工程、化学工程、生物工程等各种各样的工程为人们提供了多种多样的产品或服务，人们可以因此获得更高品质的生活。与此同时，工程不可避免成为当下社会的主要风险源，它以多种样态影响着每个个体的生存。工程风险对公众生活可能带来威胁的广度和程度是前所未有的，公众对工程的使用以及对工程提供的产品或服务的消

---

① ［英］谢尔顿·克里姆斯基，等：《风险的社会理论学说》，徐元玲，等译，北京出版社 2005 年版，第 81 页。

② Paul Sollie and Marcus Duwell, *Evaluating New Technologies: Methodological Problems for the Ethical Assessment of Technology Developments*, Berlin: Springer, 2009, p. 16.

③ ［美］彼特·阿格瑞，等：《在科学和社会间架设一座桥梁》，王丹红编译，《科学时报》2010 年 2 月 25 日第 A04 版。

费从未像今天这样普遍成为一种风险行为。因此，对工程风险的有效治理已经成为人们普遍关注的一个重要问题。

风险往往意味着责任。狄波拉·勒普顿（Deborah Lupton）认为，"风险"这个概念强调人类的责任并认为通过采取某些行动可以防止不幸的发生。[1] 工程风险治理的责任分布在不同的行为者之中，是多元主体的共同责任。投资者、企业家、管理者、工程师等组成的工程共同体无疑应承担主要的责任，对此人们不会有过多争议。与此同时，人们也越来越认识到，公众作为工程的使用者或消费者，也应承担相应的责任，并且公众的这种责任越来越表现出一种不可替代性，是工程风险治理责任链条中一个必不可少的环节。

一、工程风险治理中的公众：从维护权利到承担责任

汉斯·约纳斯（Hans Jonas）在 20 世纪后半叶提出，从前"社会契约"的任务只在于，用法律的秩序保护个体的安全与权利，今天的人面对社会要积极促进公共福祉。[2] 在工程风险治理中，要从仅仅着眼于维护公众的权利转向还要同时重视公众的责任。

（一）注重维护公众的权利

工程项目尤其重大工程项目常常会带来环境问题和社会问题，给所在地区居民的生活产生不利影响甚至带来直接损失。与工程开发者相比，公众处于弱势地位，正当权益经常受到侵害。所以当工程与公众发生冲突时，社会常常关注的是如何维护公众的权利，对于公众的责任则鲜有提及。例如，垃圾焚烧发电厂、PX 项目等危险设施选址导致的邻避冲突，其最终解决都是着眼于维护所在地区公众的利益，注重公众的生活品质、个人自由和权利等。

个人权利是现代精神的集中体现，是现代社会价值判断的核心，被视为观察与评价社会的尺度。维护公众的权利在工程的相关伦理章程和法律中都有规定或要求。几乎所有的工程伦理章程都要求工程师必须将公众的安全、健康和福祉置于至高无上的地位。[3] 例如，在美国计算机协会的章程里，就规定公共利益优先于雇主的利益。

公众在使用工程或者消费工程提供的产品或服务时就成了消费者，消费者的权利依法受到保护。1985 年，联合国大会通过的《保护消费者准则》指出，要

① ［澳］狄波拉·勒普顿：《风险》，雷云飞译，南京大学出版社 2016 年版，第 2 页。
② ［德］汉斯·约纳斯：《技术、医学与伦理学：责任原理的实践》，张荣译，上海译文出版社 2008 年版，第 85 页。
③ ［美］查尔斯·E. 哈里斯等：《工程伦理：概念与案例》，丛杭青，等译，浙江大学出版社 2018 年版，第 103 页。

保护消费者的健康和安全不受危害、促进和保护消费者的经济利益、使消费者得到充分信息、使他们能够按照个人愿望和需要作出选择等。所以公众在消费的时候，法律就赋予了他权利。

我国在 2002 年制定了《中华人民共和国环境影响评价法》，要求对规划和建设项目实施后可能造成的环境影响进行分析、预测和评估。该法在 2007 年厦门 PX 事件处理中起了关键作用。正是依据这部法律，厦门市政府将环评范围扩大到整个化工区区域，得出的主要结论是：厦门市海沧南部空间狭小，区域空间布局存在冲突，应该在"石化工业区"和"城市次中心"之间规划确定一个首要的发展方向。根据这个环评报告，政府最终决定不再在厦门建设 PX 项目。这个决定回应了公众的反对声音，尊重了公众的合理诉求。

维护公众的权利无疑是十分必要的。但是，类似邻避这样的行为往往会造成项目迁址或下马，这无疑会影响公众的其他福祉。通常情况下，工程决策不可能完全从每个人自身利益出发，工程满足每个不同个体的诉求是不现实的。如果社会要获得工程带来的好处，就不可能期望所有公众都是完全自愿地接受工程风险。多年来的实践表明，只注重权利实现的取向往往缺乏对公共责任的反思，进而遮蔽了不同价值观之间的张力。① 英国学者马克·史密斯（Mark Smith）和皮亚·庞萨帕（Piya Pangsapa）等认为，20 世纪的大部分时间消耗在了对授权与权利的阐述，而义务、职责和责任却被忽视。② 责任的缺失一度成为现代社会的文化特质，人们逐渐认识到，不重视责任反而不利于公众权利的实现。责任与权利是相辅相成的，公众承担责任在一定程度上有利于维护他们的其他多种权利，因此，应该在二者之间保持必要的张力。

（二）开始重视公众的责任

风险社会理论关涉风险的个人化和日常化，关涉责任从体制向个人的转移。个体化的概念是乌尔里希·贝克（Ulrich Beck）关于风险社会与自反性现代化观点中的一个核心概念。安东尼·吉登斯（Anthony Giddens）也认为，与外部风险不同，人为风险改变了集体和个人在很多风险境况中的责任。③ 甘绍平认为，责任原则被公认为是解决当代人类面临着的复杂课题的最适当、最重要的一个原则。④

---

① 曾琰：《从权利获取到责任承担：治理视域下社会自主性困惑解析及破解》，《社会主义研究》2005 年第 4 期。

② ［英］马克·史密斯、皮亚·庞萨帕：《环境与公民权：整合正义、责任与公民参与》，侯艳芳、杨晓燕译，山东大学出版社 2012 年版，第 52 页。

③ Giddens A., "Risk and Responsibility", *The Modern Law Review*, 1999, Vol. 62, No. 1, 1999, pp. 1–10.

④ 甘绍平：《应用伦理学前沿问题研究》，江西人民出版社 2002 年版，第 99 页。

责任的各种从前根本没有过的向度被打开了，公众的责任开始被重视。随着社会的发展和进步，公众在工程面前不再仅仅是被同情或保护的弱势群体，他们可以在工程的多种可能性中主动作出选择，还可以以多种不同的方式参与工程的创新，他们对于工程风险认知的能力和水平会影响其他工程共同体的行为取向。所以，工程风险的有效治理需要强调公众的责任，发挥公众的作用。

二、公众理应成为工程风险治理的重要责任主体

约纳斯认为，我们当中没有一个人可以说，在事物的发展过程中某种很重要的东西会因而发生改变。但是在最后结果中，我们大家都有份儿，即便在单纯的消费中甚至什么事都没有做。由于我们参与到这一系统的成果中，在塑造世界和未来的过程中，我们大家也都是因果性力量。① 在工程风险的产生和制造中，公众发挥了某些独特的作用。

（一）公众为工程风险的产生提供原动力

工程作为现代社会发展的重要物质载体，它要改造自然材料服务于人类的需要。工程不能离开公众，公众是工程的目标主体，工程的设计和建构始终围绕着使用者进行，以使用者的需求和偏好为导向。工程一旦离开了"人"，便丧失了其存在的依据。离开了技术使用者的需求，离开了使用这一人类最为原始的实践活动，技术也就随之失去了其存在的价值尺度和意义考量。②

在公共工程或公益工程中，公众作为纳税人既是投资者，也是利益相关者。在商业工程中，公众是重要的利益相关者。③ 不管哪类工程，公众都是一个极其重要的参与要素，公众的支持与理解将是强大的动力，而公众的抗拒与反对则将是严重的阻力。④ 因此，工程的成功不仅取决于技术上的成功，而且也取决于公众的理解和接受程度。

公众对工程的使用或者对工程产品的消费是工程的最终动力。让·鲍德里亚（Jean Baudrillard）认为，需求和消费实际上是生产力的一种有组织的延伸。技术并不能必然带来社会财富，社会需求带来的消费才是更为根本的原动力。消费的真相在于它并非一种享受功能，而是一种生产功能。⑤ 公众的使用或消费使得工程的可能性得到了无限拓展的空间。所以，从最终根源上来看，公众才是各类工程的真正渊源。因此，不能再把公众仅仅当作工程的使用者，他们也应被理解为

---

① ［德］汉斯·约纳斯：《技术、医学与伦理学：责任原理的实践》，张荣译，上海译文出版社2008年版，第224页。

② 陈凡、陈多闻：《论技术使用者的三重角色》，《科学技术与辩证法》2009年第4期。

③ 殷瑞钰、汪应洛、李伯聪，等：《工程哲学》，高等教育出版社2007年版，第236页。

④ 李伯聪，等：《工程社会学导论：工程共同体研究》，浙江大学出版社2010年版，第307页。

⑤ ［法］让·鲍德里亚：《消费社会》，刘成富、全志刚译，南京大学出版社2008年版，第57页。

为工程风险的产生提供了原动力。

（二）公众参与工程风险的制造

公众参与工程风险的制造相关联，看起来由工程开发者制造出来的风险实际上与公众密切相关，公众是诱险者或致险者。

1. 公众可以主动选择

工程开发和建构是具有多种可能性的偶然过程，公众可以在多种可能性中主动作出选择而不是被动接受。有学者指出，市民作为主动的而不是被动的治理对象被放置在治理性商谈中。他们主要不是通过国家机构从外部监管，而是作为标准化主体的个人，自己管理自己，自己对自己运用权力，追寻他们自己最大的利益和自由，旨在自我提高、寻求幸福和健康。[①]

面对工程带来的风险，公众根据自身需要权衡风险与安全的限度，从而作出工程风险是否可以接受的选择。公众作出的选择，表达了自己的偏好，也提供了工程风险可接受程度的信息，因而参与了该工程的建构。

2. 公众参与工程创新

管理学大师彼得·德鲁克（Peter Drucker）在 20 世纪 90 年代就曾提出，真正的竞争优势将更多地源于以创新的方式将普通而常用的知识应用于实践的能力。如果工程师只凭着有限的知识进行猜想，那么他们的努力不一定有效。项目领导人可以通过约见客户来重组工作环境，以使工程师能够停止猜想，而直接从客户那里获得信息。[②] 公众的知识可能转化为某种创新产品或者为产品创新提供建议。在很多情况下，工程师根据公众的想法设计出产品，制造商据此做好产品的再开发。例如，微软在其网站上宣称："伟大的软件不会突然而至。通过倾听客户的声音，探索常见问题可能的解决方案，才可能涌现出新技术。"[③]

公众参与工程创新构成了现代经济中的一种重要组织形态。工程开发者以公众的需求为出发点，与用户零距离接触。于是，公众从被动的价值接受者转变为价值创造的积极参与者。传统意义上的生产者和消费者的边界变得模糊，公众具有了生产性，成为生产性公众。

（三）公众是工程风险治理的重要责任主体

公众的需求为工程的建构提供了可能性，公众因此使自己成了诱险者。如果公众还参与了工程某个方面的创新或者决策，成为生产性公众，那么他就不仅是

①　[澳]狄波拉·勒普顿：《风险》，雷云飞译，南京大学出版社 2016 年版，第 72 页。

②　[美]欧阳莹之：《工程学：无尽的前沿》，李啸虎、吴新忠、闫宏秀译，上海科技教育出版社 2008 年版，第 220 页。

③　[美]雅基·莫尔、桑吉特·森古普塔、斯坦利·斯莱特：《高技术产品的营销》，柳卸林、刘涛、胡国辉译，中国人民大学出版社 2009 年第 3 版，第 100-101 页。

诱险者，而且还和其他工程共同体成员一样成了致险者。所有那些行为促成了结构进程中产生非正义的施动者，有责任消除这些非正义。① 公众参与了工程风险的制造，因此理应是风险共担者，理应对造成的后果负有责任，是工程风险治理责任主体中不可缺少的主体之一。

亚当·布里戈尔（Adam Briggle）和卡尔·米切姆（Carl Mitcham）认为："一个网络化世界中的责任，除了经济专家、科学专家以及政治专家为代表负责任外，面向个体的伦理学命令必须被加以考虑，全球公民应当负责任地行动。"② 还有一些人提出了风险治理过程中的最新变化——更少依赖于社会保险和更多依赖个人对风险的自我管理与自我保护。这是新自由主义政治特征的一个结果，即强调国家的最小化干预和强调公民的"自助"及个人自治。③

工业社会形成的责任范式难以实现工程风险的有效治理，难以实现对社会整体利益的有效保护。正如珍妮·斯蒂尔（Jenny Steele）所指出的，与风险紧密相关的是一些高度困难的责任问题，以及现有责任模式面临的正在浮现的最大挑战。④ 人们认识到公众要为自己的决定和判断负责，为自己的偏好付出代价，公众有责任成为一个善于从风险中为自己和他人找到出路的风险评估者。本书以消极责任和积极责任作为分析框架，以深入探讨公众在工程风险治理中的责任。

三、工程风险治理中公众的消极责任

在大部分西方文字语言中，责任一词都包含了"回答"或"回应"的词根。责任可以被视为对行为者某种行为的应答，是行为者因其行为而应当承受的责备或称赞。责备指的就是消极责任，称赞指的就是积极责任。消极责任是对某行为引起的消极后果而承担的责任。它通过施加某种程度的惩罚，使得因代价过高而失去对行为者的吸引力，从而有利于社会的正常运行。

在工程风险治理中，公众承担的消极责任主要表现在以下几个方面：

（一）因处于风险而被迫承担消极责任

行为者要为其行为的有害结果承担责任，最公平的风险分配方式是将风险的后果分配给致险者。工程开发者作为主要的风险制造者，从危险经营活动中获得了利益和好处，无疑应承担消极责任。公众没有主动行为，不应承担不利后果的

---

① Young I. M., "Responsibility and Global Justice: A Social Connection Model", *Social Philosophy and Policy*, 2006, Vol. 23, No. 1, pp. 102-130.

② 马会端、陈凡：《全球化与技术：国外技术哲学研究的新趋势——第 15 届国际技术哲学学会（SPT）会议述评》，《哲学动态》2008 年第 5 期。

③ ［澳］狄波拉·勒普顿：《风险》，雷云飞译，南京大学出版社 2016 年版，第 82-83 页。

④ ［英］珍妮·斯蒂尔：《风险与法律理论》，韩永强译，中国政法大学出版社 2012 年版，第 226 页。

责任。但是在有些情况下，公众不得不承担消极责任。

首先，在司法实践中，对于危害性活动所引起的损害，其补偿措施一般要与企业规模和实力相一致。如果它造成的损失超过了它财产的总价值，它就无力承担起全部责任，只能作出部分赔偿甚至只是象征性的补偿。在这种情况下，公众即使没有过失，也无可奈何地遭受一部分损失，被迫承担一部分消极责任。

其次，风险社会的来临，已经无法用传统的方式确定已知的致险者与特定损害之间的因果关系，损害不可归咎于特定的风险行为实施者，出现了所谓"有组织的不负责任"现象。人们有时候没有参与制造风险，但却由于"处于风险"而被迫承担消极责任。"处于风险"意味着被置于受害者的角色，被他人强加的风险威胁着，而不是指由某人自己的活动而给自身带来风险。①

例如，有人提出，公众在享有核电站提供的能源便利的同时，也应承担相应的责任。这种责任重点表现在，一旦发生核电工程事故，公众要做好承担不良后果所造成的健康和环境影响的责任。②

（二）作为诱险者和致险者应承担消极责任

以"风险共担"为核心的对称性，始终是有组织社会的主要规则。③ 工程是技术、资源、政治、经济、文化、社会等许多相关要素的综合集成，工程活动包括设计、建构、生产、使用或消费等诸多环节。公众作为工程的使用者或消费者，处于产业链中一个周期的末端，同时又是下一个周期的首端。因此，公众与工程风险的制造相关联，应当承担一部分消极责任。这部分消极责任是行为者因其过失而承担的责任，公众对风险承担消极责任，就是要公众为他自己的错误或不当行为承担后果，并付出代价。

1. 公众作为诱险者承担消极责任

此类工程风险的消极责任取决于行为主体的主观决策和行动。如果一个人没有选择权，那么他就不必为风险负责。在面对工程风险时，公众通常具有选择权。选择往往是一种特别的收益，是一种福音，但也可能带来沉重的负担，成为一种诅咒。④ 选择即意味着取舍，为了得到某些资源或收益必须放弃某些安全或承担某种风险，要在获得的收益与付出的成本之间进行权衡，这取决于公众自己而不是他人。

有些工程在其社会影响尚未得到适当评估时便被开发和投入使用，对它可能带来的风险，得到公众信任的机构无法宣称能够完全理解或控制它，专家们的看

---

① ［澳］狄波拉·勒普顿：《风险》，雷云飞译，南京大学出版社，2016年，第38页。

② 李正风、丛杭青、王前，等：《工程伦理》，清华大学出版社2016年版，第228页。

③ ［美］纳西姆·尼古拉斯·塔勒布：《非对称风险》，周洛华译，中信出版社2019年版，第21页。

④ ［美］卡斯·桑斯坦：《选择的价值》，贺京同，等译，中信出版社2017年版，第3页。

法通常也并不一致，甚至互相矛盾。在这种情况下，一个人如何行动不再是简单地采纳专家的建议，而是必须自己作出判断和选择。公众的选择促使工程共同体沿此方向持续开发和建构一个新的存在物。正是因为公众具有如此的偏好或者作出了如此的选择，才会有该工程风险的产生，所以公众就成了该工程风险的诱险者，就要对后果承担一部分消极责任。

2. 公众作为致险者承担消极责任

如果公众参与了某工程的创新，成了生产性公众，那么他实际上就成了该工程共同体的一员，他就和工程共同体其他成员一起参与制造了该工程风险，成了致险者。对于这种情况，公众就要为其实施的风险行为付出代价，要和工程共同体一起分配工程风险的消极责任。

斯蒂尔认为，在风险社会，对于那些忽视可控性所造成的结果，有可能对每个人追究严格的责任。这意味着选择自由和责任自负的近代自由主义法学原则将继续有效，但这也意味着个人不得不从命运、运气的角度来理解和处理一些危害，并且适当承担结果责任。[①]

（三）通过保险分配消极责任

当人们从事风险活动时，通常可以通过购买保险来消除不安全感，减轻面对不确定性时的焦虑和担忧。保险作为在事故发生前已经确定了的损失补偿机制，提供了一种决定赔偿数额的技术。保险公司不是要避免损失而是要提供一个资本保障。通过保险，伤害或者损失并没有被防止或修复，而是被给予了一笔作为经济补偿的回报。[②]

可以看出，保险并非仅仅是一种损失分配的技术，也是对责任进行分配的一种方式。通过精确计算风险分担，从受风险威胁的所有投保人手中收取保险费，这样每个投保人都要付出一部分成本，然后用于补偿那些风险显性化以后实际受到伤害的少数人。通过保险机制将风险带来的损失分配到一个大的人群中，损失得到共同分担，投保的各成员之间约定承担对彼此的责任，最终形成一种集体化责任的表现形式。在保险中还引入免赔额、自付率和最高保额等形式，这意味着投保者要承担部分危险行为的损失。投保的公众借此承担了相应的消极责任。

另外，工程安全事故中的安全责任保险可以为生产经营者承担风险，担负民事赔偿责任。这类保险费用看起来是生产经营者支付，但通常情况下，是公众作为消费者最终通过产品价格间接为经营者的产品安全投资和保险费用支付成本，从而分担了风险直接制造者的责任。

---

① ［英］珍妮·斯蒂尔：《风险与法律理论》，韩永强译，中国政法大学出版社 2012 年版，序言第 3 页。

② ［澳］狄波拉·勒普顿：《风险》，雷云飞译，南京大学出版社 2016 年版，第 96 页。

四、工程风险治理中公众的积极责任

积极责任是预期的社会责任，要求公众采取积极行动，促成有利于社会的结果产生或防止坏的结果产生。有学者认为，风险社会中的最大风险之一是公众的社会责任缺失。[①] 面对工程风险，公众的积极责任不能缺位，每个人都要意识到其行为对世界影响的复杂性，这既是工程风险治理的必然要求，也是工程风险治理的社会基础。公众履行积极责任主要表现在以下几个方面：

（一）理性认知和评估工程风险

认知影响和左右着人的行为，是社会运行的最底层逻辑。风险最小化或者消除风险的逻辑起点就是识别出风险的存在。[②] 就像读写能力曾经是人们的必备技能一样，正确认知风险已成为公众在风险社会必不可少的基本生存技能。有学者提出，对风险的争论和冲突已进入公共的、政治的与个人的领域，居住在这些社会中的个人因此开始对风险有更强的认识，并且被迫在日常生活中应对风险。[③]

各种各样的工程给我们的生活带来了更多的自由选择，但这种自由的巨大代价是风险，风险成为工程的一部分。公众要学会与风险共存，从试图消除风险转向发现并应对风险。拒绝接受风险或要求拒绝风险甚至都是一种冒险的行为。[④] 无论我们愿意与否，生活实际上总是伴随着对风险的选择。现在各种工程提供产品的供应链比过去任何时候都更复杂、更不透明。在没有固定的、强制的、传统的标准和确定性条件下，以及在不断产生变化的新型生活方式中，个人必须自行决定其行动。[⑤] 在这种情况下，公众要提高风险敏感性和风险认知水平。公众的压力增大了，必须对风险进行评估，将其在产品中获利、安全成本方面负担的份额与将来可能发生的损失进行比较，判断该风险是否具有充分的价值值得自己为此承担不利后果。在有些情况下，为了应对目标风险又带来了次生风险，公众还需要作出风险权衡分析，从中寻找可以接受的平衡点并作出自己的选择。

（二）负责任使用工程及其产品或服务

由于个人生存的社会性本质，所以个人在集体行动中应该承担责任。每个在社会中生存的人都对他生活的共同体以及共同体内的他者负有责任。作为社会进程的一个长期结果，个体化越来越多地影响到大多数人的日常生活行为。[⑥] 在人

---

① 唐钧：《风险社会中的公众责任至关重要》，《法制日报》2014 年 6 月 14 日第 004 版。

② ［美］希拉·贾萨诺夫：《发明的伦理：技术与人类未来》，尚智丛、田喜腾、田甲乐译，中国人民大学出版社 2018 年版，第 33 页。

③ ［澳］狄波拉·勒普顿：《风险》，雷云飞译，南京大学出版社 2016 年版，第 49 页。

④ ［德］尼古拉斯·卢曼：《风险社会学》，孙一洲译，广西人民出版社 2020 年版，第 8 页。

⑤ ［澳］狄波拉·勒普顿：《风险》，雷云飞译，南京大学出版社 2016 年版，第 57 页。

⑥ ［澳］狄波拉·勒普顿：《风险》，雷云飞译，南京大学出版社 2016 年版，第 58 页。

们使用工程及其产品或服务的时候，作出的看似理所当然的决定，常常是关乎道德的行为。例如，抗生素是一种具有社会属性的药物。某个人使用抗生素的行为，会影响另一个人使用抗生素的治疗效果，会略微增加社会中其他人产生耐药性的风险。抗生素在某国越是被广泛使用，它的效果就越是微弱。① 陈凡等认为，作为技术在使用阶段的主体，使用者也应该根据自己在社会分工系统里的地位、在自己力所能及的范围内通过自己的使用行为来增强技术对社会发展的积极影响，减弱技术对社会发展的消极影响，对自己的使用行为负起责任来。②

（三）负责任参与工程风险可接受性的协商

托马斯·伯纳尔（Thomas Bernauer）认为，技术创新并非是一个单行道，它的形成永远是技术创立者与社会之间相互作用的结果。③ 工程风险是否可接受、在何种程度上可接受不是由工程开发者单独决定的，它要由公众、投资者、管理者、工程师等共同决定。价值取向问题是工程风险可接受性的关键部分，公众是其中的关键角色。

公众以不同于工程师和风险专家的方式认知和应对风险。首先，不同个体所需要安全的适当水平不同，风险偏好不同，愿意作出的妥协不同，他对风险的可接受性就有所不同。其次，人们的自利本性不仅会追求自己意欲的单纯有利于自己的自我利益，而且也会同时追求自己意欲的有利于他人的自我利益，从而在趋善避恶的自利意愿中形成彼此兼容的利己动机和利他动机，并且在现实生活中出现冲突的局面下分别赋予它们不同的权重。④ 最后，知情同意以及风险是否公正分配之类的因素对于风险是否可接受至关重要。因此，工程风险的可接受性通常需要沟通、协商以及多边的回应。公众要负责任参与风险沟通，与工程共同体一起协商，共同决定某工程风险可接受性的规范或标准。

总之，工程风险的认知、评估以及可接受性等问题不仅是公众"愿不愿意"的自由意志问题，而且也是"应当如何"的规范性问题。公众应履行积极责任，其风险应对范式从局部和碎片化转向全局和整体化。公众不但要对自己负责，也要对他人和社会负责。公众既要注重眼前利益，也要兼顾长远和未来发展。

① ［美］格雷格·伊普：《源风险》，谭浩译，广东人民出版社 2018 年版，第 161 页。

② 陈凡、陈多闻：《论技术使用者的三重角色》，《科学技术与辩证法》2009 年第 4 期。

③ ［瑞士］托马斯·伯纳尔：《基因、贸易和管制：食品生物技术冲突的根源》，王大明、刘彬译，科学出版社 2011 年版，序 Ⅵ。

④ 刘清平：《利己主义的复杂道德属性：兼论西方学术界二元对立架构的错谬》，《南国学术》2019 年第 1 期。

参考文献

一、中文著作

[1] [澳] 狄波拉·勒普顿：《风险》，雷云飞译，南京大学出版社 2016 年版。

[2] [澳] 诺玛·哈里森，等：《技术管理：理论知识与全球案例》，肖勇波，等译，清华大学出版社 2004 年版。

[3] [德] 阿诺德·盖伦：《技术时代的人类心灵》，何兆武、何冰译，上海科技教育出版社 2003 年版。

[4] [德] 奥尔特温·雷恩、[澳] 伯内德·罗尔曼：《跨文化的风险感知》，赵延东、张虎彪译，北京出版社 2007 年版。

[5] [德] 奥特弗利德·赫费：《作为现代化之代价的道德》，邓安庆译，上海译文出版社 2005 年版。

[6] [德] 盖伦：《技术时代的人类心灵：工业社会的社会心理问题》，何兆武、何冰译，上海科技教育出版社 2003 年版。

[7] [德] 格尔德·吉仁泽：《风险认知：如何精准决策》，王晋译，中信出版社 2019 年版。

[8] [德] 格塞科·冯·吕普克：《危机浪潮：未来在危机中显现》，章国峰译，中央编译出版社 2013 年版。

[9] [德] 韩博天：《红天鹅：中国独特的治理和制度创新》，石磊译，中信出版社 2018 年版。

[10] [德] 汉斯·约纳斯：《技术医学与伦理学：责任原理的实践》，张荣译，上海译文出版社 2008 年版。

[11] [德] 斯坦芬·科兰奈：《偶然造就一切》，刁晓瀛译，上海人民出版社 2007 年版。

[12] [德] 乌尔里希·贝克：《风险社会》，何博闻译，译林出版社 2004

年版。

　　[13]［德］乌尔里希·贝克:《世界风险社会》,吴英姿,等译,南京大学出版社 2004 年版。

　　[14]［俄罗斯］V. T. 阿雷莫夫、X. P. 塔拉索娃:《风险评价与管理》,邢涛译,对外经济贸易大学出版社 2011 年版。

　　[15]［法］R. 舍普,等:《技术帝国》,刘莉译,生活·读书·新知三联书店 1999 年版。

　　[16]［法］贝尔纳·斯蒂格勒:《技术与时间:爱比米修斯的过失》,裴程译,译林出版社 2000 年版。

　　[17]［法］布鲁诺·雅科米:《技术史》,蔓莙译,北京大学出版社 2000 年版。

　　[18]［法］布律诺·雅克米:《PLIP 时代:技术革新编年史》,侯智荣译,中国人民大学出版社 2007 年版。

　　[19]［法］古斯塔夫·勒庞:《乌合之众:大众心理研究》,马晓佳译,民主与建设出版社 2018 年版。

　　[20]［法］让-伊夫·戈菲:《技术哲学》,董茂永译,商务印书馆 2000 年版。

　　[21]［法］让·鲍德里亚:《消费社会》,刘成富,等译,南京大学出版社 2008 年版。

　　[22]［法］托克维尔:《论美国的民主(上、下)》,董果良译,沈阳出版社 1999 年版。

　　[23]［荷］路易斯·L. 布西亚瑞利:《工程哲学》,安维复,等译,辽宁人民出版社 2008 年版。

　　[24]［荷］韦博·比克、［荷］罗兰·保尔、［荷］鲁德·亨瑞克斯:《科学权威的矛盾性:科学咨询在民主社会中的作用》,施云燕、朱晓军译,上海交通大学出版社 2015 年版。

　　[25]［加］迈尔克·梅赫塔:《风险与决策:科技冲突环境下的公共参与》,汤涛编译,载薛晓源,等《全球化与风险社会》,社会科学文献出版社 2005 年版。

　　[26]［美］H. W. 刘易斯:《技术与风险》,中国对外翻译出版公司 1994 年版。

　　[27]［美］R. A. 穆勒:《未来总统的物理课》,李泳译,湖南科技出版社 2009 年版。

　　[28]［美］V. 布什,等:《科学——没有止境的前沿》,范岱年,等译,商

务印书馆 2004 年版。

［29］［美］阿尔弗雷德·克劳士比：《人类能源史：危机与希望》，王正林、王权译，中国青年出版社 2009 年版。

［30］［美］安德烈亚斯·瓦格纳：《适者降临：自然如何创新》，祝锦杰译，浙江人民出版社 2018 年版。

［31］［美］安德鲁·芬伯格：《技术批判理论》，韩连庆，等译，北京大学出版社 2005 年版。

［32］［美］巴巴拉·弗里兹：《黑石头的爱与恨：煤的故事》，时娜译，中信出版社 2017 年版。

［33］［美］拜纳姆、［英］罗杰森：《计算机伦理与专业责任》，李伦，等译，北京大学出版社 2010 年版。

［34］［美］本·斯泰尔，等：《技术创新与经济绩效》，上海人民出版社 2006 年版。

［35］［美］布莱恩·阿瑟：《复杂经济学：经济思想的新框架》，贾拥民译，浙江人民出版社 2018 年版。

［36］［美］布莱恩·阿瑟：《技术的本质：技术是什么，它是如何进化的》，曹东溟、王健译，浙江人民出版社 2014 年版。

［37］［美］查尔斯·E. 哈里斯，等：《工程伦理：概念与案例》，丛杭青，等译，浙江大学出版社 2018 年第 5 版。

［38］［美］查尔斯·哈里斯，等：《工程伦理：概念与案例》，丛杭青，等译，北京理工大学出版社 2006 年版。

［39］［美］大卫·格里芬：《后现代精神》，王成兵译，中央编译出版社 1997 年版。

［40］［美］戴维·雷斯尼克：《政治与科学的博弈：科学独立性与政府监督之间的平衡》，陈光、白成太译，上海交通大学出版社 2015 年版。

［41］［美］丹尼尔·贝尔：《后工业社会的来临——对社会预测的一项探索》，高铦，等译，新华出版社 1997 年版。

［42］［美］德尼·古莱：《发展伦理学》，高铦，等译，社会科学文献出版社 2003 年版。

［43］［美］弗兰克·H. 奈特：《风险，不确定性和利润》，安佳译，商务印书馆 2006 年版。

［44］［美］弗雷德里克·芬斯顿、史蒂芬·瓦格纳：《风险智能：企业如何在不确定环境中生存和壮大》，德勤中国企业风险管理服务部译，上海交通大学出版社 2015 年版。

［45］［美］格雷格·伊普：《源风险》，谭浩译，广东人民出版社 2018 年版。

［46］［美］哈尔·海尔曼：《技术领域的名家之争》，刘淑华，等译，上海科学技术文献出版社 2008 年版。

［47］［美］亨利·N. 波拉克：《不确定的科学与不确定的世界》，李萍萍译，上海科技教育出版社 2005 年版。

［48］［美］霍华德·昆鲁斯、迈克尔·尤西姆，等：《灾难的启示：建立有效的应急反应战略》，何云朝、李险峰、兰花，等译，中国人民大学出版社 2011 年版。

［49］［美］加雷斯·琼斯，等：《管理学基础》，黄煜平译，人民邮电出版社 2004 年版。

［50］［美］卡尔·米切姆：《技术哲学概论》，殷登祥译，天津科学技术出版社 1999 年版。

［51］［美］卡尔·米切姆：《通过技术思考：工程与哲学之间的道路》，陈凡，等译，辽宁人民出版社 2008 年版。

［52］［美］凯斯·R. 孙斯坦：《风险与理性：安全、法律及环境》，师帅译，中国政法大学出版社 2005 年版。

［53］［美］凯斯·R. 孙斯坦：《恐惧的规则：超越预防原则》，王爱民译，北京大学出版社 2011 年版。

［54］［美］凯文·凯利：《失控：全人类的最终命运和结局》，张行舟、陈新武、王钦，等译，电子工业出版社 2016 年版。

［55］［美］克里斯·克利尔菲尔德、安德拉什·蒂尔克斯：《崩溃》，李永学译，四川人民出版社 2019 年版。

［56］［美］雷恩：《管理思想的演变》，孔令济译，中国社会科学出版社 1997 年版。

［57］［美］雷吉娜·E. 朗格林、安德莉亚·H. 麦克马金：《风险沟通：环境、安全和健康风险沟通指南》，黄河、蒲信竹、刘琳琳译，中国传媒大学出版社 2016 年第 5 版。

［58］［美］刘易斯·芒福德：《技术与发明》，陈允明，等译，中国建筑工业出版社 2009 年版。

［59］［美］罗伯特·W. 里克罗夫特、［美］董开石：《复杂性挑战——21 世纪的技术创新》，李宁译，北京大学出版社 2016 年版。

［60］［美］罗伯特·阿克塞尔罗德：《合作的复杂性：基于参与者竞争与合作的模型》，梁捷，等译，上海人民出版社 2008 年版。

［61］［美］罗伯特·考克斯：《假如自然不沉默：环境传播与公共领域》，季莉译，北京大学出版社2016年第3版。

　　［62］［美］迈克尔·戴维斯：《像工程师那样思考》，丛杭青、沈琪，等译，浙江大学出版社2012年版。

　　［63］［美］迈克尔·德图佐斯：《未完成的革命：以人为本的计算机时代》，施少华，等译，上海译文出版社2002年版。

　　［64］［美］迈克尔·佩雷曼：《经济学的终结》，石磊，等译，经济科学出版社2000年版。

　　［65］［美］麦凯恩：《博弈论：战略分析入门》，原毅军，等译，机械工业出版社2006年版。

　　［66］［美］麦克莱伦第三、罗恩：《世界史上的科学技术》，王鸣阳译，上海科技教育出版社2003年版。

　　［67］［美］梅尔·施瓦茨：《可能性法则：量子力学如何改善思考、生活和爱的方式》，何芳、邓静译，中信出版社2019年版。

　　［68］［美］米歇尔·渥克：《灰犀牛：如何应对大概率危机》，王丽云译，中信出版社2017年版。

　　［69］［美］纳西姆·尼古拉斯·塔勒布：《反脆弱：从不确定性中获益》，雨珂译，中信出版社2014年版。

　　［70］［美］纳西姆·尼古拉斯·塔勒布：《非对称风险》，周洛华译，中信出版社2019年版。

　　［71］［美］纳西姆·尼古拉斯·塔勒布：《黑天鹅：如何应对不可预知的未来（升级版）》，万丹、刘宁译，中信出版社2011年版。

　　［72］［美］纳西姆·尼古拉斯·塔勒布：《随机漫步的傻瓜》，盛逢时译，中信出版社2012年版。

　　［73］［美］内森·罗森堡，等：《西方现代社会的经济变迁》，曾刚译，中信出版社2009年版。

　　［74］［美］尼尔·波斯曼：《技术垄断：文化向技术投降》，何道宽译，北京大学出版社2007年版。

　　［75］［美］诺曼·E.鲍伊：《经济伦理学：康德的观点》，夏镇平译，上海译文出版社2006年版。

　　［76］［美］欧阳莹之：《工程学：无尽的前沿》，李啸虎，等译，上海科技教育出版社2008年版。

　　［77］［美］皮普、科伯恩：《创新的迷失：新技术狂想的湮灭与幸存者的希望》，贺丽琴译，北京师范大学出版社2007年版。

［78］［美］乔治·巴萨拉：《技术发展简史》，周光发译，复旦大学出版社2000年版。

［79］［美］史蒂芬·布雷耶：《打破恶性循环：政府如何有效规制风险》，宋华琳译，法律出版社2009年版。

［80］［美］乌尔默、［美］塞尔瑙、［美］西格、［美］利特菲尔德编：《食品安全风险交流方法——以信息为中心》，李强，等译，化学工业版社2012年版。

［81］［美］西蒙·A.莱文：《脆弱的领地：复杂性与公有域》，吴彤，等译，上海科技教育出版社2006年版。

［82］［美］约翰·H.林哈德：《发明的起源——新机器诞生时代历史的回声》，刘淑华，等译，上海科学技术文献出版社2009年版。

［83］［美］约翰·H.米勒：《复杂之美：人类必然的命运和结局》，潘丽君译，广东人民出版社2017年版。

［84］［美］约瑟夫·C.皮特：《技术思考——技术哲学的基础》，马会瑞，等译，辽宁人民出版社2008年版。

［85］［美］詹姆斯·博曼，等：《协商民主：论理性与政治》，陈家刚，等译，中央编译出版社2006年版。

［86］［美］詹姆斯·博曼：《公共协商：多元主义、复杂性与民主》，黄相怀译，中央编译出版社2006年版。

［87］［美］珍妮·X.卡斯帕森、罗杰·E.卡斯帕森：《风险的社会视野（上）》，童蕴芝译，中国劳动社会保障出版社2010年版。

［88］［美］珍妮·X.卡斯帕森、罗杰·E.卡斯帕森：《风险的社会视野（下）：风险分析、合作以及风险全球化》，李楠、何欢译，中国劳动社会保障出版社2010年版。

［89］［南非］保罗·西利亚斯：《复杂性与后现代主义：理解复杂系统》，曾国屏译，上海科技教育出版社2006年版。

［90］［南非］伊恩·戈尔丁、［加］克里斯·柯塔纳：《发现的时代：21世纪风险指南》，李果译，中信出版社2017年版。

［91］［挪威］马文·拉桑德：《风险评估：理论、方法与应用》，刘一骝译，清华大学出版社2013年版。

［92］［日］佐佐木毅，等：《科学技术与公共性》，吴光辉译，人民出版社2009年版。

［93］［瑞士］托马斯·伯纳尔：《基因、贸易和管制：食品生物技术冲突的根源》，王大明、刘彬译，科学出版社2011年版。

［94］［英］艾瑞卡·塞维利亚：《弹性组织》，钱峰译，东方出版社 2018 年版。

［95］［英］安东尼·吉登斯：《失控的世界》，周红云译，江西人民出版社 2001 年版。

［96］［英］巴鲁克·费斯科霍夫、莎拉·利希藤斯坦，保罗·斯诺维克、斯蒂芬·德比、拉尔夫·基尼：《人类可接受风险》，王红漫译，北京大学出版社 2009 年版。

［97］［英］芭芭拉·亚当，等：《风险社会及其超越：社会理论的关键议题》，赵延东，等译，北京出版社 2005 年版。

［98］［英］比·威尔逊：《美味欺诈》，周继岚译，生活·读书·新知三联书店 2016 年版。

［99］［英］彼得·泰勒-顾柏、［德］詹斯·金：《社会科学中的风险研究》，黄觉译，中国劳动社会保障出版社 2010 年版。

［100］［英］德劳因·伯奇：《药物简史》，梁余音译，中信出版社 2019 年版。

［101］［英］迪伦·埃文斯：《风险思维：如何应对不确定的未来》，石晓燕译，中信出版社 2013 年版。

［102］［英］菲利普·鲍尔：《预知社会：群体行为的内在法则》，暴永宁译，当代中国出版社 2010 年版。

［103］［英］杰弗里·韦斯特：《规模》，张培译，中信出版社 2018 年版。

［104］［英］梅瑞迪斯·W. 思林：《工程师的良知》，孙祥燕译，商务印书馆 2013 年版。

［105］［英］皮金、卡斯帕森、斯洛维奇：《风险的社会放大》，谭宏凯译，中国劳动社会保障出版社 2010 年版。

［106］［英］斯图尔特·艾伦：《媒介、风险与科学》，陈开和译，北京大学出版社 2014 年版。

［107］［英］谢尔顿·克里姆斯基、［英］多米尼克·戈：《风险的社会理论学说》，徐元玲，等译，北京出版社 2005 年版。

［108］［英］伊丽莎白·费雪：《风险规制与行政宪政主义》，沈岿译，法律出版社 2012 年版。

［109］［英］约翰·梅纳德·史密斯：《演化与博弈论》，潘春阳译，复旦大学出版社 2008 年版。

［110］［英］约翰·齐曼：《技术创新进化论》，孙喜杰，等译，社会科技教育出版社 2002 年版。

［111］蔡定剑：《公众参与：欧洲的制度和经验》，法律出版社 2009 年版。

［112］陈昌曙：《技术哲学引论》，科学出版社 1999 年版。

［113］陈凡、张明国：《解析技术：技术、社会、文化的互动》，福建人民出版社 2002 年版。

［114］陈玉玲：《医疗损失风险社会化分担的法律问题研究》，东南大学出版社 2018 年版。

［115］丛杭青主编：《世界 500 强企业伦理宣言精选》，清华大学出版社 2019 年版。

［116］戴佳、曾繁旭：《环境传播：议题、风险与行动》，清华大学出版社 2016 年版。

［117］杜宝贵：《技术责任主体的缺失与重构》，东北大学出版社 2005 年版。

［118］方芗：《中国核电风险的社会建构：21 世纪以来公众对核电事务的参与》，社会科学文献出版社 2014 年版。

［119］符勇：《危机逼近人类》，世界知识出版社 2008 年版。

［120］傅家骥、仝允桓、高建、雷家骕：《技术创新学》，清华大学出版社 1998 年版。

［121］甘绍平：《应用伦理学教程》，中国社会科学出版社 2008 年版。

［122］顾孟迪、雷鹏：《风险管理》，清华大学出版社 2009 年第 2 版。

［123］郭洪水：《当代风险社会：基于哲学存在论与复杂系统论的研究》，中国社会科学出版社 2015 年版。

［124］韩和元：《告别恐慌：经济兴衰的秘密与复苏之路》，中央民族大学出版社 2009 年版。

［125］何跃军：《风险社会立法机制研究》，中国社会科学出版社 2013 年版。

［126］洪星范、陈博政：《代价——人类发展史上最值得铭记的 20 大教训》，上海文化出版社 2006 年版。

［127］黄欣荣：《复杂性科学方法及其应用》，重庆大学出版社 2012 年版。

［128］贾英健：《风险生存论》，人民出版社 2017 年版。

［129］姜晓萍主编：《社会风险治理》，中国人民大学出版社 2017 年版。

［130］金太军、赵军锋：《风险社会的治理之道：重大突发公共事件的政府协调治理》，北京大学出版社 2018 年版。

［131］金自宁编译：《风险规制与行政法》，法律出版社 2012 年版。

［132］李伯聪：《工程哲学引论》，大象出版社 2002 年版。

［133］李伯聪等：《工程社会学导论：工程共同体研究》，浙江大学出版社2010年版。

［134］李谧：《风险社会的伦理责任》，中国社会科学出版社2015年版。

［135］李世新：《工程伦理学概论》，中国社会科学出版社2008年版。

［136］李兆友：《技术创新论：哲学视野中的技术创新》，辽宁人民出版社2004年版。

［137］廖元和：《现代技术开发与创新》，经济管理出版社2008年版。

［138］林丹：《乌尔里希·贝克风险社会理论及其对中国的影响》，人民出版社2013年版。

［139］林毅夫：《经济发展与转型：思潮、战略与自生能力》，北京大学出版社2008年版。

［140］刘二中：《创新工程师指南：发明创造与成功之路》，中国科学技术大学出版社2005年版。

［141］刘二中：《技术发明史》，中国科学技术大学出版社2006年版。

［142］刘家顺、杨洁、孙玉娟：《产业经济学》，中国社会科学出版社2006年版。

［143］刘金平：《理解·沟通·控制：公众的风险认知》，科学出版社2011年版。

［144］刘松涛：《纳米技术的伦理审视：基于风险与责任的视角》，中国社会科学出版社2016年版。

［145］刘霞、向良云：《公共危机治理》，上海交通大学出版社2010年版。

［146］刘岩：《风险社会理论新探》，中国社会科学出版社2008年版。

［147］刘则渊：《工程技术哲学：中国技术哲学研究年鉴》2004/2005年卷，大连理工大学出版社2006年版。

［148］罗云波：《生物技术食品安全的风险评估与管理》，科学出版社2016年版。

［149］麻宝斌，等：《公共治理理论与实践》，社会科学文献出版社2013年版。

［150］欧阳恩钱：《风险社会视阈下核灾害预防制度研究》，中国社会科学出版社2016年版。

［151］潘斌：《风险社会形上阐释》，上海人民出版社2018年版。

［152］钱亚梅：《风险社会的责任分配初探》，复旦大学出版社2014年版。

［153］乔瑞金：《马克思技术哲学纲要》，人民出版社2002年版。

［154］沈岿主编：《风险规制与行政法新发展》，法律出版社2013年版。

［155］沈伟、侯利阳主编：《多元社会的风险治理：交叉视角研究》，上海三联书店 2018 年版。

［156］盛亚，等：《企业技术创新管理：利益相关者方法》，光明日报出版社 2009 年版。

［157］石碧涛：《中国行业协会的转型与治理研究》，冶金工业出版社 2018 年版。

［158］孙小玲：《存在与伦理：海德格尔实践哲学向度的基本论题考察》，人民出版社 2015 年版。

［159］唐钧：《社会稳定风险评估与管理》，北京大学出版社 2015 年版。

［160］万长松：《产业哲学引论》，东北大学出版社 2008 年版。

［161］王承云：《日本企业的技术创新模式及在华研发活动研究》，上海人民出版社 2009 年版。

［162］王丽：《全球风险社会下的公共危机治理：一种文化视阈的阐释》，社会科学文献出版社 2014 年版。

［163］王佩琼：《技术异化研究——环境适应中技术功能的考察》，湖北教育出版社 2007 年版。

［164］王前：《"道""技"之间：中国文化背景的技术哲学》，人民出版社 2009 年版。

［165］王玉平：《科学技术发展的伦理问题研究》，中国科学技术出版社 2008 年版。

［166］魏传光：《风险社会中人的发展研究》，中国社会科学出版社 2015 年版。

［167］吴翠丽：《风险社会与协商治理》，南京大学出版社 2017 年版。

［168］吴贵生：《技术创新管理》，清华大学出版社 2000 年版。

［169］吴敬琏：《发展中国高新技术产业：制度重于技术》，中国发展出版社 2002 年版。

［170］肖平：《工程伦理导论》，北京大学出版社 2009 年版。

［171］谢进川：《传媒治理论：社会风险治理视角下的传媒功能研究》，中国传媒大学出版社 2009 年版。

［172］徐淑英，等主编：《负责任的管理研究：哲学与实践》，北京大学出版社 2018 年版。

［173］徐向华、孙潮、刘志欣主编：《特大城市环境风险防范与应急管理法律研究》，法律出版社 2011 年版。

［174］徐治立：《解析科学权利：科技产权理论与运作》，人民出版社 2008

年版。

［175］薛晓源、周战超主编：《全球化与风险社会》，社会科学文献出版社 2005 年版。

［176］杨海：《风险社会：批判与超越》，人民出版社 2017 年版。

［177］杨小敏：《食品安全风险评估法律制度研究》，北京大学出版社 2015 年版。

［178］杨雪冬，等：《风险社会与秩序重建》，社会科学文献出版社 2006 年版。

［179］叶金国：《技术创新系统自组织论》，中国社会科学出版社 2006 年版。

［180］易显飞：《技术创新价值取向的历史演变研究》，东北大学出版社 2009 年版。

［181］殷瑞钰，等：《工程哲学》，高等教育出版社 2007 年版。

［182］殷瑞钰、李伯聪、汪应洛，等：《工程演化论》，高等教育出版社 2011 年版。

［183］殷瑞钰、汪应洛、李伯聪，等：《工程哲学》，高等教育出版社 2013 年第 2 版。

［184］袁方：《社会风险与社会风险管理》，经济科学出版社 2013 年版。

［185］张道许：《风险社会的刑法危机及其应对》，知识产权出版社 2016 年版。

［186］张贵：《高技术产业成长——不确定性分析框架》，中国经济出版社 2007 年版。

［187］张恒力：《工程伦理引论》，中国社会科学出版社 2018 年版。

［188］张铃：《西方工程哲学思想的历史考察与分析》，东北大学出版社 2008 年版。

［189］张曙光：《中国制度变迁的案例研究第四集》，中国财政经济出版社 2005 年版。

［190］赵炎：《高新技术风险企业的企业家机制》，上海大学出版社 2007 年版。

［191］中共中央马克思恩格斯列宁斯大林著作编译局编译：《马克思恩格斯文集》第二卷，人民出版社 2009 年版。

［192］周敏：《阐释·流动·想象：风险社会下的信息流动与传播管理》，北京大学出版社 2014 年版。

二、中文论文

［1］［德］H. 波塞：《技术及其社会责任问题》，邓安庆译，《世界哲学》2003 年第 6 期。

［2］［德］乌尔里希·贝克：《风险社会政治学》，《马克思主义与现实》2005 年第 3 期。

［3］［美］兰登·温纳：《科学技术的大叙事：危机时代》，《科学技术哲学研究》2010 年第 2 期。

［4］［英］斯科特·拉什：《风险社会与风险文化》，王武龙编译，《马克思主义与现实》2002 年第 4 期。

［5］陈世瑞：《公共危机管理中的沟通研究》，博士学位论文，华东师范大学，2009 年。

［6］陈玉林，等：《技术创新史的文化研究路径》，《东北大学学报（社会科学版）》2009 年第 2 期。

［7］褚晓林：《试论风险预防原则》，《黑龙江省政法管理干部学院学报》2007 年第 4 期。

［8］党秀云、李丹婷：《有效的风险管制：从失控到可控》，《中国人民大学学报》2009 年第 6 期。

［9］丁长青：《全球化时代的诺亚方舟：爱因斯坦的世界政府》，《自然辩证法研究》2010 年第 7 期。

［10］樊春良：《科学与治理的兴起及其意义》，《科学学研究》2005 年第 2 期。

［11］范冬萍：《关于简单性与复杂性思想和方法的思考》，《系统辩证学学报》1993 年第 3 期。

［12］范冬萍、何德贵：《基于 CAS 理论的社会生态系统适应性治理进路分析》，《学术研究》2018 年第 12 期。

［13］范如国：《"全球风险社会"治理：复杂性范式与中国参与》，《中国社会科学》2017 年第 2 期。

［14］高军波、乔伟峰、刘彦随、陈昆仑：《超越困境：转型期中国城市邻避设施供给模式重构——基于番禺垃圾焚烧发电厂选址反思》，《中国软科学》2016 年第 1 期。

［15］龚群：《理性的公共性与公共理性》，《哲学研究》2009 年第 11 期。

［16］郭秀云：《重大项目评价中应加入"社会稳定风险评估"》，《中国科技论坛》2012 年第 11 期。

［17］胡象明、王锋：《一个新的社会稳定风险评估分析框架：风险感知的视角》，《中国行政管理》2014 年第 4 期。

［18］黄金华：《论哲学范畴之"风险"》，《南昌大学学报（人文社会科学版）》2008 年第 6 期。

［19］黄军英：《发展纳米技术的潜在风险及对策》，《中国科技论坛》2006 年第 9 期。

［20］金自宁：《风险决定的理性探求——PX 事件的启示》，《当代法学》2014 年第 6 期。

［21］郎益夫、周荣、喻登科：《科技成果转化中的知识管理投入及其绩效反哺过程》，《科技进步与对策》2010 年第 16 期。

［22］李伯聪：《风险三议》，《自然辩证法通讯》2000 年第 5 期。

［23］李小敏、胡象明：《邻避现象原因新析：风险认知与公众信任的视角》，《中国行政管理》2015 年第 3 期。

［24］李一川：《风险认知与信任视角下的消费者食品安全风险行为研究》，博士学位论文，武汉大学，2012 年。

［25］刘凤元：《欧美高科技风险应对策略及对我国的启示》，《中国科技论坛》2007 年第 7 期。

［26］刘水林：《风险社会大规模损害责任法的范式重构——从侵权赔偿到成本分担》，《法学研究》2014 年第 3 期。

［27］刘松涛、李建会：《断裂、不确定性与风险：试析科技风险及其伦理规避》，《自然辩证法研究》2008 年第 2 期。

［28］刘岩：《发展与风险》，博士学位论文，吉林大学，2006 年。

［29］刘智勇、陈立、郭彦宏：《重构公众风险认知：邻避冲突治理的一种途径》，《领导科学》2016 年第 32 期。

［30］马步云：《现代化风险初探》，博士学位论文，复旦大学，2006 年。

［31］马缨：《科技发展与科技风险管理》，《中国科技论坛》2005 年第 1 期。

［32］毛明芳：《现代技术风险的生成与规避研究》，博士学位论文，中共中央党校，2010 年。

［33］毛明芳：《应对现代技术风险的伦理重构》，《自然辩证法研究》2009 年第 12 期。

［34］毛新志、张利平：《公众参与转基因食品评价的条件、模式和流程》，《中国科技论坛》2008 年第 5 期。

［35］孟庆垒：《环境责任论》，博士学位论文，中国海洋大学，2008 年。

［36］潘斌：《社会风险论》，博士学位论文，华中科技大学，2007年。

［37］裴宜理：《革命的传统与适应性治理》，《苏区研究》2019年第4期。

［38］盛国荣：《技术的道德化：现代技术问题的后现代解决之道》，《自然辩证法研究》2009年第11期。

［39］苏建、陈凡：《论技术法律控制的现实困境及根源》，《科学技术与辩证法》2008年第2期。

［40］王锋、胡象明、刘鹏：《焦虑情绪、风险认知与邻避冲突的实证研究——以北京垃圾填埋场为例》，《北京理工大学学报（社会科学版）》2014年第6期。

［41］王甫勤：《风险社会与当前中国民众的风险认知研究》，《上海行政学院学报》2010年第2期。

［42］王国银、衡孝庆：《技术风险及其责任担当：两则案例的启示》，《自然辩证法通讯》2010年第1期。

［43］王国豫、李磊：《工程可行性研究的公众可接受性向度》，《自然辩证法通讯》2016年第3期。

［44］王娟、胡志强：《公众技术风险认知的实证研究——北京公众对建设垃圾焚烧厂的风险认知调查分析》，《工程研究——跨学科视野中的工程》2012年第4期。

［45］王鲁权：《环境风险评估制度构建的基本理论问题研究》，《大连海事大学学报（社会科学版）》2016年第6期。

［46］王耀东：《从多视角厘清工程社会责任》，《中国社会科学报》2017年4月18日第5期。

［47］王耀东：《大学应重构科研与教学关系》，《光明日报》2016年10月28日第10版。

［48］王耀东：《工程风险治理的预防原则：困境与消解》，《自然辩证法研究》2012年第7期。

［49］王耀东：《公众参与工程公共风险治理的效度与限度》，《自然辩证法通讯》2018年第6期。

［50］王耀东：《技术发展的复杂性机制初探》，《自然辩证法研究》2004年第7期。

［51］王耀东：《论工程风险的责任——基于公共安全的视角》，《自然辩证法通讯》2016年第6期。

［52］王耀东：《消费者对食品安全的责任》，《中国食品安全治理评论》2017年第1期。

［53］王耀东：《转基因食品知情权的正当性》，《技术与创新管理》2009 年第 5 期。

［54］王耀东、刘二中：《技术向工程转化的公共协商》，《自然辩证法研究》2009 年第 11 期。

［55］王耀东、刘二中：《论技术向工程转化的公共风险》，《科技管理研究》2013 年第 1 期。

［56］王耀东、刘二中、马有才：《技术向工程转化中媒体的社会责任》，《河南师范大学学报（哲学社会科学版）》2011 年第 3 期。

［57］王耀东、逄奉辉：《论卓越工程师的非技术能力》，《国家教育行政学院学报》2012 年第 11 期。

［58］许志晋、毛宝铭：《论科技风险的产生与治理》，《科学学研究》2006 年第 8 期。

［59］闫坤如：《核电风险的社会可接受性及其决策伦理探析》，《伦理学研究》2017 年第 2 期。

［60］易显飞：《技术创新价值取向历史变迁的多重剖析》，《自然辩证法研究》2010 年第 7 期。

［61］尹建军：《社会风险及其治理研究》，博士学位论文，中共中央党校，2008 年。

［62］袁初明：《发展风险的哲学审视》，博士学位论文，中共中央党校，2009 年。

［63］张成福、陈占锋、谢一帆：《风险社会与风险治理》，《教学与研究》2009 年第 5 期。

［64］张锋：《高科技风险与社会责任》，《自然辩证法研究》2006 年第 12 期。

［65］张明国：《面向生命技术风险的伦理研究论纲》，《自然辩证法研究》2010 年第 10 期。

［66］周光召：《科学家的责任》，《科学》2004 年第 4 期。

［67］周寄中、薛刚：《技术创新风险管理的分类与识别》，《科学学研究》2002 年第 4 期。

［68］周战超：《当代西方风险社会理论引述》，《马克思主义与现实》2003 年第 3 期。

［69］朱葆伟：《科学技术伦理：公正和责任》，《哲学动态》2000 年第 10 期。

［70］朱阳光：《垃圾焚烧场的公众可接受环境风险水平研究》，硕士学位论

文，苏州科技学院，2014 年。

［71］庄友刚：《风险社会理论研究述评》，《哲学动态》2005 年第 9 期。

［72］邹成效、樊宏法：《论"技术—环境悖论"及其超越》，《自然辩证法研究》2010 年第 7 期。

三、英文文献

［1］Annick Carnino, Wanner Jean-Claude, and Nicolet Jean-Louis, *Man and Risks: Technological and Human Risk Prevention*, New York: Marcel Dekker, 1990.

［2］Boe C., "Risk Management: The Realization of Safety", Proceedings of the 11th Congress of the International Association of Bridge and Structural Engineers, International Association of Bridge and Structural Engineers, Viernna, September 5, 1980.

［3］Brehmer B., *The Psychology of Risk*, Hoboken: Wiley, 1987.

［4］Bynum T. W. and Rogerson S., *Computer Ethics and Professional Responsibility*, Oxford: Blackwell Publishing Ltd, 2004.

［5］Carlo C. Jaeger, Webler Thomas, Rasa Eugene A., and Renn Ortwin, *Risk, uncertainty, and Rational Action*, London and Sterling: Earthscan Publications Ltd, 2001.

［6］Cupps D. S., "Emerging Problems of Citizen Participation", *Public Administration Review*, 1977, Vol. 37, No. 5, pp. 478-487.

［7］Deborah G. Johnson and Jameson M. Wetmore, *Technology and Society*, Cambridge: The MIT Press, 2009.

［8］Dorothy Nelkin, *Controversy: Politics of Technical Decisions*, London: Sage Publications, 1992.

［9］Dorothy Nelkin, *Controversy: Politics of Technical Decisions: The Third Edition*, London: Sage Publications, 1992.

［10］Douglas and Wildavsky, *Risk and Culture: An Essay on the Selection of Technical and Environmental Dangers*, Oakland: University of California Press, 1982.

［11］Edward Tenner, *Why Things Bite Back*, New York: Alfred A. Knopf Press, 1996.

［12］European Environment Agency, *Late Lessons from Early Warnings: The Precautionary Principle 1896 - 2000*, Copenhagen: European Environment Agency, 2001.

［13］Frewer L. J., Miles S., Marsh R., "The Media and Genetically Modified

Foods: Evidence in Support of Social Amplification of Risk", *Risk Analysis*, 2002, Vol. 22, No. 4, pp. 701-711.

[14] Giddens Anthony, "Risk and Responsibility", *The Modern Law Review*, 1999, Vol. 62, No. 1, pp. 1-10.

[15] Giddens A. , *Modernity and Self-identity*, Cambridge: Polity Press, 1991.

[16] Gustafson J. M. , *Intersections: Science, Theology and Ethics*, New York: Pilgrim Press, 1996.

[17] Hans Jonas, *The Imperative of Responsibility: In Search of an Ethics for the Technological Age*, Chicago: University of Chicago Press, 1985.

[18] Harriss R. C. , C. Hohenemser, and R. W. Kates, "Our Hazardous Environment", *Environment: Science and Policy for Sustainable Development*, 1978, Vol. 20, No. 7, pp. 6-41.

[19] Inge F. Goldstein and Martin Goldstein, *How Much Risk*, New York: Oxford University Press, 2002.

[20] Kaplan S. , "The Words of Risk Analysis", *Risk Analysis*, 1997, Vol. 17, No. 4, pp. 407-417.

[21] Lewis M. Branscomb and Auerswald Philip E. , *Taking Technical Risks: How Innovators, Executives, and Investors Manage High-tech Risks*, Cambridge: The MIT Press, 2001.

[22] Michael J. Piore and Charles F. Sabel, *The Second Industrial Divide: Possibilities for Prosperity*, New York: Basic Books, 1984.

[23] Michael Pollan, "The Year in Ideas, A to Z: The Precautionary Principle", New York Times, December 9, 2002.

[24] Mill John Stuart, *On Liberty*, New York: F. S. Crofts and Co. , 1947.

[25] Mythen G. , "Employment, Individualisation and Insecurity: Rethinking the Risk Society Perspective", *The Sociological Review*, 2005, Vol. 53, No. 1, pp. 129-149.

[26] Nathan Rosenberg, *Studies on Science and Innovation Process*, Singapore: World Scientific, 2009.

[27] Ortwin Renn, *Risk governance: Coping with Uncertainty in a Complex World*, London and Sterling: Earthscan Publications, 2008.

[28] Otway H. and D. yon Winterfeldt, "Beyond Acceptable Risk: On the Social Acceptability of Technologies", *Policy Sciences*, 1982, Vol. 14, No. 3, pp. 247-256.

[29] Palenchar M. J. and Heath R. L. , "Another Part of the Risk Communication

Model: Analysis of Communication Processes and Content", *Journal of Public Relations Research*, 2009, Vol. 14, No. 2, pp. 127-158.

[30] Paul Sollie and Duwell M. , *Evaluating New Technologies: Methodological Problems for the Ethical Assessment of Technology Developments*, Berlin: Springer, 2009.

[31] P. T. Durbin, *Critical Perspectives on Nonacademic Science and Engineering*, Bethlehem: Lehigh University Press, 1991.

[32] Rydell R. J. , "*Solving Political Problem of Nuclear Technology: The Role of Public Participation*", In Petersen J. C. , Ed. Citizen Participation in Science Policy, Amherst: University of Massachusetts Press, 1984.

[33] Starr. C. , "Social Benefit Versus Technological Risk: What is Our Society Willing to Pay for Safety?", *Science*, 1969, Vol. 165, pp. 1232-1238.

[34] The White House office of the Press Secretary, Remarks By The President At The National Academy of Sciences Annual Meeting [EB/OL], [09-04-27], http://obama. whitehouse. archives. gov/the-press-office/Remarks-President-National-Academy-Sciences-Annual-Meeting.

[35] Tipple T. J. and Wellman J. D. , "Herbert Kaufman's Forest Ranger Thirty Years Later: From Simplicity and Homogeneity to Complexity and Diversity", *Public Administration Review*, 1991, Vol. 51, No. 5, 421-428.

[36] W. Mitchell Waldrop, *Complexity: The Emerging Science at the Edge of Order and Chaos*, New York: Simon and Schuester, 1992.

[37] W. Richard Bowen, *Engineering Ethics: Outline of an Aspicational Approach*, Berlin: Springer, 2009.

后　记

　　本书是国家社会科学基金项目"基于公共安全视角的工程风险认知与治理机制研究"（项目批准号为 14BZX026）的研究成果。我对工程风险问题已经有了十几年的研究，感谢全国哲学社会科学规划办公室的资助，使我能够继续系统地对该问题展开深入研究；同时，感谢国家留学基金委公派我去美国访学一年，在此期间，我对国外工程风险认知和治理的情况进行了调研并收集了相关资料。

　　本书的研究建立在大量阅读国内外文献的基础上，本书引用了学界专家学者诸多研究成果，我深深地体会到，如果没有前人的研究基础，我的研究将无从进行。有一些研究成果虽然没有出现在本书的参考文献中，但对我的一些想法和观点的形成也起到了不可或缺的作用。另外，我在参加学术会议时，与国内外学者的交流也使我受益匪浅；在阶段性研究成果发表的时候，期刊的编辑提出了中肯的修改意见和建议；在国家社会科学基金项目结项时，5 位匿名鉴定专家给出了改进的建议，我在此一并向各位专家学者表示衷心的感谢。此外，我还要感谢经济管理出版社编辑的出色工作为本书添彩。本书的出版得到了"全国重点马克思主义学院建设经费"的资助，感谢天津师范大学马克思主义学院的大力支持；感谢家人帮我承担了大量家务，使我专心于研究中；感谢几名研究生同学，帮我阅读初稿、整理参考文献。

　　时间总是这样匆匆而过，本书的研究还有很多不足，需要进一步丰富和完善，敬请各位专家学者和广大读者不吝赐教。在研究的过程中，我也发现了一些新的问题和研究线索，希望以后能够在此研究领域继续深化和拓展。

王耀东

2022 年 8 月 1 日